UMA BRUXA PARA CADA ESTAÇÃO

Feitiços, Rituais, Festivais e Magias

RACHEL PATTERSON

UMA BRUXA PARA CADA ESTAÇÃO

Feitiços, Rituais, Festivais e Magias

EDITORA
NOVA SENDA

UMA BRUXA PARA CADA ESTAÇÃO
Traduzido de: *A Witch for Every Season: Spells, Rituals, Festivals & Magic*

Tradução: Renan Papale
Revisão: Luciana Papale
Diagramação: Décio Lopes
Ilustração: Peter Patterson

DADOS INTERNACIONAIS DE CATALOGAÇÃO NA PUBLICAÇÃO (CIP)
Angélica Ilacqua CRB-8/7057

Patterson, Rachel

Uma bruxa para cada estação: feitiços, rituais, festivais e magias / Rachel Patterson; Tradução de Renan Papale. São Paulo: Editora Nova Senda, 2023. 1ª edição.

328 páginas.

ISBN 978-65-87720-26-5
Título original: *A Witch for Every Season: Spells, Rituals, Festivals & Magic*

1. Bruxaria 2. Wicca 3. Magia I. Título II. Papale, Renan

23-6238 CDD 133.43

Índices para catálogo sistemático:
1. Bruxaria

EDITORA NOVA SENDA
Rua Jaboticabal, 698 – Vila Bertioga – São Paulo/SP
CEP 03188-001 | Tel. 11 2609-5787
contato@novasenda.com.br | www.novasenda.com.br

Nota

Ao iniciar a leitura de *Uma Bruxa Para Cada Estação*, escrito por Rachel Patterson, percebe-se que a autora usa elementos da Roda do Ano associados ao Hemisfério Norte, local em que ela vive. Porém, ao avançar na leitura e tendo em vista os conceitos arraigados no Hemisfério Sul, nota-se que o livro, além de informar pontos essenciais e contrapartes entre os hemisférios, também permite aos leitores a liberdade de usar tanto as datas sazonais consideradas como "originais" quanto aplicá-las a nossa realidade no Hemisfério Sul.

Este livro é um marco no estudo das tradições Pagãs e Wiccanianas, oferecendo aos leitores uma visão profunda e detalhada dos festivais, rituais e datas comemorativas que marcam o ciclo anual da natureza.

Como leitores e praticantes do Hemisfério Sul, abraçamos o texto original de Patterson com respeito e admiração, reconhecendo a profundidade e a contribuição com que retrata as tradições do Norte. No entanto, não podemos deixar de reconhecer e celebrar as diferenças que o nosso hemisfério apresenta em relação à Roda do Ano.

Enquanto o Norte se deleita com o renascimento da primavera, nós, no Sul, estamos imersos nas cores e energias do outono. As celebrações que marcam o Solstício de Inverno no Norte encontram seu espelho no nosso Solstício de Verão. Essa inversão dos ciclos sazonais não é apenas uma curiosidade geográfica; ela é fundamental para a maneira como vivenciamos e incorporamos as práticas espirituais em nossa vida.

Entendemos que a Roda do Ano, em sua essência, transcende fronteiras geográficas, celebrando a universalidade dos ciclos da natureza e a interconexão de todas as formas de vida. Fica o convite para que os leitores abracem as tradições descritas no livro, ao mesmo tempo em que refletem sobre as adaptações necessárias para alinhar essas práticas com os ritmos e ciclos da nossa própria região.

Aviso

Se você tiver alguma doença ou problemas de saúde mental, procure o diagnóstico de um médico profissional. Se for aconselhável, faça um curso de medicação. Este livro não substitui de forma alguma a necessidade de tratamento médico adequado, incluindo medicação ou terapia para problemas de saúde mental ou emocional. Nem o autor nem a editora defendem o autodiagnóstico. Sempre procure orientação profissional.

Nas páginas seguintes, você encontrará recomendações para o uso de determinadas ervas, óleos essenciais, misturas de incensos e itens rituais. Se você for alérgico a qualquer um desses itens, abstenha-se de usá-los. Cada corpo reage de forma diferente a ervas, óleos essenciais e outros itens, portanto, os resultados podem variar de pessoa para pessoa.

Os óleos essenciais são potentes; tenha cuidado ao manuseá-los. Sempre dilua os óleos essenciais antes de colocá-los na pele e certifique-se de fazer um teste de contato antes de usá-los. Faça sua própria pesquisa antes de usar um óleo essencial.

Nunca se automedique, mesmo com remédios à base de ervas, que podem ser extremamente potentes, alguns até tóxicos. Outros podem reagir de forma adversa com medicamentos prescritos ou de venda livre. Não ingira nenhuma erva se não tiver certeza de que as identificou corretamente. Se estiver tomando medicamentos ou tiver problemas de saúde, não ingira nenhuma erva sem antes consultar um profissional qualificado.

Sobre a autora

Rachel Patterson, também conhecida como "Bruxa da Cozinha", é Alta Sacerdotisa do *Kitchen Witch Coven* e Anciã da *Kitchen Witch School of Natural Witchcraft on-line*. Rachel é uma colaboradora popular de várias revistas, incluindo *Pagan Dawn, Fate & Fortune* e *Witchcraft & Wicca*. Você também encontrará suas "divagações regulares" em seu blog e canal no YouTube.

Sua arte é uma combinação de Bruxaria da Antiga Religião, Wicca, Bruxaria Selvagem, Bruxaria de Cozinha, Bruxaria Verde e Magia Popular.

Sumário

Capítulo Um: O que é a Roda do Ano? 11
Capítulo Dois: Como Encontrar Correspondências Sazonais . . 19

PRIMAVERA

Capítulo Três: Março 33
Capítulo Quatro: Abril 59
Capítulo Cinco: Maio 79

VERÃO

Capítulo Seis: Junho 105
Capítulo Sete: Julho 127
Capítulo Oito: Agosto 149

OUTONO

Capítulo Nove: Setembro 173
Capítulo Dez: Outubro 195
Capítulo Onze: Novembro 219

INVERNO

Capítulo Doze: Dezembro. 243
Capítulo Treze: Janeiro 267
Capítulo Quatorze: Fevereiro 287

Capítulo Quinze: Trabalhando com as Estações 311
Conclusão: E assim, até o Final das Estações 317
Bibliografia 319

CAPÍTULO UM

O que é a Roda do Ano?

A *Roda do Ano* é um termo usado para o ciclo anual Pagão e as celebrações das estações da Terra. Ela é marcada por oito Sabbats, cada um celebrando a virada do ano solar e a mudança das estações. Isso cria um ciclo interminável de vida, morte e renascimento.

Os oito Sabbats são divididos em Sabbats Menores e Sabbats Maiores. Os Sabbats Menores são os Solstícios e os Equinócios. A Tradição Wiccaniana usa nomes modernos para cada Sabbat, sendo **Ostara** (Equinócio de Primavera), **Litha** (Solstício de Verão), **Mabon** (Equinócio de Outono) e **Yule** (Solstício de Inverno). Esses Sabbats formam os pontos trimestrais do ano. Quando posicionados na Roda, eles formam uma cruz.

Os quatro Sabbats restantes – **Imbolc, Beltane, Lughnasadh** e **Samhain** – ocorrem em dias intermediários cruzados e são conhecidos como "Sabbats Maiores" ou "Festivais do Fogo".

A ideia de uma Roda do Ano foi apresentada pela primeira vez pelo estudioso Jacob Grimm, em sua obra *Teutonic Mythology*, de 1835 AEC[1]. A Roda do Ano Moderna foi desenvolvida em meados do século 20 e é frequentemente atribuída a Gerald Gardner, o fundador da Wicca Moderna, e a Ross Nichols, que fundou a OBOD (Ordem dos Bardos, Ovates e Druidas).[2] Há evidências de que os antigos celtas celebravam alguns dos festivais da Roda do Ano, embora provavelmente fossem chamados por outros nomes que se perderam ao longo do tempo.

---

1. Mark, *Wheel of the Year.*

2. Damh the Bard, *Wheel of the Year.*

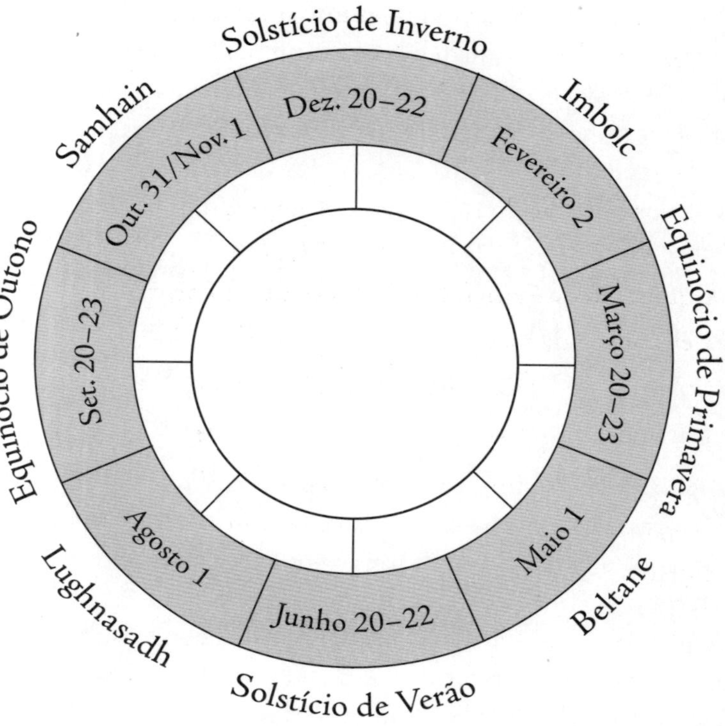

Roda do Ano

A Roda do Ano moderna foi originalmente baseada nos festivais celtas que abrangem Samhain, Imbolc, Beltane e Lughnasadh. Os Solstícios e Equinócios foram acrescentados e alguns deles receberam novos nomes na década de 1970, criando a Roda do Ano que conhecemos agora. O nome "Mabon" foi dado ao Equinócio de Outono na década de 1970, por Aidan Kelly, portanto, não é antigo.[3]

Acredito que você deva chamar os Sabbats da forma que lhe parecer mais adequada. Se desejar renomear todos eles completamente, faça isso. Se quiser usar os nomes Wiccanianos, vá em frente. Se preferir usar os termos descritivos, como Equinócio de Outono, por exemplo, tudo bem. O importante é adaptar o ano a você, então, por que não deveria chamar os Sabbats com os nomes que mais lhe agradam?

---

3. Kelly, *About Naming Ostara, Litha, and Mabon.*

Como não sou Wiccaniana, tenho a tendência de usar os termos descritivos, pois eles são adequados para mim. A meu ver, a Roda do Ano tem muito mais alcance do que apenas oito datas no calendário. Ela abrange todos os doze meses do ano. Entretanto, os oito Sabbats são um bom ponto de partida. As datas dos Solstícios e Equinócios são definidas pela posição da Terra em seu eixo e podem variar em até três dias por ano.

As datas dos oito Sabbats são:

- **Equinócio de Primavera/Ostara:** 20 a 23 de março
- **Beltane:** 1º de maio
- **Solstício de Verão/Litha:** 20 a 22 de junho
- **Lughnasadh (às vezes chamado de Lammas):** 1º de agosto
- **Equinócio de Outono/Mabon:** 20 a 23 de setembro
- **Samhain:** 31 de outubro/1º de novembro
- **Solstício de Inverno/Yule:** 20 a 22 de dezembro
- **Imbolc:** 2 de fevereiro

A Roda do Ano no Hemisfério Sul

É claro que, se você mora no Hemisfério Sul, as datas dos Sabbats são opostas às do Hemisfério Norte. Digo o oposto, mas sei que não é tão simples assim, especialmente com as mudanças de estação de uma região para outra e suas alterações climáticas. Sendo assim, você pode preferir trabalhar com as energias de acordo com a estação, deslocando os Sabbats em seis meses para se tornarem:

- **Lughnasadh (às vezes chamado de Lammas):** 2 de fevereiro
- **Equinócio de Outono/Mabon:** 20 a 23 de março
- **Samhain:** 1º de maio
- **Solstício de Inverno/Yule:** 20 a 22 de junho
- **Imbolc:** 1º de agosto
- **Equinócio de Primavera/Ostara:** 20 a 23 de setembro
- **Beltane:** 31 de outubro/1º de novembro
- **Solstício de Verão/Litha:** 21 a 22 de dezembro

Minha Versão da Roda

Quando comecei minha jornada Pagã, fui presenteada com a Roda do Ano, com a qual parecia que a maioria dos Pagãos trabalhava. Aprendi todas as datas e correspondências, o que me levou uma eternidade, frequentemente eu esquecia onde deveria estar! Mesmo assim decorei devidamente meu altar para cada Sabbat e fiz cada ritual, embora não tenha a certeza do quanto realmente me conectei com cada um deles. À medida que minha jornada se aprofundou e os anos se passaram, percebi que a Roda do Ano não tinha a ver com datas em calendários; mas, sim, com conexões. A Mãe Natureza não segue um cronograma e, talvez, mais ainda nos últimos anos, as estações parecem estar em todo lugar. As energias também mudam dependendo de onde cada pessoa está no mundo e de como as estações do ano funcionam.

A Roda do Ano com a qual você provavelmente está familiarizado foi criada na Inglaterra e, portanto, segue o padrão climático sazonal da região, embora, mesmo em nosso pequeno país, o clima e as temperaturas variem de área para área. No entanto, não são todos que conseguem se relacionar com essas datas do calendário e seus significados. Alguns lugares têm quatro estações definidas, como é o caso da Inglaterra, mas outros não.

Eu aconselho a flexibilizar as regras da Roda ou até mesmo mudá-las completamente. Siga o sistema climático e a paisagem de sua região. Essa é uma das razões pelas quais eu divido o ano em meses e estendo os Sabbats em uma série de semanas, em vez de apenas um ou dois dias. (Falarei mais sobre minha Roda do Ano pessoal no capítulo 2).

- **Equinócio de Primavera/Ostara:** gosto de começar minhas comemorações do Equinócio de Primavera no início de março, e elas geralmente duram até meados de abril.
- **Beltane:** para Beltane, meus preparativos começam em meados de abril, após o Equinócio de Primavera, e vai até a terceira semana de maio.
- **Solstício de Verão/Litha:** as comemorações do Solstício de Verão começam em minha casa na última semana de maio e se estendem por todo o mês de junho, geralmente até meados de julho.
- **Lughnasadh (às vezes chamado de Lammas):** quando encerro as festividades do Solstício de Verão, começo a me preparar para o Lughnasadh, geralmente de meados de julho até a terceira semana de agosto.

- **Equinócio de Outono/Mabon:** na última semana de agosto, começo os preparativos para o Equinócio de Outono e continuo a comemoração até o final de setembro.
- **Samhain:** minhas celebrações do Samhain ocupam todo o mês de outubro e a primeira ou segunda semana de novembro.
- **Solstício de Inverno/Yule:** geralmente começando na segunda semana de dezembro, minhas festividades do Solstício de Inverno se estendem pelo resto de dezembro e até a primeira semana de janeiro.
- **Imbolc:** normalmente tiro duas semanas de folga no início de janeiro para liberar espaço e respirar. Em seguida, preparo-me para o Imbolc em meados de janeiro e o realizo até o final de fevereiro.

Seu caminho é seu; cada pessoa o percorrerá de forma diferente. Isso também se aplica à Roda do Ano: ela deve funcionar para você e para o lugar onde vive. Acredito de todo o coração que cada pessoa deve seguir a Roda à sua maneira. Você pode modificar a Roda dependendo de sua cultura e de quaisquer celebrações em sua região. Acredito que é totalmente possível – e, de fato, deveria ser incentivado – mesclar essas celebrações. O Natal é um bom exemplo. Eu comemoro com minha família não Pagã e simplesmente misturo as tradições. Faço o mesmo com aqueles que seguem outras religiões ou fazem parte de uma cultura específica; pegamos as práticas e tradições e as mesclamos. Se você e sua família são cristãos ou judeus, por exemplo, misture essas datas comemorativas e práticas com sua jornada Pagã ou de Bruxaria. Faça com que isso funcione para você. Crie novas formas de comemorar e traga novas tradições familiares. Ou ressuscite as antigas.

Não faça as coisas se elas não parecerem certas para você. Não faça nada apenas porque todo mundo está fazendo. Não se sinta no dever de comemorar a primeira colheita em uma determinada data se isso ainda não aconteceu em sua região. As colheitas em sua localidade também serão específicas para certos produtos, que podem ser trigo ou cevada, mas também podem ser mangas ou abacaxis. (Este último é inédito no Sul da Inglaterra, onde estou!) Adapte sua conexão e celebrações ao que está acontecendo em sua região. E se você perder um Sabbat? Não seja tão duro consigo mesmo. Você não será castigado pelos Deuses – realmente, não será.

Faça o seu Caminho

Existem muitos caminhos e tradições Pagãs diferentes. Cada um deles tem suas próprias opiniões e diretrizes. A minha é a de uma Bruxa Pagã de Cozinha. Trabalho com os Deuses antigos que vêm da terra em que vivo. Por isso, meu foco principal é trabalhar com Divindades da antiga Grã-Bretanha. Procure trabalhar com Deuses ou espíritos da natureza que tenham significado para você em sua própria jornada. Eu não sigo regras ou diretrizes estabelecidas pelos outros – nunca gostei que me dissessem o que fazer! O que faço é confiar em minha própria intuição e me sintonizar com o fluxo e refluxo da Mãe Natureza e com a paisagem que me cerca.

Embora os Sabbats sejam uma maneira maravilhosa de separar o ano e nos dar uma boa desculpa para comemorar, meu objetivo neste livro é mostrar como tornar o ano mais pessoal para você em sua própria jornada. Algumas das ideias deste livro são baseadas em tradições populares e outras estão ligadas a sugestões mais recentes. Não incluo muitos fatos ou detalhes históricos, mas há muitas fontes para isso, caso seja de seu interesse. Em vez disso, gostaria de levá-lo em uma jornada ao longo do ano que se baseia em uma forte conexão com a Mãe Terra. Acredito que a chave para enfrentar o fluxo e o refluxo é se conectar com a fonte.

Confie em sua intuição.

Conecte-se com a terra.

Celebre e aproveite a jornada.

E, o mais importante, faça a sua própria jornada!

Não quero que você reinvente a Roda... Bem, na verdade, é exatamente isso que eu quero que você faça!

Dicas para Trabalhar com a Roda

As celebrações são suas e você pode torná-las tão pessoais quanto quiser. Existem, é claro, algumas práticas históricas tradicionais, mas, em última análise, este é o seu caminho. Sempre confie em sua intuição ao fazer magia ou escolher os itens correspondentes. Sua intuição não o deixará na mão.

Há muitas maneiras de celebrar os Sabbats e de trabalhar com os meses. Eu o encorajo a se conectar com a energia de cada "estação" e permitir que seu fluxo o conduza à medida que você constrói suas próprias maneiras de trabalhar com cada uma delas. As correspondências que incluí nestas páginas estão relacionadas às plantas e aos alimentos que estão na estação e/ou que correspondem às energias mágicas de cada mês ou Sabbat.

Eu me conecto com a energia mágica da Mãe Natureza todas as manhãs. Faço isso quando deixo o cachorro sair logo cedo. Enquanto ele anda por aí farejando cada planta, pedra e canto do jardim, tiro um momento para mim. Eu o incentivo a dar um passo para fora todos os dias. Olhe para as plantas ao seu redor; veja as folhas e as flores e o estágio de vida em que se encontram. Olhe para o céu. Sinta o Sol e o ar em sua pele. Observe as nuvens e seus padrões. Ouça os pássaros e os sons da vida ao seu redor. Inspire profundamente e sinta a energia do momento. Às vezes, quando estou fazendo isso, uma palavra ou um sentimento surge na minha cabeça. Ocasionalmente, recebo até mesmo uma mensagem sobre a magia a ser trabalhada ou sobre as tarefas a serem realizadas naquele dia. O mais importante é que estou me conectando com a Mãe Natureza e com a energia que ela fornece, observando, olhando, ouvindo e sentindo o momento em que a natureza se encontra. Se você estabelecer uma conexão regular com a Mãe Natureza, isso o ajudará a se sintonizar com o giro da Roda e com as estações do ano em sua localidade.

Conheça sua área. Não se limite a conhecer sua região no sentido comum de fazer caminhadas e descobrir onde tudo fica – mergulhe de verdade na história. Com tantas informações disponíveis na ponta de nossos dedos, é fácil obter a história e o folclore de qualquer lugar. Descubra o que aconteceu em sua área nos últimos séculos. Que história ela guarda? Que histórias ou mitos populares estão associados a ela?

Conecte-se com a energia da terra que está sob seus pés. Interaja com seus ancestrais. Os romanos chamavam isso de *genius loci*, que se traduz em "espírito do lugar". Todo local tem o espírito ou a energia do lugar, seja ele um campo, uma floresta, um shopping center, um estacionamento. Até mesmo edifícios e espaços modernos têm um espírito ou uma energia com a qual você pode se conectar. É um sentimento, uma energia ou talvez uma aura.

Não estou falando de fantasmas ou espíritos de pessoas mortas há muito tempo, mas da energia de um lugar, repleta de memórias daqueles que já estiveram lá, e da energia dos edifícios ou do próprio terreno. A energia é mantida dentro dos edifícios, da terra e do espaço. Isso não só o ajudará a entender sua área local, mas também o ajudará a se sentir confortável, conectado e em casa com a terra. Quando visito um lugar – ou mesmo quando estou apenas em meu próprio jardim ou casa –, eu me conecto com essa energia. Abra-se, use seus sentidos e sinta essa energia; converse com ela. Lembre-se de que não precisa visitar um lugar "sagrado" famoso para se sentir conectado. Todo lugar é sagrado, e nenhum é mais sagrado do que sua própria casa e jardim.

CAPÍTULO DOIS

Como Encontrar Correspondências Sazonais

Cada Sabbat tem uma data definida ou uma data que varia em um ou dois dias a cada ano. Em geral, tendemos a vê-los como apenas um dia no calendário. No entanto, gosto de trabalhar com eles como um período de tempo. Usando um dos Sabbats mais populares como exemplo, o Samhain é comemorado em 31 de outubro de cada ano no Hemisfério Norte, mas a maioria de nós abre as decorações de *Halloween* algumas semanas antes, às vezes mais. Há um acúmulo de energia antes do evento e, depois, uma calmaria dessa energia. Para mim, esse tipo de coisa funciona para cada Sabbat, com cada um fluindo para o próximo. É uma "transferência" de energias à medida que a próxima data se aproxima. Uma de minhas adoráveis amigas compara a energia dos Sabbats às fases da Lua: a fase crescente abrange as semanas anteriores, a energia plena na data do calendário do Sabbat, e a fase minguante remete aos dias posteriores.

Gosto de dividir a Roda em meses; cada mês tem sua própria energia, então trabalho com isso. Às vezes, também trabalho com a energia de cada semana ou mesmo de cada dia. Este livro lhe dará sugestões, dicas e orientações sobre como estabelecer essas conexões e celebrar as estações, os meses e os Sabbats do seu próprio jeito.

A parte mais importante dessa jornada é a conexão. Ao observar o que o clima e a natureza estão fazendo, você forma um vínculo. Faça essa conexão com a terra em que vive. Você está em sintonia e em contato com a Mãe Natureza, e isso é um verdadeiro presente.

O Calendário

O calendário de 365 dias com o qual estamos familiarizados hoje nem sempre foi o mesmo que as pessoas usavam. Houve alguns ajustes ao longo do caminho. Aparentemente inventado pelos astutos egípcios antigos, o calendário solar era baseado no ano sazonal e no tempo que a Terra levava para girar em torno do Sol, criando nossos 365 (e um quarto) dias por ano. Os meses eram baseados no tempo que a Lua levava para completar seu ciclo (aproximadamente vinte e nove dias e meio).

Infelizmente, o calendário em vigência não levava em conta esse quarto de dia extra a cada ano, de modo que ele se desviava gradualmente. Isso foi corrigido com a adição de um dia extra a cada quatro anos, agora conhecido como dia "bissexto", que ocorre em fevereiro. Assim surgiu o "Calendário Juliano", introduzido por Júlio César. Entretanto, esse calendário tinha 365,25 dias, mas o ano tropical tem 365,24219 dias.[4] Num primeiro momento, isso pode não parecer um grande problema, mas na década de 1550, as datas estavam defasadas em cerca de dez dias. Em 1582, o Papa Gregório XIII fez uma alteração no calendário para restaurar o erro, o que ficou conhecido como "Calendário Gregoriano". Partes da Europa adotaram esse novo calendário em um ano, mas outras demoraram um pouco mais. A Grã-Bretanha adotou o Calendário Gregoriano em 1752. Outros países demoraram mais e alguns não fizeram a mudança até o início da década de 1920.[5]

Algumas religiões ainda usam o Calendário Juliano para festivais e datas comemorativas. Isso significa que algumas de nossas datas comemorativas Pagãs dos tempos modernos são diferentes do que eram originalmente. Isso também pode explicar algumas das mudanças nas estações. Por exemplo, o Dia de Maio sempre foi marcado pela floração do espinheiro. Mas com a mudança no calendário e nas estações, agora o espinheiro muitas vezes não floresce até meados de maio. A diferença entre os calendários juliano e gregoriano é atualmente de treze dias, sendo que o gregoriano está à frente do juliano.[6]

---

4. Hocken, *How Long Is a Tropical Year / Solar Year?*
5. Bikos and Kher, *Gregorian Calendar Reform.*
6. Bikos and Kher, *Gregorian Calendar Reform.*

Conexão Sazonal

Uma de minhas grandes paixões é comer sazonalmente. Acredito que a aquisição de produtos locais e sazonais traz muitos benefícios. Além de apoiar fornecedores e comerciantes locais e independentes, os produtos sazonais são muito mais baratos e têm melhor sabor. Quando se permite que os produtos cresçam em seu próprio ritmo na estação certa, em vez de serem forçados a crescer em situações artificiais, eles estão em harmonia com a Mãe Natureza. Comer sazonalmente é bom para a sua conta bancária e para o seu paladar, além de ajudá-lo a se conectar com as estações do ano. Fazer compras locais também ajuda o Planeta. Os produtos cultivados e obtidos em sua área local não envolvem transporte aéreo ou marítimo, o que significa menos poluição.

Não se esqueça de que os produtos (na verdade, todos os ingredientes em seu armário de cozinha) trazem consigo uma energia mágica. Incluí neste livro algumas sugestões de ingredientes mágicos sazonais. Use-os para cozinhar ou assar. Mas também pense fora da caixa e utilize-os em seus trabalhos mágicos. Alguns ingredientes não servem muito bem para serem adicionados a bolsas de feitiços ou Garrafas de Bruxas, mas talvez as folhas ou sementes do produto possam ser usadas em seu lugar. Não se esqueça do suco! Ele pode ser adicionado a garrafas de feitiço, usado para ungir velas ou dado como oferenda. Talvez você possa fatiar a fruta ou o vegetal e secá-lo no forno para poder usá-lo moído ou picado em seus trabalhos. Seja criativo.

E já que estamos falando de estações, incluí algumas informações sobre elas também. Eu trabalho com as estações meteorológicas que temos na Inglaterra; as suas podem ser diferentes. Se achar que é demais trabalhar com a energia de cada mês, ou se isso simplesmente não lhe agradar, você pode dividir o ano civil em quatro seções e trabalhar com cada uma delas. Obviamente, adapte isso à sua área local e aos padrões climáticos. Aqui vão algumas ideias que espero que o inspirem.

Nomes da Lua Cheia

Todo mês a Lua cheia tem um nome associado a ela. Por exemplo, Lua do Lobo, Lua Rosa, Lua da Colheita. Esses nomes variam em todo o mundo e foram derivados do local onde as pessoas viviam e do que estava acontecendo na natureza na época. Embora algumas pessoas se refiram ao nome da Lua cheia apenas em um dia do mês, tradicionalmente esses nomes se aplicam ao mês inteiro, não apenas à fase da Lua cheia. Incluí algumas sugestões para cada mês, mas recomendo que procure os nomes locais para as luas de sua região. Faz muito mais sentido usar o nome da Lua de sua localidade.

Se nenhum dos nomes lhe agradar, que tal criar seu próprio conjunto de nomes de luas mensais? Depois de conhecer a área, o que a natureza está fazendo na época e como trabalhar com a energia, você poderá dar a cada Lua um nome perfeito que ressoe com você e seu caminho.

Registre suas Práticas

Se você gosta de usar um diário, esta é uma maneira perfeita de acompanhar a energia de cada mês. Se achar que escrever em um diário é tedioso (conte comigo nesse grupo), talvez prefira manter um álbum de recortes ou usar uma versão on-line. De qualquer forma, pode ser muito útil documentar as estações do ano. Isso pode ajudá-lo a se conectar com o mês e também lhe dá um registro para olhar para trás a cada ano e perceber quaisquer mudanças.

Não é necessário escrever um ensaio; basta fazer algumas anotações por dia ou por semana, observando como está o clima e o que está acontecendo na natureza. Você pode tirar fotos e carregá-las on-line para manter um registro do que viu. Lembre-se apenas de registrar onde e quando. Ou pode imprimir as fotos e colocá-las em um caderno com datas e locais. Se tiver um lado artístico, pode esboçar imagens de plantas, animais e árvores enquanto florescem e frutificam. Se gosta de fazer vídeos, que tal manter um diário em vídeo de suas explorações? Lembre-se de anotar as energias que sentiu; isso o ajudará a se conectar com o fluxo da magia durante o ano.

Por que não elaborar uma lista de suas próprias correspondências para cada mês? Sugiro os seguintes títulos como guia:

- **Nome da lua:** dê à Lua do mês o seu próprio nome com base no que a natureza está fazendo em sua área.
- **Celebrações:** qual Sabbat cai no mês e quais festivais ou celebrações locais ou nacionais você deseja homenagear e incluir? Como serão essas comemorações?
- **Energia mágica:** que tipo de magia você vai trabalhar a cada mês?
- **Plantas e flores:** o que está crescendo em seu jardim? E em sua área?
- **Alimentos:** quais alimentos estão na estação?
- **Cristais:** quais cristais você associa a cada mês?
- **Animais:** com quais animais você se associa a cada mês e/ou quais animais estão ativos em sua região no momento?

- **Divindade:** a quais Divindades você se associa a cada mês?
- **Decoração do altar:** com quais itens você se relaciona a cada mês? Eles podem ser naturais ou não.

Você também pode criar suas próprias correspondências usando sugestões de meditação ou misturas de incensos e óleos.

Use e Reutilize

Não acredito que a Bruxaria ou a Magia deva custar muito dinheiro. A maioria das ferramentas mágicas pode ser feita facilmente, muitas vezes com itens naturais presenteados pela Mãe Natureza. Lojas de caridade e brechós são excelentes lugares para obter ferramentas e itens mágicos baratos, e você também pode reciclar no processo. A Mãe Natureza nos oferece uma enorme variedade de presentes naturais com os quais podemos fazer magia, como seixos, galhos, folhas, conchas e penas. Todas essas coisas estão prontamente disponíveis gratuitamente. Seu armário de cozinha também oferece uma grande variedade de ingredientes mágicos, seja sal para proteção, canela para o sucesso ou farinha para absorver energia negativa. Não precisa gastar uma fortuna encomendando ingredientes mágicos exóticos de todo o mundo. Use o que tiver em mãos. Obtenha itens locais e procure ingredientes mágicos nas sebes e nos bosques próximos a você. Até mesmo as rachaduras na calçada oferecem ervas daninhas que podem ser usadas para magia.

Conexão com Mandalas

Adoro fazer mandalas com itens naturais. Esta é uma excelente maneira de se conectar e marcar a energia de cada mês. Em um determinado momento do mês, procure itens que possam ser úteis. Talvez você queira criar uma mandala na Lua nova, na Lua cheia ou no primeiro dia de cada mês. Veja quantos itens pode encontrar. Eu procuro penas, seixos, folhas, galhos, flores e grama. Se não houver muito, tente vasculhar a prateleira de temperos ou os armários da cozinha para encontrar ingredientes que possa associar ao mês. Cristais, cartas de Tarô ou Oráculos podem ser adicionados.

Quando estiver pronto, comece a criar sua mandala. Procure uma superfície plana. Se os itens forem naturais, a superfície plana pode ser feita ao ar livre, na grama ou na terra. Em ambientes internos, gosto de usar uma bandeja ou prato como base. A ideia é criar um desenho, que pode ser circular, quadrado, em espiral ou aleatório. Permita que sua intuição assuma o controle.

Declare sua intenção antes de começar, seja ela apenas honrar a natureza e a energia do mês, seja adicionar alguma magia para prosperidade, amor, proteção, etc.

Ao fazer minha mandala, gosto de começar no centro e trabalhar para fora, colocando cada item onde acho que precisa estar, criando, assim, um padrão. Você pode fazer magia em cada mandala visualizando sua intenção enquanto trabalha e dizendo uma bênção quando termina. Se não quiser incluir magia, pode simplesmente ver a mandala como uma forma de honrar a energia de cada mês.

Se a mandala é feita em um ambiente externo, costumo deixá-la para os elementos a dispersarem. Dentro de casa, deixo a mandala em meu altar até o mês seguinte.

Altares Sazonais

Minha casa está cheia de altares de todos os tipos. Tenho um altar principal de trabalho, um altar para o mês atual, um altar para a Divindade, um altar na cozinha e um no jardim. Você não precisa ter tantos assim. Usar apenas o peitoril de uma janela ou um espaço em uma prateleira como altar é perfeitamente aceitável. De fato, se não quiser um altar, também não há problema. O altar é um espaço muito pessoal que deve refletir você e sua jornada. Acredito que um altar me dá um ponto focal, um lugar onde posso me conectar com o divino ou simplesmente sentar e meditar. É também um lugar onde faço magia e deixo os feitiços fazerem seu trabalho.

Acredito também que ajuda na conexão ter itens sazonais em seu altar. Para cada mês, dei sugestões de itens que você pode querer adquirir e colocar em seu altar. Mas confie em sua intuição sobre o que deve ser colocado ali.

Talvez você queira usar uma toalha de altar diferente para cada mês. Eu pego as minhas em lojas de caridade e uso pedaços de tecido ou lenços velhos.

Quando estou criando um altar, gosto de fazer um pedido à Mãe Natureza, caso ela queira me presentear com algum item para colocar no meu altar. Ela sempre fornece. Também não pense que vai precisar gastar muito dinheiro em belas estátuas ou cristais caros. Alguns dos altares mais maravilhosos são criados com o uso de itens totalmente naturais que foram presenteados gratuitamente.

Também acho que é de boa educação deixar uma oferenda em seu altar regularmente. Apenas um pequeno presente para os Deuses, espíritos ou qualquer outra energia divina com a qual você trabalhe. Eles o apoiam, guiam e atendem quando pede, portanto, é sensato e correto agradecê-los. Não precisa ser muito: pode ser algumas flores frescas ou uma fatia de bolo caseiro. Além disso, não é necessário fazer oferendas tangíveis; você pode cantar, dançar, tocar tambor ou ler um poema como oferenda. Deixe-se guiar por sua intuição. Se sentir que uma oferenda de chocolate precisa ir para o seu altar, faça isso. Caso se sinta atraído a colocar um pato de borracha lá, tudo bem. O altar é seu e deve ter itens que tenham significado para você. Não há regras!

Incensos e Misturas de Óleos

Uma mistura de incenso ou óleo é a maneira perfeita de incorporar a magia das plantas e aromas sazonais em sua casa e em sua prática mágica. Você pode comprar incensos prontos como misturas soltas, bastões ou cones, e pode comprar misturas de óleos essenciais prontas. Todos esses produtos são muito acessíveis e fáceis de usar. Entretanto, pode também criar o seu próprio incenso, que é muito fácil e divertido de fazer. Forneci minhas misturas favoritas para cada mês, mas não deixe de experimentar e criar a sua própria. Eu trabalho com incenso solto, porque ele pode ser colocado em cima de um disco de carvão quente. Lembre-se de que isso pode gerar muita fumaça. Se quiser uma opção sem fumaça, coloque a mistura de incenso na parte superior de um queimador de óleo com uma lâmpada de chá embaixo. A chama aquece o incenso e libera o aroma sem fumaça.

Os óleos essenciais podem ser usados na pele para unção se misturados a um óleo básico. Como regra geral, eu usaria dez mililitros de óleo básico para vinte ou vinte e cinco gotas de óleo essencial. Teste uma ou duas gotas em uma pequena área da sua pele antes de aplicar um monte de óleo, para o caso de você ser alérgico a ele. Dei sugestões de óleos básicos em minhas misturas, mas use o que for mais adequado para você.

Óleos essenciais também podem ser usados em um queimador de óleo, adicionados a um banho ritual ou aplicados em feitiços, além de vestir velas ou ferramentas mágicas. Se estiver criando uma mistura para usar em um queimador de óleo, banho ou difusor, é possível criá-la sem usar um óleo básico. Procure obter óleos essenciais puros, pois há alguns no mercado que foram diluídos ou têm produtos químicos desagradáveis adicionados.

Chás de Ervas

Tomar chá de ervas traz um fator de bem-estar e um pouco de magia adicional também. Você pode comprar saquinhos de chá de ervas, mas é divertido fazer o seu próprio chá. Sirva quente ou coloque gelo e tome como uma bebida gelada. Os saquinhos de chá de ervas ou as misturas de ervas também podem ser adicionados a um balde de água morna para lavar pisos e superfícies. Esses chás podem ser feitos com ervas frescas ou secas, ou misturados e combinados com outros saquinhos de chá de ervas para criar novos sabores.

Como regra geral, use uma ou duas colheres de chá da mistura de ervas secas por pessoa, coloque água quente, deixe fermentar por pelo menos cinco minutos e depois coe. Se estiver usando ervas frescas, talvez seja necessário adicionar uma quantidade maior. Incluí minha receita favorita para cada mês, mas experimente você mesmo para criar uma mistura que lhe agrade. Se achar o chá de ervas muito insípido ou amargo, experimente adicionar uma colher de chá de mel ou xarope de bordo.

Observação: tenha cuidado e certifique-se de que identificou a erva corretamente. Nunca ingira ervas das quais não tenha certeza. Sempre consulte um profissional qualificado antes de consumir se estiver tomando medicamentos, com problemas de saúde ou grávida.

Runas Sazonais

Você pode fazer um belo conjunto de runas perspicazes usando a magia dos meses. Adoro fazer meus próprios conjuntos de runas usando símbolos e significados que eu mesma criei. Você vai precisar de doze conchas pequenas, pedras de vidro, cristais de pedra, fatias de madeira ou seixos lisos. Ou pode até mesmo criar os seus próprios com massa de modelar.

Desenhe um símbolo em cada uma delas usando tinta acrílica ou canetas. Se estiver usando madeira, pode queimar os símbolos na superfície. Escolha os símbolos e imagens que mais lhe agradam e atribua seus próprios significados a cada um deles. Para dar uma ideia, este é o meu conjunto sazonal:

Runas Sazonais

Janeiro: Relaxamento

Esta runa lhe diz para parar, dar um passo atrás e relaxar. O mundo continuará a girar sem a sua participação por um tempo. Reserve alguns momentos para cuidar de si mesmo; isso é de vital importância.

Fevereiro: Cura

É hora de se curar, física, emocional ou espiritualmente. Essa runa está praticamente gritando isso do alto dos telhados. Se você está sofrendo, então não está em condições de ajudar, curar ou apoiar ninguém. A cura começa em casa.

Março: Crescimento

É hora de colocar as coisas em ação. Essa runa é sua mensagem de "vá, vá, vá". Agora é o momento de plantar novas ideias, empreendimentos ou práticas. Comece agora e aproveite a energia do crescimento.

Abril: Criatividade

Honre sua criança interior. Abra a caixa de giz de cera ou a lata de tinta, ou libere a criatividade interior em qualquer forma que ela se manifeste.

Maio: União

Reúna as coisas. Isso pode significar seus relacionamentos íntimos com a família e os amigos ou com as pessoas no trabalho. Agora é a hora de deixar de lado as diferenças e enterrar o machado de guerra. Todos trabalham muito melhor em equipe.

Junho: Força

Vá fundo e recorra à sua própria força interior ou à de um bom amigo. O que quer que você esteja enfrentando agora ou no futuro próximo exigirá uma certa dose de força de sua parte. Confie em suas próprias habilidades. Você pode fazer isso.

Julho: Sucesso

Hurrah! Esta é a runa das comemorações e do parabéns por um trabalho bem-feito. Você conseguiu!

Agosto: Gratidão

Seja grato pelo que tem. A Mãe Natureza e o Universo fornecem tudo o que você precisa. Pode não ser sempre o que você quer, mas será o que for melhor para você. Conte suas bênçãos.

Setembro: Liberação

Deixe para lá... Apegar-se a energias, emoções ou lembranças negativas pode ser autodestrutivo. Se deixada de lado, essa energia pode se deteriorar e isso não é bom para ninguém. Limpe, purifique e libere.

Outubro: Proteção

A proteção é sempre uma boa pedida. Certifique-se de ter limites intactos em sua vida pessoal, profissional e doméstica.

Novembro: Transformação

Uma das garantias da vida é que as coisas mudam. A transição acontece o tempo todo. Pense na borboleta fazendo a transição da lagarta e abrindo suas belas asas para voar. Agora é sua hora de fazer o mesmo.

Dezembro: Felicidade

A felicidade é um presente. Valorize-a. Esta runa traz todas as coisas positivas e brilhantes para você. Aproveite!

Comece Hoje Mesmo!

Este livro pode ser lido do início ao fim, mas não precisa ser assim. Ele pode ser usado como um recurso para entrar e sair, dependendo de onde estiver no ano. Você pode entrar no ciclo do ano a qualquer momento. Comecei o livro por março, porque, para mim, é o início do ano na natureza. Faça o livro trabalhar para você.

Apresentei aqui o folclore e as comemorações ligadas ao meu país natal, a Inglaterra. Ao longo deste livro, você verá que eu peço que faça o mesmo para a sua região. Adapte suas práticas e celebrações ao seu local, caminho e modo de vida. Também o incentivarei a sair de casa, mas se não for possível, pode adaptar essas práticas a ambientes internos ou apenas ao seu próprio jardim.

Este livro trata da conexão com a natureza e a energia da terra em que você vive. Não há regras rígidas e rápidas. Ajuste essas práticas, distorça-as e torne-as suas.

PRIMAVERA

CAPÍTULO TRÊS

Março

O mês de março é quando começamos a ver os sinais da primavera. As plantas estão mostrando folhas verdes e os botões e brotos estão começando a emergir do solo. Os pássaros estão cantando com vontade, você pode até começar a ver abelhas explorando o jardim se o tempo estiver quente o suficiente. Este mês tem tudo a ver com começos e recomeços. Há uma sensação de promessa no ar e a fertilidade chega de todos os lados.

Como esse mês inclui Ostara, e muitas vezes a Páscoa, gosto de pensar nele como o mês do chocolate também, e isso definitivamente merece ser comemorado. Março é um mês que dá um impulso em seus passos e uma canção em seu coração. Abrace-o.

Os anglo-saxões chamavam esse mês de *Hrethmonath/Hrēðmonath*.[7] *Hretha* é uma palavra antiga para "Terra" e o nome de uma antiga Deusa da fertilidade chamada "Hreða", ou "Rheda".[8] É um mês de purificação e limpeza, seu nome é derivado do Deus Romano da Guerra, Marte.[9]

O Que Há na Natureza e Onde Procurar

Março traz os primeiros sinais da primavera no Hemisfério Norte. Os meses de inverno estão chegando ao fim e novos começos estão prestes a acontecer. As borboletas e algumas abelhas estão começando a se manifestar nos dias mais quentes. Alguns pássaros começam a fazer seus ninhos. Coelhos jovens podem ser vistos nos campos ou ao longo das estradas. Procure em córregos e lagos por invertebrados que estão surgindo, como as libélulas.

---

7. Jones, *A Month by Month Guide to the Anglo-Saxon Calendar*.

8. Smith, *A Dictionary of Greek and Roman Biography and Mythology*.

9. O mês de março tem alguma ligação com "marchar"?

Saia de casa e vivencie a natureza, seja no seu quintal, seja em um parque local, seja no campo. Pode até mesmo olhar pela janela. Se tiver uma noite clara, saia e contemple as estrelas. Quais formações você consegue ver? Se não estiver familiarizado com as constelações, há alguns aplicativos de telefone muito bons que podem ajudá-lo.

Feriados e Comemorações

Aqui estão algumas celebrações que acontecem durante o mês de março no Reino Unido, principalmente na Inglaterra, onde moro. Algumas dessas celebrações têm raízes Pagãs, outras são cristãs e algumas têm apenas significado local. Cada celebração desempenha um papel na energia do mês para mim e pode ser adaptada à minha própria prática para fins mágicos. Faça uma pesquisa em sua área local, condado, estado, país. Quais tradições deste mês ressoam melhor para você? Como adaptá-las ao seu próprio caminho?

Dia de São Davi

São Davi é o santo padroeiro do País de Gales. Sua celebração ocorre em 1º de março. Monge e fundador de uma abadia em Pembrokeshire, no século 12. No Dia de São Davi, é tradicional usar um alho-poró ou um narciso em sua homenagem, embora não pareça haver nenhuma explicação definitiva para isso. A palavra galesa para Davi é *Dafydd*, que se parece um pouco com a grafia de narciso, embora isso pareça um pouco exagerado. O alho-poró aparece em alguns contos populares. Diz-se que Davi usava um alho-poró quando liderou os galeses contra os saxões em uma batalha, com a ideia de que isso o identificaria.[10] Essa história também aparece com o Rei Cadwallawn liderando a batalha e usando o alho-poró, em vez de Davi.

Atividade

Se quiser celebrar a herança galesa, pode trazer alguns narcisos para dentro de casa em um vaso ou até mesmo trazer alguns alhos-porós, que talvez não sejam tão bonitos expostos na casa, mas trazem a energia do Dia de São Davi. Trabalhe com a energia mágica do narciso para novos projetos e com o alho-poró para proteção e amor.

---

10. Johnson, *St. David*.

Dia de São Patrício

O mês de março também é marcado por uma comemoração santa na Irlanda. No dia 17 de março é celebrado "o Dia de São Patrício". Filho de um cobrador de impostos romano, Patrício foi vendido como escravo aos dezesseis anos de idade e levado para a Irlanda. Seis anos depois, conseguiu escapar, indo parar na Gália. Foi lá que entrou para o sacerdócio. Retornando à Irlanda para divulgar a palavra de Deus, Patrício fundou igrejas em todo território Irlandês. O trevo é um emblema tradicional da Irlanda, cuja origem, acredita-se, é de São Patrício. Em sua tentativa de converter o rei Laoghaire do Paganismo ao Cristianismo, Patrício usou as três folhas do trevo para representar a trindade: três folhas separadas unidas por um caule[11]. "Trevo" é um nome dado a diversas variedades de plantas, cujas folhas são divididas em três folíolos, apoiados em um caule. O nome abrange plantas como o trevo-branco e o azedinho-dos-bosques.

Atividade

Comemore a herança irlandesa criando um banquete irlandês. Um pouco de magia da sorte com o trevo ou trabalhar com a imagem de um trevo para se conectar com a Deusa tripla ou com o Deus triplo também são boas opções.

Dia das Mães

Durante o período medieval, o quarto domingo da Quaresma era um dia em que as pessoas visitavam a "igreja matriz". Essa celebração acabou se transformando em uma homenagem às nossas próprias mães, mas não por centenas de anos[12]. Muitas vezes, as pessoas que trabalhavam no serviço público recebiam esse dia de folga para visitar suas casas. Tornou-se uma tradição as crianças levarem flores e bolos Simnel como presentes. Atualmente, o Bolo Simnel é mais frequentemente associado à Páscoa, mas sua origem foi como um presente do Dia das Mães. A versão para o Dia das Mães é de um pão de ló com recheio de pasta de amêndoas (marzipã), enquanto na Páscoa é geralmente decorado com onze bolas de marzipã de amêndoas para representar os apóstolos (sem incluir Judas, é claro).

---

11. *Saint Patrick–The Life of Saint Patrick*; "The Shamrock Plant."

12. *Encyclopaedia Britannica*, "Mother's Day," modificado em 8 de março, 2022, https://www.britannica.com/topic/Mothers-Day.

Atividade

Para mim, o Dia das Mães parece ser uma celebração um tanto comercial. Acredito que as mães devem ser respeitadas e celebradas todos os dias. (E os pais também, é claro.) Esse dia pode ser usado para trabalhar com a Deusa em seu aspecto materno ou como uma desculpa para fazer uma reunião de família – não que você precise de uma desculpa para isso.

Domingo da Paixão

O quinto domingo da Quaresma é o "Domingo da Paixão", ou "Domingo de Carling". A palavra *carling* significa cuidado ou tristeza[13]. Esse é o dia em que as igrejas começam suas meditações para se concentrarem no sofrimento de Cristo. Os altares são ornamentados com roxo para mostrar que o Tempo da Paixão começou. Há também uma estranha conexão entre esse evento e a humilde ervilha. Ervilhas cinzentas (ervilhas verdes secas), ou *carlings*, eram frequentemente consumidas durante a Quaresma. Isso parece ter levado à crença de que elas só podiam ser desfrutadas durante esse período.

Atividade

Bem, se a meditação é a ordem do dia, por que não? Use esse dia para meditar sobre suas perdas ou medite sobre questões com as quais está lidando atualmente e que podem ser liberadas. Mas não se esqueça de liberar essas emoções. Use o tempo de meditação para purificar e liberar esses pensamentos e substituí-los por maneiras positivas de seguir em frente. Esse dia também nos dá uma boa desculpa para usar roxo.

Domingo de Ramos

Sim, eu sei... há muitos feriados cristãos em março. Mas tenha paciência comigo, pois muitas vezes esses feriados têm conexões Pagãs. Também são tradições antigas que podemos aproveitar e usar em nossas práticas Pagãs modernas.

O sexto domingo da Quaresma é o "Domingo de Ramos". Esse é o dia em que Jesus chegou a Jerusalém montado em seu jumento. Jesus foi recebido por pessoas que colocavam folhas e ramos de palmeira no chão à sua frente. Nessa época, é comum ver cruzes de palmeiras nas igrejas, uma tradição que remonta ao século 5. As palmeiras não eram o material original para as cruzes, porque não são nativas do Reino Unido. Originalmente, elas

13. Trinity Communications, *Catholic Activity*.

eram feitas de todos os tipos de vegetação, como o salgueiro, por exemplo. As cruzes eram mantidas nas casas para dar sorte e proteção. As oferendas das cruzes de folhagem eram dadas aos poços e fontes locais. (Se isso não é Pagão, não sei o que é.) A água também era retirada de poços locais e misturada com açúcar ou alcaçuz.

Atividade

Faça uma cruz celta de braços iguais com salgueiro, às vezes chamada de "Cruz Solar". Coloque-a em seu altar ou acima da porta de entrada para trazer sorte e proteção para sua casa. Se tiver um poço local, também poderá fazer suas oferendas ali.

Cruz Celta

Quinta-feira Santa

Esta talvez não seja uma data com a qual estejamos tão familiarizados hoje em dia, mas cai na quinta-feira antes do dia da Páscoa. Sua origem remonta a algo em torno de 600 EC, dia em que o soberano distribuía dinheiro aos pobres. A quantia era igual à idade do soberano naquele ano. Às vezes, as doações eram feitas na forma de alimentos e roupas, além de dinheiro.

Atividade

Doe algo para uma instituição de caridade local. Pode ser uma pequena quantia em dinheiro ou talvez você possa doar mantimentos para um banco de alimentos local ou para o resgate de animais de estimação.

Sexta-feira Santa

A sexta-feira antes da Páscoa é chamada de "Sexta-Feira Santa". Nesse dia, os cristão estão de luto pela crucificação de Jesus Cristo. As igrejas são limpas de todas as decorações e os altares são deixados vazios. Uma representação da Sexta-feira Santa com a qual todas as pessoas do Reino Unido estão familiarizadas é o *Hot Cross Bun* – um pão de frutas com especiarias e uma cruz branca na parte superior, com a ideia de que a cruz é uma representação do crucifixo. Naturalmente, esse é um dos itens que tem raízes Pagãs. Os anglo-saxões e os gregos e romanos antigos tinham versões desse tipo de pão, feitos nessa época do ano para comemorar a primavera. A cruz era uma representação das quatro estações e do sol. Um antigo conto popular afirma que não se deve lavar roupa na Sexta-feira Santa, pois a água da lavagem ou as roupas ficariam manchadas de sangue quando penduradas para secar.

Atividade

Crie uma cruz solar com massa salgada ou argila e coloque-a em seu altar para dar as boas-vindas à primavera. Esse também é um bom momento para limpar e purificar o altar e o espaço sagrado. Desmonte tudo, faça uma boa faxina e deixe-o vazio por um ou dois dias antes de voltar a arrumá-lo.

Você também pode fazer pãezinhos quentes e comê-los quentinhos, abertos e untados com manteiga.

Receita de Hot Cross Buns

- ½ colher de chá de noz-moscada ralada na hora
- 1 colher de chá de sal
- 2 colheres de chá de tempero misto moído
- 2 ovos médios, levemente batidos
- 7 g (2 colheres de chá) de fermento seco de mistura fácil
- 50 g de açúcar refinado
- 50 g de manteiga cortada em cubos
- 125 g de frutas mistas e cascas
- 200 ml de leite morno
- 450 g de farinha de pão branca forte

Para as cruzes:

- 5 colheres de sopa de água
- 75 g de farinha de trigo comum/uso geral

Para a cobertura:

- 2 colheres de sopa de açúcar
- 4 colheres de sopa de água

Preaqueça o forno a 200°C.

Coloque a farinha, o açúcar, o sal, os temperos e o fermento em uma tigela grande (ou em um mixer de alimentos) e misture bem.

Acrescente a manteiga cortada em cubos e esfregue até que a mistura se assemelhe a uma farinha de rosca fina (sou preguiçosa e faço isso na batedeira com a pá encaixada).

Despeje o leite morno e os ovos batidos. Combine as misturas para formar uma massa macia.

Em seguida, amasse à mão em uma superfície enfarinhada por dez minutos ou coloque na batedeira com o gancho para massa por quatro minutos (na velocidade mais baixa). A massa deve estar lisa e muito elástica.

Coloque a massa em uma tigela e cubra-a com um pano de prato ou tampa. Deixe descansar até a massa dobrar de tamanho (aproximadamente 1 hora).

Retire a massa e divida-a em 12 pedaços, moldando-os em bolas.

Coloque uniformemente as 12 bolas de massa em uma assadeira untada e cubra, deixando crescer até que dobrem de tamanho novamente (cerca de 45 minutos, ou você pode colocá-las na geladeira durante a noite).

Misture a farinha e a água para fazer as cruzes. Coloque a mistura em um saco de confeitar e faça cruzes no topo de cada pão. Asse no forno por 15 minutos ou até dourar. Dissolva as 2 colheres de sopa de açúcar em 4 colheres de sopa de água quente e pincele-as sobre os pães assim que saírem do forno.

Domingo de Páscoa

A Sexta-feira Santa é seguida pelo "Domingo de Páscoa" no mesmo fim de semana. Essa data varia entre 21 de março e 25 de abril. Bizarramente, a data da Páscoa depende da Lua – o que me parece muito Pagão. A Páscoa ocorre no primeiro domingo após a primeira Lua cheia que segue o Equinócio da Primavera (21 de março no Hemisfério Norte). Se a Lua cheia cai em um domingo, a Páscoa é adiada para o próximo domingo.

Domingo de Páscoa foi quando Jesus ressuscitou. Simboliza o fim das trevas e de todo pecado. Os altares são refeitos e as igrejas ficam todas decoradas. O Domingo de Páscoa é um festival de celebração, renascimento e renovação – isso lhe parece familiar?

Atividade

Veja as sugestões de Ostara, pois o Domingo de Páscoa carrega as mesmas energias.

Ostara/Equinócio de Primavera

Ocorrendo entre 20 e 23 de março no Hemisfério Norte (ou 20 e 23 de setembro no Hemisfério Sul), o Equinócio de Primavera ou "Vernal" marca o início da primavera. Os Pagãos podem chamá-lo de "Ostara" ou de "Eostre", e os druidas se referem a ele como *Alban Eilir*. O Equinócio é um momento real de equilíbrio; é um ponto crucial no ano em que o dia tem exatamente a mesma duração da noite, antes que as horas de luz do dia comecem a ficar mais longas. Ostara é uma celebração da fertilidade em que comemoramos a chegada do crescimento e da abundância à luz da primavera.

Atividade

Observe sua vida e veja como ela é equilibrada. Faça uma lista de suas atividades diárias/semanais. Quanto tempo você passa no trabalho? Viajando? Em casa? Com a família ou com amigos? Em compromissos sociais? Quais são os equilíbrios ou desequilíbrios que você tem? Veja se pode fazer alguns ajustes em sua agenda para criar mais equilíbrio entre eles. Trabalhe a magia da fertilidade para criar novos projetos e empreendimentos.

Dia de Nossa Senhora

O dia 25 de março é uma data do calendário cristão que celebra a visita do Arcanjo Gabriel à Virgem Maria. Foi Gabriel que anunciou que ela estava grávida do bebê Jesus.

Atividade

Trabalhe com o divino feminino hoje e honre a energia feminina em todas as coisas.

Tradições

Março tem tudo a ver com fertilidade e o crescimento do novo – e o que poderia refletir melhor esses dois aspectos do que ovos, inclusive os ovos de chocolate com os quais estamos familiarizados! Aqui estão algumas tradições de março que você pode experimentar.

Decoração de ovos

Os ovos fazem parte dos festivais e das celebrações da primavera há muito tempo, seja na Páscoa, em Ostara ou em outra comemoração da primavera. Há muito tempo os ovos são decorados com cores diferentes e dados como presentes. Os ovos são escondidos como caça ao tesouro para as crianças ou usados em jogos de rolagem de ovos. É um símbolo de fertilidade, de vida e de toda a criação, por isso é perfeito para a primavera. O ovo também carrega todos os quatro elementos em um único pacote: a casca é a Terra, a membrana interna é o Ar, a gema é o Fogo e a clara é a Água. A gema é frequentemente vista como uma representação do Sol. A interpretação moderna é um ovo de chocolate, e eu nunca vou discordar de chocolate em qualquer formato.

Atividade

Tente usar ovos para adivinhação. Você pode pintar os ovos e depois fervê-los, lendo as rachaduras e marcas na casca. Ou encher uma tigela com água e pingar clara de ovo nela, lendo as formas que ela faz. Pode também pintar as cascas dos ovos com cores diferentes para decoração ou tentar tingi-los com cores naturais adicionando casca de beterraba ou cebola à água quando os ferver.

Cerimônia do Bolo da Paz

As igrejas da região de Hereford e Worcester, na Inglaterra, têm uma antiga tradição que envolve a distribuição de pequenos pães à congregação após o culto do Domingo de Ramos. Os pães (ou *pax cakes*) representam a boa vontade e a reconciliação. Cada um deles tem a imagem de um cordeiro e uma bandeira pressionada na parte superior; isso representa Jesus e a ideia de paz. Algumas fontes dizem que são pequenas panquecas cozidas na chapa, outras dizem que se assemelham a biscoitos amanteigados. A tradição começou em meados do século 15.

Atividade

Faça alguns bolos e dê para pessoas que o ajudaram ou apoiaram no passado. Você pode fazer o bolo que quiser, eu incluí uma receita original de bolo *pax* aqui, caso queira experimentá-la.

Receita para Bolos da Paz

- 1 clara de ovo
- 30 g de farinha de milho e mais um pouco para polvilhar
- 200 g de açúcar de confeiteiro e mais um pouco para polvilhar
- Raspas de meio limão

Preaqueça o forno a 170°C. Forre uma assadeira com papel-manteiga e polvilhe com um pouco de farinha de milho. Bata todos os ingredientes para formar uma mistura homogênea.

Polvilhe uma superfície plana com açúcar de confeiteiro e farinha de milho. Abra a massa com cerca de 3 mm de espessura. Corte em quadrados e pique-os com um garfo. Se quiser, você pode marcar a palavra *PAZ* no topo de cada um com o garfo.

Coloque na assadeira preparada. Asse no forno por 8 a 10 minutos, até dourar levemente.

Magia e Conhecimento da Lua

A Lua de cada mês tem muitos nomes ao redor do mundo, geralmente relacionados ao clima ou à terra. Aqui estão alguns dos meus nomes favoritos para a Lua deste mês. No cristianismo, a Lua de março é chamada de "Lua da Quaresma", pois é a última Lua cheia do inverno, que ocorre antes do Equinócio de Primavera durante a Quaresma. Ou de "Lua Pascal", se for a primeira Lua cheia após o Equinócio de Primavera. Na Europa, ela é chamada de *Worm Moon* (Lua da Minhoca), que descreve a terra quando começa a amolecer e as minhocas começam a aparecer. Na Inglaterra medieval, a Lua de março era chamada de *Chaste Moon* (Lua Casta), que significa puro ou limpo, talvez se referindo à estação fresca da primavera. Os antigos celtas se referiam à Lua de março como a "Lua do Vento".[14]

14. Buckle and Hocken, *March*.

Dê um Nome à sua Lua

Que nome você daria à Lua de março? Dê uma olhada na sua paisagem no dia da Lua cheia de março e veja o que a natureza lhe inspira. Como o clima está se comportando? O que está crescendo no seu jardim? O que está crescendo na natureza? Qual é a aparência da paisagem atual?

Magia da Lua

Cada mês tem a sua própria energia mágica especial. Você pode usar essa magia para aumentar o poder de seu feitiço. Embora possa trabalhar com qualquer intenção a qualquer momento, acho que associar a energia de um mês específico à fase da Lua, ajuda a aumentar o seu poder. Aqui estão minhas sugestões de magia para trabalhar neste mês:

- **Lua nova:** prosperidade, novos começos, fertilidade, reconciliação.
- **Lua crescente:** crescimento, prosperidade, renovação, comunicação, fertilidade, inspiração.
- **Lua cheia:** crescimento, prosperidade, verdade, renascimento, renovação, proteção, comunicação, equilíbrio, inspiração, quebra de ilusões, resolução de problemas, autocontrole.
- **Lua minguante:** purificação, limpeza, quebra de ilusões, resolução de problemas, autocontrole.

Atividade

Há muitas opções disponíveis para trabalhar com a magia da Lua! Você pode fazer um feitiço concentrando-se apenas na energia do mês ou reduzi-lo para se concentrar em uma das fases da Lua. Pode também fazer um feitiço diferente em cada uma das fases lunares. Se tiver uma intenção em mente, poderá iniciar o feitiço na Lua nova e aumentar seu poder adicionando-o a cada uma das outras fases da Lua.

Gosto de criar Água de Lua para cada mês. Esta água é simples de fazer; tudo o que precisa é de um frasco limpo com tampa e um pouco de água. Você pode usar água de nascente ou natural; eu uso água da torneira mesmo, mas primeiro eu a fervo para destilá-la. Encha o frasco com água e coloque-o em um local seguro ao ar livre sob a Lua cheia. Outra opção é colocá-lo dentro de casa, no parapeito de uma janela, para que a Lua reflita na superfície da água. Se estiver colocando o frasco do lado de fora, é mais seguro colocar a tampa para que os insetos não pousem nele, mas dentro de casa a tampa pode não ser necessária. Você pode fazer isso para cada uma das fases da Lua, criando um conjunto completo de Água de Lua que pode ser usado para fins mágicos. A Água de Lua é útil para ungir a si mesmo, seu altar, suas ferramentas mágicas, seus cristais e para limpar todos os itens mágicos citados. Pode ser adicionada a Garrafas de Bruxa, borrifada em torno de limites e também para criar um espaço sagrado. Gosto de colocar uma vela de chá em cima do frasco de água e usá-la para fazer feitiços. Não se esqueça de etiquetar o frasco cuidadosamente com a data e a fase da Lua.

Feitiço para Prosperidade

Quem não quer ter um pouco mais de dinheiro entrando de vez em quando, ou talvez mais regularmente? Precisamos trabalhar para isso, mas usar um pouco de magia para impulsionar o resultado sempre ajuda. Gosto de usar sementes na magia da prosperidade, porque elas exalam energia monetária. A camélia é a minha flor preferida para qualquer coisa relacionada à abundância e à prosperidade.

Você vai precisar de:

- 1 frasco de vidro ou de geleia
- 1 pitada de pétalas secas de camélia
- 1 prato pequeno para guardar as sementes
- Pequenas sementes, como erva-doce, gergelim ou cominho; o suficiente para encher o pote

Coloque o pote à sua frente. Pegue as pétalas de camélia em sua mão e carregue-as com a energia da prosperidade dizendo:

Criadora da árvore do dinheiro,
as pétalas da camélia trazem muita prosperidade.

Em seguida, coloque as pétalas no fundo do frasco e as sementes no prato. Segure o prato em suas mãos e carregue as sementes com energia positiva de dinheiro, dizendo:

Pequenas sementes geradoras de dinheiro,
tragam prosperidade e abundância para mim.

Coloque o prato de sementes e o pote em um local por onde passa todos os dias. Pode ser seu altar, uma lareira ou o peitoril de uma janela. Toda vez que passar por eles, pare por um momento, pegue uma pitada das sementes e coloque-as na jarra, dizendo:

Dinheiro, dinheiro, venha a mim,
camélia e energia das sementes,
faça com que aconteça assim.

Quando o pote estiver cheio, um bônus em dinheiro entrará na sua vida regularmente.

Você pode colocar uma tampa no pote e mantê-lo em seu altar. Sempre que precisar de um impulso financeiro, chacoalhe-o com intensidade. Quando sentir que ele perdeu completamente a energia, pode jogá-lo no lixo.

Animais

Certos animais são facilmente associados ao mês de março. Alguns são mais ativos e visíveis neste período. Compartilhei aqui alguns animais que têm uma energia que se alinha à magia de março.

Urso

Nunca cruze com uma mamãe urso! Os ursos começam a sair da hibernação nessa época do ano. Esses animais combinam a energia do Sol e da Lua e podem ajudar no trabalho interior. Também auxiliam a encontrar uma direção na vida. Os ursos podem guiá-lo por novos caminhos e recomeços.

Lebre/Coelho

A fertilidade é uma característica fundamental das lebres e dos coelhos; é nisso que eles são bons. Fortemente associados à lua, a lebre e o coelho podem ajudá-lo a lidar com suas emoções e aumentar sua intuição. Há um ditado que diz: "Louco como uma lebre de março". Eu mesmo já fui chamada assim em algumas ocasiões, o que considero um elogio. Representa a energia que as lebres têm nessa época do ano e seu comportamento entusiasmado. A lebre já podia ser encontrada nas Ilhas Britânicas muito antes da chegada do coelho. Elas são sagradas para a Deusa da Lua, talvez pelo fato de poderem ser vistas com frequência ao anoitecer dançando e pulando. Uma antiga crença popular é que as Bruxas podiam se transformar em lebres.

Texugo

Por ser um animal noturno, o texugo está fortemente ligado ao elemento Terra. Ele pode ajudá-lo na proteção, na luta por sua causa e em qualquer organização que precise ser feita. O texugo pode ajudá-lo a fazer os preparativos para a primavera.

Cristais e Pedras

Cada cristal tem uma energia única e individual. Ao nos conectarmos com eles, podemos descobrir com que tipo de magia podemos trabalhar. Aqui estão algumas sugestões de cristais relacionados a março.

Pedra de Sangue

Esta é a pedra de nascimento do mês de março. A pedra de sangue tem um nome tão forte, que me faz pensar em guerreiros e força, que é exatamente o que ela traz para a mesa. Esta pedra carrega a magia da autoconfiança, proteção, quebra de barreiras, verdade, criatividade, orientação, vitória, riqueza e poder. Também é particularmente útil para repelir energia negativa.

Larimar

Às vezes chamada de "Pedra da Atlântida", a larimar é linda e traz consigo os elementos Água, Fogo e Espírito. Ela tem uma forte sensação aquosa. Trabalhe com a larimar para obter cura, inspiração, compreensão, comunicação e felicidade. Esta pedra pode ajudá-lo com orientação, clareza e tomada de decisões.

Pedra da Lua

Obviamente, este é um cristal com uma conexão lunar muito forte. A pedra da lua traz consigo toda uma série de magia. Trabalhe com ela para novos começos, intuição, desejos, espiritualidade e cura. Esta pedra pode trazer insights sobre a verdade de uma situação e ajudá-lo com a abundância e a prosperidade.

Magia das Plantas

Março é o mês em que o jardim e a natureza começam sua aventura. Os sinais da primavera devem estar se manifestando agora. A natureza começa a florescer por toda parte. Se você gosta de jardinagem, este também é o momento de começar a plantar sementes. Isso pode ser feito para o benefício da natureza, mas também pode ser feito magicamente para você. Mantenha um registro de todas as plantas que encontrar enquanto estiver fora de casa. Tire fotos ou faça esboços de cada uma delas. Faça um álbum de recortes ou um caderno de referência.

Como Trabalhar com Plantas para Uso Mágico

Quando estiver na natureza ou em seu jardim, sente-se com uma planta ou com uma árvore enquanto ela cresce. Estabeleça uma conexão com o espírito da planta e pergunte que orientação ela tem para você. Colete folhas, flores e sementes caídas e seque-as. Utilize as sementes secas em trabalhos mágicos, como bolsas de feitiços, velas, Garrafas de Bruxa e feitiços de todos os tipos.

Observe seu jardim e sua área local. O que você vê florescendo agora? Fique de olho também nas vagens, folhas e bagas decorativas. Depois de identificá-las, descubra quais propriedades mágicas elas têm.

Espinheiro-preto (Prunus spinosa)

Arbusto espinhoso da fruta abrunheiro, que, aliás, é um excelente aromatizante para o gim. Durante a primavera, o espinheiro-negro tem lindas flores brancas, que podem ser usadas para magia junto às suas folhas e espinhos muito afiados. Podem ser usados frescos ou pode secá-los para uso posterior.

Atividade

Os galhos de espinheiro negro são ótimas varas de adivinhação. Você vai precisar de um galho em forma de Y ou de dois galhos em forma de L. Segure a(s) vara(s) à sua frente, paralela(s) ao chão. Caminhe sobre a área que deseja pesquisar. Concentre-se no que deseja encontrar, seja água ou talvez uma linha ley. Quando passar sobre um "ponto quente", uma haste em forma de Y se moverá para cima ou para baixo e as hastes em forma de L se cruzarão.

Os espinhos dessa planta são particularmente úteis para a magia. Use-os para esculpir e inscrever velas ou em incensos de proteção e bolsas de feitiços. Os galhos do espinheiro-negro podem ser usados em magia para cura e limpeza.

Camélia (Camellia × williamsii)

Um belo arbusto que floresce na primavera. Coberto por fabulosas flores rosas, brancas ou vermelhas nessa época do ano. A camélia é a minha flor preferida para prosperidade e abundância.

Atividade

Use flores de camélia, frescas ou secas, em todos os tipos de feitiços de dinheiro e prosperidade. Cultivar uma camélia em seu jardim também ajudará a manter o dinheiro entrando. A camélia é uma flor muito espiritual; trabalhar com ela pode ajudar sua conexão espiritual e seu fluxo de energia.

Prímula (Primula vulgaris)

São frequentemente encontradas na natureza em margens e bosques, mas também cultivadas em jardins. A prímula é um sinal claro da primavera com suas flores amarelas ou brancas. Não as colha na natureza, pois elas estão lutando pela sobrevivência como flores silvestres. Use as flores e folhas frescas ou seque-as para uso posterior.

Atividade

Se você estiver precisando de uma conexão com as fadas, nada melhor do que trabalhar com o espírito da prímula. A prímula também pode ajudá-lo a lidar com quaisquer mudanças que possam estar ocorrendo em sua vida. Trabalhe com esta planta para obter proteção e atrair amor para você. A prímula também abrange o crescimento de todos os tipos, seja ele pessoal, seja material.

Incensos e Óleos

Traga a energia mágica das plantas do mês criando seu próprio incenso ou mistura de óleos para usar em trabalhos mágicos, banhos rituais ou unções. Aqui estão os meus favoritos para este mês, mas experimente criar o seu próprio.

Mistura de Incenso para Novos Começos

- Partes iguais de casca de bétula seca, flores de prímula secas e resina de mirra.
- Mistura de óleos para prosperidade
- 10 gotas de óleo essencial de manjericão
- 10 ml de óleo de amêndoas
- 15 gotas de óleo essencial de hortelã-pimenta

Alimentos Mágicos

As coisas não estão tão ruins no setor de produtos agrícolas em março; tudo está começando a melhorar para a estação de crescimento. As frutas ainda são um pouco escassas, mas há muitos vegetais para escolher, além de plantas comestíveis na natureza. Quer você os coma, quer os use em magia, todos os ingredientes têm propriedades mágicas.

Como Trabalhar com Alimentos para Uso Mágico

Você pode adicionar os ingredientes às suas receitas ou comer os alimentos para absorver suas propriedades mágicas. Alguns ingredientes podem ser usados nos trabalhos com feitiços. Coloque o alimento em seu altar ou use folhas secas, flores ou sementes em seus trabalhos mágicos. O suco pode ser usado para beber ou para ungir, ou pode ser adicionado a Garrafas de Bruxa. Alguns produtos podem ser fatiados e secos; essas são excelentes opções para uso em trabalhos mágicos.

Cebolinha

Na Idade Média, as cebolinhas eram consumidas para animar as pessoas que estavam se sentindo deprimidas e frequentemente usadas para exorcizar espíritos malignos. Podem ser úteis na magia para quebrar ciclos e eliminar maus hábitos. Use-as também para magia de proteção.

Alface

Não consigo imaginar ninguém entusiasmado em comer alface, mas ela é um dos pilares da nossa dieta. A alface tem algumas propriedades mágicas poderosas! Por trazer consigo um toque de magia da fertilidade, também pode ser usada com sucesso na magia do amor.

Comer alface também pode ajudar na meditação e promover a calma, será que é pelo seu sabor entediante?

Agrião

O agrião traz uma grande dose de energia feminina e fertilidade, além de ser uma planta dos elementos Água e Fogo. Trabalhe com o agrião para trazer proteção. Essa planta verde traz clareza de pensamento e força mental.

Cominho

O cominho traz uma energia masculina ardente que funciona bem na magia do amor, da luxúria, da abundância e do sucesso. Trabalhe com o cominho para feitiços de proteção e antirroubo. Ele também pode ser usado para dissipar energias negativas ou espíritos ruins.

Receita de Muffins de Simnel

O Bolo Simnel geralmente é feito como um bolo grande, mas esta receita adapta a ideia e cria muffins individuais.

- ½ colher de chá de noz-moscada moída
- 1 colher de chá de mistura de especiarias
- 3 ovos
- 5 colheres de sopa de leite
- 175 g de açúcar
- 175 g de manteiga amolecida
- 175 g de marzipã
- 250 g de frutas secas mistas
  (sultanas, groselhas, cascas de frutas cítricas)
- 300 g de farinha com fermento
- 5 colheres de sopa de leite
- Raspas e suco de uma laranja

Para a cobertura:

- 2 colheres de sopa de suco de laranja
- 200 g de açúcar de confeiteiro

Preaqueça o forno a 180°C (350°F).

Em um prato refratário, adicione as frutas secas, as raspas e o suco de uma laranja. Deixe de molho por uma hora. (Você pode acelerar esse processo colocando-as no micro-ondas por dois minutos).

Forre uma forma de muffin com 12 forminhas de papel. Em uma tigela separada, misture a manteiga, o açúcar, os ovos, a farinha, os temperos e o leite até obter uma mistura leve e fofa. Isso pode levar alguns minutos.

Acrescente a mistura de frutas secas. Coloque a mistura nas forminhas de muffin, enchendo-as até a metade.

Divida o marzipã em doze pedaços iguais e coloque um em cada forma de muffin preenchida até a metade. Coloque o restante da massa do muffin nas 12 forminhas, por cima do marzipã.

Asse no forno por 25 minutos, até dourar. Deixe esfriar. Para fazer a cobertura, misture o açúcar de confeiteiro com as 2 colheres de sopa de suco de laranja e regue a parte superior de cada muffin. Deixe endurecer.

A Magia do Chá

Criar sua própria mistura de chá de ervas é uma maneira divertida de reunir a energia do mundo vegetal para corresponder ao mês. Apresento aqui a minha receita favorita, mas incentivo você a fazer experiências com os ingredientes de seu próprio armário de ervas e especiarias. Se você gosta de uma bebida mais doce, pode adicionar uma colher de chá de mel ou xarope de bordo.

Mistura de Chá de Ervas para Crescimento

Uma colher de chá de romã seca (ou uma colher de sopa de suco de romã) com uma colher de chá de cereja preta seca (ou uma colher de sopa de suco de cereja). Deixe em infusão em água quente.

Preparando um Altar

Gosto de decorar meu altar de acordo com as estações do ano. Com frequência, adiciono itens que representam cada mês. Se você já tem um altar ou gostaria de montar um, aqui estão algumas ideias para começar. Comece limpando o espaço; talvez você queira limpá-lo primeiro com fumaça de incenso ou Água de Lua. Colocar uma toalha de altar significa que você pode adicionar um pouco de magia colorida e uma sensação das energias da estação. O resto é inteiramente com você; confie na sua intuição e deixe-se guiar pelo que sente que precisa estar no altar. Talvez você acabe adicionando mais coisas ao seu altar nos próximos dias ou semanas. Fique atento a folhas caídas, galhos, flores e seixos que possam querer entrar em seu altar. Adoro ter um pequeno vaso no meu altar e trago flores frescas, folhagens do jardim ou flores silvestres encontradas em minhas caminhadas. Você também pode acrescentar alguns dos itens a seguir:

- **Ovos:** você pode usar ovos frescos, mas talvez prefira usar ovos de imitação. Eu tenho alguns lindos ovos de cerâmica pintados à mão que uso sempre. Cascas de ovos pintadas por você mesmo é uma ótima opção.
- **Lebres, coelhos e pintinhos:** inclua representações dos animais deste mês. Você pode usar imagens, fotos ou pequenos enfeites. Penas também funcionam bem, mas obviamente não para os coelhos.
- **Chocolate:** as oferendas em meu altar de março tendem a ser do tipo "chocolate".
- **Um círculo de flores:** você pode fazer um com a folhagem verde e fresca que está aparecendo na natureza, especialmente se ela estiver florescendo cedo. Caso contrário, pode fazer um círculo com folhagens e acrescentar flores e fitas falsas.
- **Sementes:** basta colocar algumas em um prato de oferenda para representar um novo crescimento.
- **Magia das cores:** recomendo as cores da primavera, como amarelo pastel, rosa e verde.

Meditação

Leia o roteiro de meditação a seguir e familiarize-se com o conteúdo antes de começar. Como alternativa, pode gravar a leitura da meditação em seu telefone ou laptop e reproduzi-la, ou pode pedir a alguém que a leia para você.

Fique à vontade em um local silencioso onde não será incomodado. Feche os olhos e concentre-se em sua respiração, inspirando e expirando de forma profunda.

> *À medida que o mundo ao seu redor se dissipa, você se vê do lado de fora de um grande portão de madeira, inserido em um antigo muro de pedra. O céu acima de você é de um azul límpido, com apenas algumas nuvens. O Sol está brilhando, mas há um leve frio no ar.*
>
> *Você empurra o portão, ele se abre lentamente para revelar um grande jardim murado em seu interior.*
>
> *Um antigo caminho de tijolos leva para dentro e para fora do jardim, entre jardineiras elevadas e canteiros de terra recém-preparadas, prontas para o plantio. Alguns canteiros já têm até mesmo vegetação aparecendo da terra.*

Seu olhar é atraído por flores amarelas claras espalhadas pelo jardim; uma inspeção mais detalhada revela que são prímulas selvagens. Você sente o aroma e a suavidade das flores e folhas. Se sentir-se atraído, faça uma conexão com a energia da planta; ela pode ter uma mensagem para você.

No outro lado do jardim há um banco de madeira, vá até lá e sente-se, sinta-se confortável.

Observe e ouça. Você pode ser saudado por um espírito, uma Divindade ou um guia espiritual animal. Esteja aberto a quem ou ao que quer que seja que encontre o caminho até você. Cumprimente-os e faça perguntas. Ouça suas respostas e fique atento a possíveis mensagens. Eles podem até deixar um presente que tenha significado para você.

Não tenha pressa...

Quando estiver pronto, agradeça por todas as visitas ou mensagens.

Levante-se e retorne ao jardim, ainda observando e ouvindo enquanto caminha. Pare para examinar os canteiros que chamarem sua atenção.

Siga o caminho que o leva de volta ao ponto de partida.

Quando chegar ao portão de madeira na parede, vire-se e dê uma última olhada no jardim. Em seguida, passe por ele.

Abra os olhos lenta e gentilmente e volte para esta realidade. Anote todas as mensagens ou detalhes em seu diário.

Divindades

Vou apresentar aqui algumas Divindades com as quais trabalho no mês de março. Escolhi Coventina, porque ela traz a energia da primavera, e Artio e Artaios, porque os ursos estão saindo de seu sono de inverno nessa época. Talvez você queira procurar outros Deuses e Deusas que carregam a energia da primavera, ou Divindades da juventude e das donzelas também. Essas são apenas minhas sugestões; faça suas escolhas em seu próprio caminho. Confie em sua intuição sobre qual Divindade o atrai.

Coventina

Coventina é uma Deusa das fontes naturais e da água doce que flui pelas paisagens montanhosas e ao longo de colinas e cavernas. Ela é originária de Northumberland, na Inglaterra, perto da Muralha de Adriano. Uma Deusa da Água, uma Deusa mãe.

Artio e Artaios

Artio e Artaios são Deuses celtas do urso, encontrados na Inglaterra e em toda a Europa, embora se saiba muito pouco sobre eles. Artio é uma Deusa da terra forte e maternal. Artaios é um Deus protetor que também traz energias mágicas e artesanais.

Ritual de Crescimento

Março traz a energia do crescimento. A Mãe Natureza está fazendo o seu trabalho e um novo crescimento pode ser visto ao nosso redor. Dependendo de onde você está no mundo, pode estar vendo pequenos ou grandes sinais, mas a energia do crescimento está presente. Este ritual aproveita essa energia da primavera, permitindo-nos crescer em muitas áreas. Talvez você queira aumentar seu próprio negócio, sua conta bancária ou seu conhecimento em um determinado assunto, ou talvez queira se concentrar no crescimento espiritual. O crescimento tem muitos caminhos.

Invoquei a energia de Coventina para este ritual, embora você possa deixar de lado a parte da Divindade ou invocar um Deus ou Deusa diferente, se preferir.

Você vai precisar de:

- 1 Ovo
- 2 bolas de algodão
- 2 xícaras
- Água
- Faca
- Prato pequeno
- Sementes de agrião

Comece lançando o Círculo, criando um limite para conter a energia da magia e mantendo-o protegido de influências externas. Você pode percorrer o Círculo no sentido horário, se tiver espaço, ou simplesmente dar a volta no local. Se puder, é uma boa ideia espalhar pétalas de flores ou ervas secas para formar um Círculo Sagrado físico. Caso contrário, basta visualizar uma luz branca brilhante formando um Círculo de proteção. Depois de percorrer o Círculo, lembre-se de visualizá-lo tornando-se uma esfera, estendendo-se abaixo de seus pés e acima de sua cabeça.

Ao lançar o Círculo, diga:

Eu lanço este Círculo ao redor para manter a energia indesejada fora. Vou girando e girando o Círculo, formando uma esfera de proteção acima e abaixo.

Invoque os elementos, voltando-se para cada direção. Ao invocá-los, visualize a força física que cada um traz. Sinta uma brisa em sua pele para o Ar, o calor da chama para o Fogo, a chuva fria para a Água e o solo sob seus pés para a Terra. Comece no Leste e siga seu caminho no sentido horário. Diga:

Convoco o elemento Ar para emprestar sua energia de intelecto e percepção ao ritual de hoje. Eu lhe dou as boas-vindas.

Convoco o elemento Fogo para emprestar sua energia de paixão e criatividade ao ritual de hoje. Eu lhe dou as boas-vindas.

Convoco o elemento Água para emprestar sua energia de intuição e emoção ao rito de hoje. Eu lhe dou as boas-vindas.

**Convoco o elemento Terra para emprestar sua energia de aterramento e estabilidade ao rito de hoje.
Eu lhe dou as boas-vindas.**

Volte-se para o centro ou para o altar e abra bem os braços para receber a Deusa. Diga:

Invoco a Deusa Coventina e peço que traga a sua energia materna de crescimento e fertilidade para este ritual. Eu lhe dou as boas-vindas.

Segure o ovo na mão e dê uma boa olhada nele, dizendo:

Ovo, você que contém os quatro elementos, a casca que representa o elemento Terra, a membrana interna que traz o elemento Ar, a gema que representa o elemento Fogo e a clara que traz o elemento Água, empreste sua magia a este ritual.

Usando a faca, quebre cuidadosamente o ovo ao meio. Coloque a parte interna em um prato pequeno. Você pode comê-lo mais tarde ou usá-lo como uma oferenda à terra. São as duas metades da casca do ovo que você usará para este ritual.

Mergulhe as bolas de algodão na água. Aperte suavemente para liberar o excesso de água e coloque uma bola de algodão em cada metade da casca do ovo.

Polvilhe uma colher de chá de sementes de agrião em cada bola de algodão. Coloque as cascas do ovo nas xícaras. Segure as xícaras em suas mãos e sente-se em silêncio. Visualize o crescimento do que você precisa: um novo empreendimento, sua conta bancária ou qualquer outra coisa. Veja o agrião crescendo e elevando com ele a energia de crescimento de seu desejo. Diga:

Com a magia dos quatro elementos
Vem energia fértil do crescimento do ovo.
À medida que este agrião cresce, a minha vontade prevalece.
Conforme este agrião floresce, o meu empreendimento cresce.
Faça com que isso aconteça!

Agradeça à Deusa e diga:

Com meus agradecimentos à Deusa Coventina. Expresso gratidão por sua energia positiva de crescimento hoje. Bênçãos e adeus.

Agradeça aos elementos na ordem inversa.
Vire-se para o Norte e diga:

Agradeço ao Elemento Terra por sua presença aqui hoje. Adeus.

Vire-se para o Oeste e diga:

Agradeço ao Elemento Água por sua presença aqui hoje. Adeus.

Vire-se para o Sul e diga:

Agradeço ao Elemento Fogo por sua presença aqui hoje. Adeus.

Vire-se para o Leste e diga:

Agradeço ao Elemento Ar por sua presença aqui hoje. Adeus.

Feche o Círculo caminhando ou girando no local no sentido anti-horário. Visualize o Círculo se dissipando ao seu redor, acima e abaixo de você. Diga:

Ao fechar este Círculo, que a energia do crescimento permaneça.
O Círculo se fecha novamente por mais um dia.

Coma e beba algo que ajude a estabilizar sua energia.

As xícaras com os ovos podem ser colocadas em um peitoril de janela para que as sementes germinem. Isso deve levar apenas alguns dias. Quando o agrião crescer, você poderá colhê-lo e comê-lo. Descarte as cascas de ovos na compostagem ou enterre-as no solo de seu jardim.

Outras Formas de Comemorar o Mês

- Plante sementes em vasos. Mantenha-as dentro de casa até que o perigo de geada tenha passado.
- Faça uma limpeza de primavera em sua casa e em seu altar. Aproveite e faça também uma limpeza espiritual de primavera em você mesmo.
- Abra todas as janelas de sua casa e receba o ar fresco e purificador da primavera.
- A cruz em um pão quente representa os quatro elementos: Terra, Ar, Fogo e Água. Observe todas as ações, tarefas e afazeres que você faz todos os dias e anote-os. A qual elemento cada tarefa está associada? Veja se consegue trazer algum equilíbrio elemental durante seu dia.
- Cozinhe algo delicioso com chocolate.

CAPÍTULO QUATRO

Abril

O mês de abril se baseia na energia primaveril de março no Hemisfério Norte e atinge o poder total da fertilidade. O clima costuma ser um pouco instável, mas a Mãe Natureza está intensificando seriamente o seu jogo. Como estamos nos aproximando de maio e da poderosa energia de Beltane, para mim, abril é um mês em que a energia está aumentando. É hora de realmente lançar novas ideias e de colocar projetos e desejos em movimento – um mês para sair e fazer, seja lá o que for.

Os anglo-saxões chamavam abril de *Eostremonath*, que significa "mês de Eostre". Acredita-se que Eostre tenha sido uma Deusa do Amanhecer, embora seu nome só apareça nos escritos do monge e historiador inglês Bede.[15] Acredita-se que a palavra "abril" venha do latim romano *aperire*, que significa "abrir", talvez se referindo aos botões e flores que começam a se abrir na natureza.[16]

O Que Há na Natureza e Onde Procurar

A temporada de nidificação dos pássaros está em pleno andamento em abril; você pode até ter a sorte de ver alguns filhotes. Os lagos também estão cheios das alegrias da primavera, com muitas criaturas aquáticas bebês. Os morcegos começam a se aventurar a saírem da hibernação. Os bosques estão repletos de campânulas e outras flores silvestres da primavera. A charneca está florida com tojo e vassoura. Fique atento a muitos insetos diferentes nas sebes. Os lagos e as margens dos rios são o lugar ideal para observar a vida selvagem neste mês.

15. Jones, *A Month by Month Guide to the Anglo-Saxon Calendar.*

16. The Mysterious Origins of "April".

Saia de casa e vivencie a natureza, seja no seu quintal, seja em um parque local, seja no campo. Pode até mesmo olhar pela janela. Se tiver uma noite clara, saia e contemple as estrelas. Quais formações você consegue ver? Se não estiver familiarizado com as constelações, há alguns aplicativos de telefone muito bons que podem ajudá-lo.

Feriados e Comemorações

Aqui estão algumas celebrações que acontecem durante o mês de abril no Reino Unido, principalmente na Inglaterra, onde moro. Algumas dessas celebrações têm raízes Pagãs, outras são cristãs e algumas têm apenas significado local. Cada celebração desempenha um papel na energia do mês para mim e pode ser adaptada à minha própria prática para fins mágicos. Faça uma pesquisa em sua área local, condado, estado, país. Quais tradições deste mês ressoam melhor para você? Como adaptá-las ao seu próprio caminho?

Dia da Mentira

Suspeito que alguns de nós temem o dia 1º de abril e alguns até já foram enganados por algumas pegadinhas. Parece que as origens do "Dia da Mentira", ou "Dia de Todos os Tolos", estão perdidas nas brumas do tempo. O costume é fazer com que as pessoas acreditem em algo que não é verdade, geralmente por meio de pegadinhas hilárias.

Atividade

Esse dia sempre me faz pensar na carta de Tarô o Louco, portanto, é nela que vou me concentrar. Use a carta do Louco para um momento de meditação. Mergulhe na imagem e deixe que ela o leve em uma jornada de descoberta.

Dia do Cuco

O cuco geralmente pode ser ouvido em meados de abril. É um sinal de que a primavera chegou. Os ditados antigos nos dizem que "o cuco canta do dia de São Tibúrcio ao dia de São João" (14 de abril a 24 de junho). Tiburtius, Valerian e Maximus foram três mártires cristãos enterrados em 14 de abril nas Catacumbas de Praetextatus, perto de Roma, em um ano desconhecido. Não se sabe muito sobre eles, embora tenham sido mencionados na lenda de Santa Cecília e homenageados em Roma. O dia 14 de abril era o dia de sua festa conjunta: Dia de São Tibúrcio.

Outro ditado afirma que "o cuco nunca é ouvido antes da feira de Tenbury ou depois da feira de Pershore" (21 de abril e 26 de junho). A diferença de datas pode estar relacionada ao fato de o cuco aparecer em épocas diferentes na Inglaterra. Em algumas partes deste país, eram realizados festivais e feiras chamados *Cuckoo Fairs*. Essas feiras marcavam a chegada da primavera. Uma feira em Sussex, Inglaterra, conta que uma mulher idosa solta um cuco de sua cesta com o ditado "Ele voa pela Inglaterra, levando consigo dias mais quentes". Outra feira de cucos em Wiltshire, também na Inglaterra, afirma que a feira "abre o portão" para deixar o cuco passar. [17]

Atividade

Faça uma pesquisa sobre o cuco. Um pássaro fascinante. Como um guia espiritual animal, o cuco pode ajudá-lo a se comunicar de forma clara e concisa, ensinando-o a falar de forma mais calma e sensível. A energia do cuco pode ser invocada para ajudar qualquer transição a ocorrer sem problemas, especialmente com relação a novas acomodações de moradia ou novas experiências de vida. O cuco definitivamente traz a magia das transições e mudanças.

Dia da Prímula

O dia 19 de abril marca a data em que o primeiro-ministro britânico, Benjamin Disraeli (Lord Beaconsfield), morreu, em 1881. Ele atuou como primeiro-ministro em 1868 e novamente de 1874 a 1880. Foi o primeiro (e até o momento o único) primeiro-ministro judeu da Grã-Bretanha e um grande amigo da Rainha Vitória, tendo até enviado uma coroa de prímulas para seu funeral, pois eram suas flores favoritas. A partir de então, o dia 19 de abril ficou conhecido como *Primrose Day* (Dia da Prímula), com estadistas usando prímulas e a estátua de Lord Beaconsfield, na Parliament Square, sendo decorada com prímulas todos os anos. Não é um feriado ou comemoração oficial, mas adoro o fato de termos uma data que envolve as prímulas, lindas flores de primavera.

Atividade

Faça uma caminhada no bosque no intuito de encontrar prímulas (somente para olhar, não para colher) ou compre algumas prímulas para plantar em seu jardim.

17. Barrow, *Facts about the Month of April*.

Dia da Terra

O Dia da Terra foi criado em 1970 e tem sido um evento desde então, sempre realizado em 22 de abril. Administrado pela earthday.org, sua missão é "diversificar, educar e ativar o movimento ambiental em todo o mundo".[18]

Atividade

Pense em sua rotina diária e no que você pode fazer para ser mais ecológico. Mesmo pequenas mudanças fazem uma grande diferença.

Dia de São Jorge

Jorge era o santo padroeiro da Inglaterra, embora não fosse realmente inglês, nem mesmo uma figura real, se você ler alguns relatos. Acredita-se que ele tenha sido um cristão romano da Ásia Menor e que tenha vivido durante o século 3. Famoso devido a uma história de matança de dragões, ambientada na Líbia moderna. A cidade estava sendo aterrorizada por um dragão que continuava comendo suas ovelhas. Bem, um dragão precisa comer alguma coisa. De qualquer forma, o vilarejo decidiu que sacrificar jovens donzelas era uma boa ideia para apaziguar o dragão – sabe-se lá por que não o alimentaram com ovelhas. De qualquer forma, quando Jorge chegou, a filha do rei havia tirado a sorte grande e sido amarrada a uma pedra na entrada da caverna do dragão. Jorge lutou contra o dragão e venceu. A aldeia ficou tão agradecida, que todos se converteram ao cristianismo. Humm... estou vendo um motivo oculto nessa história. No entanto, em 1348, Jorge foi nomeado patrono da Ordem da Jarreteira e declarado santo padroeiro da Inglaterra. A vitória na Batalha de Agincourt foi atribuída a São Jorge. A partir de então, o dia 23 de abril se tornou seu dia de festa.[19]

Atividade

Pessoalmente, adoro dragões, portanto, neste dia, defenderei os dragões em todos os lugares. Faça um pouco de magia de dragão e deixa São Jorge pra lá, é o que eu digo!

---

18. "About Us."
19. "9 Things You Didn't Know about St. George."

Dia de São Marcos

São Marcos escreveu o segundo evangelho e foi um dos quatro evangelistas. A véspera de São Marcos, em 24 de abril, é considerada uma época em que o véu entre os mundos é fino. Essa também parece muito familiar, não é? Acredita-se que se você ficar no pátio de uma igreja das 23h à 1h da manhã na véspera de 25 de abril, verá os fantasmas daqueles que farão a travessia no próximo ano. O aviso é que não durma, caso contrário, você se tornará um dos que morrerão.

Atividade

Faça algum trabalho espiritual. Essa é uma noite perfeita para entrar em contato com o Outromundo em busca de mensagens ou percepções.

Tradições

Abril tem a energia da faxina de primavera, preparando-se para as comemorações do Dia do Trabalho e para os meses mais quentes. Vestir-se bem também traz o novo, o crescimento e desejos para os próximos meses. Aqui estão algumas ideias para você experimentar.

Limpeza de Primavera

Eu sei, o trabalho doméstico é totalmente entediante. Mas abril e maio são épocas tradicionais para a faxina de primavera. A limpeza das casas no início da primavera aparece em muitas culturas, geralmente para arejar a casa depois do inverno. Na Inglaterra, era tradicional fazer uma boa faxina, incluindo a chaminé. Todas as casas dependiam do fogo e da lareira em algum momento. O limpador de chaminés também era incluído na primeira procissão do Dia de Maio em alguns lugares, pois era o único dia de folga do limpador no ano.[20]

Atividade

Sim, é isso mesmo – fazer o trabalho doméstico! Mas dê um toque mágico limpando a casa com fumaça para eliminar qualquer energia negativa. Escolha um aroma que o atraia. Lave todas as superfícies não porosas com um sabonete de ervas, flores e ervas secas ou saquinhos de chá de ervas jogados em um balde de água quente.

---

20. Phillips, *May-Day Is Sweeps' Day.*

Poços Decorados

Os poços são locais sagrados há muito tempo. Acredita-se que a decoração de poços com flores e folhagens tenha começado em meados de 1300 da EC. Um vilarejo na Inglaterra decorou seu poço em reconhecimento por sua água, que era cristalina e pura, tê-los protegido da praga.[21] Os antigos romanos também reverenciavam os poços e as fontes de água doce. Eles deixavam oferendas, principalmente moedas e cerâmica, que eram jogadas na água.[22]

Atividade

Construa um poço sagrado. A bem da verdade, não me refiro a cavar um grande buraco em seu jardim e não parar de cavar até encontrar água; isso pode ser feito em uma escala muito menor. Tudo o que vai precisar é de um copo ou de uma xícara pequena. Encha-o com água carregada sob o Sol ou sob a Lua. Adicione algumas pétalas de flores, se desejar. Decore o recipiente com flores, ervas e cristais. Use o "poço" para fazer seus desejos.

Magia e Conhecimento da Lua

A Lua de cada mês tem muitos nomes ao redor do mundo, geralmente relacionados ao clima ou à terra. Aqui estão alguns dos meus nomes favoritos para a Lua deste mês. *Pink Moon* (Lua Rosa) é um nome que faz referência ao flox terrestre selvagem ou musgo rosa, uma das primeiras flores da primavera que aparecem. Muitos dos nomes das luas mensais de abril se referem à natureza, como *Hare Moon* (Lua da Lebre), *Growing Moon* (Lua crescente) e *Budding Trees Moon* (Lua das Árvores Brotando). Na Inglaterra medieval, a Lua de abril era chamada de *Seed Moon* (Lua da Semente). Os antigos celtas se referiam à Lua de abril como a Lua crescente.[23] Esses nomes representam o crescimento que ocorre no mundo das plantas nessa época do ano.

Dê um Nome à sua Lua

Que nome você daria à Lua de abril? Dê uma olhada na sua paisagem no dia da Lua cheia de abril e veja o que a natureza lhe inspira. Como o clima está se comportando? O que está crescendo no seu jardim? O que está crescendo na natureza? Qual é a aparência da paisagem atual?

---

21. "Tissington Well Dressings."
22. Lovegrove, *Wishing Wells & Votive Offerings.*
23. Nugent, *Full Moon Names.*

Magia da Lua

Cada mês tem a sua própria energia mágica especial. Você pode usar essa magia para aumentar o poder de seu feitiço. Embora possa trabalhar com qualquer intenção a qualquer momento, acho que associar a energia de um mês específico à fase da Lua, ajuda a aumentar o seu poder. Aqui estão minhas sugestões de magia para trabalhar neste mês:

- **Lua nova:** mudança, transformação, oportunidade, novos projetos, novos empreendimentos
- **Lua crescente:** equilíbrio, criatividade, produção, mudança, transformação, oportunidade
- **Lua cheia:** equilíbrio, criatividade, produção, mudança, transformação, oportunidade, manifestação, desejo, autoconfiança, autossuficiência
- **Lua minguante:** limpeza, purificação, limpeza emocional, egoísmo, eliminação de bloqueios, liberação

Atividade

Há muitas opções disponíveis para trabalhar com a magia da Lua! Você pode fazer um feitiço concentrando-se apenas na energia do mês ou reduzi-lo para se concentrar em uma das fases da Lua. Pode também fazer um feitiço diferente em cada uma das fases lunares. Se tiver uma intenção em mente, poderá iniciar o feitiço na Lua nova e aumentar seu poder adicionando-o a cada uma das outras fases da Lua.

Gosto de criar Água de Lua para cada mês. A Água de Lua é simples de fazer; tudo o que precisa é de um frasco limpo com tampa e um pouco de água. Você pode usar água de nascente ou natural; eu uso água da torneira mesmo, mas primeiro eu a fervo para destilá-la. Encha o frasco com água e coloque-o em um local seguro ao ar livre sob a lua cheia. Outra opção é colocá-lo dentro de casa, no parapeito de uma janela, para que a Lua reflita na superfície da água. Se estiver colocando o frasco do lado de fora, é mais seguro colocar a tampa para que os insetos não pousem nele, mas dentro de casa a tampa pode não ser necessária. Você pode fazer isso para cada uma das fases da Lua, criando um conjunto completo de Água de Lua que pode ser usado para fins mágicos. A Água de Lua é útil para ungir a si mesmo, seu altar, suas ferramentas mágicas, seus cristais e para limpar todos os itens mágicos citados. Pode ser adicionada a Garrafas de Bruxa, borrifada em torno de limites e também para criar um espaço sagrado.

Gosto de colocar uma vela de chá em cima do frasco de água e usá-la para fazer feitiços. Não se esqueça de etiquetar o frasco cuidadosamente com a data e a fase da Lua.

Feitiço para Encontrar o Equilíbrio

É muito fácil nos encontrarmos em uma situação desequilibrada, geralmente entre o trabalho e a vida doméstica. Esse feitiço ajuda a procurar as áreas que podem ser ajustadas ou completamente alteradas para gerar mais equilíbrio em nossa vida.

Você vai precisar de:

- 2 vasos pequenos com flores de primavera; tulipas são boas para isso
- 2 velas, ambas da mesma cor (eu gosto de usar branca) em suportes seguros
- Caneta
- Carta de Tarô ou Oráculo que você acredita que o representa
- Folha de papel
- Fósforos ou isqueiro

Disponha os dois vasos, um à sua esquerda e o outro à sua direita. Coloque as duas velas na sua frente, lado a lado. Coloque o papel e a caneta bem à sua frente e apoie a carta de Tarô/Oráculo na frente deles.

Acenda a vela da esquerda e diga:

Ilumine minha vida.
Encontre o equilíbrio da esquerda para a direita.

Pegue a vela da esquerda e acenda a vela da direita a partir de sua chama. Diga novamente:

Ilumine minha vida.
Encontre o equilíbrio da esquerda para a direita.

Agora, sente-se em silêncio. Reserve algum tempo e concentre-se na carta de Tarô/Oráculo que você escolheu. Imagine-se no seu cotidiano. Pegue a caneta e escreva todas as áreas da sua vida que parecem desequilibradas. Faça uma lista em uma coluna no lado esquerdo do papel. Quando terminar, dê uma olhada na lista e anote quaisquer soluções ou áreas que possam ser ajustadas para mudar o equilíbrio no lado direito do papel.

Quando terminar, apague as velas. Os tocos podem ser jogados no lixo.

Dobre a lista e coloque-a embaixo de um dos vasos de flores. Esses vasos podem ser levados para o seu altar ou para um local da casa onde possam ser vistos. Depois que as flores tiverem acabado, elas podem ser colocadas na composteira ou no lixo.

Guarde a lista e consulte-a regularmente para se lembrar de fazer essas mudanças.

Animais

Certos animais são facilmente associados ao mês de abril. Alguns são mais ativos e visíveis neste período. Compartilhei aqui alguns animais que têm uma energia que se alinha à magia de abril.

Ovelhas

As ovelhas podem ajudá-lo a se aprofundar nas áreas da sua vida que o estão deixando sobrecarregado. A primavera anuncia a estação dos cordeiros, portanto, as ovelhas assumem o poder durante esse período. Ovelhas trazem um ar de inocência, elas podem ajudá-lo com o trabalho interior e o tempo dos sonhos.

Serpente

Assim como a serpente troca de pele, nós também trocamos. As cobras podem ajudar a nos guiar pelo processo de transformação. As serpentes funcionam bem na primavera, porque esse é o momento perfeito para nos livrarmos de nossa pele e começarmos a fazer nossas próprias mudanças. As cobras têm uma energia bruta que também pode trazer poder e cura.

Castor

Esse pequenino trabalha duro. Os castores são multitalentosos e mestres em multitarefas. Trazem a energia da criatividade, do trabalho em equipe e da persistência, e ainda nos ajudam a construir bases sólidas. Esses animais trazem consigo uma grande dose de energia primaveril.

Cristais e Pedras

Cada cristal tem uma energia única e individual. Ao nos conectarmos com eles, podemos descobrir com que tipo de magia podemos trabalhar. Aqui estão algumas sugestões de cristais relacionados a abril.

Cianita

A cianita é uma bela pedra com um brilho perolado na superfície. Uma pedra do Elemento Água, que traz equilíbrio, harmonia, conexão, transformação e novos começos. Trabalhe com a cianita para trazer clareza e compreensão e para ajudar nas decisões.

Hematita

Pedra sólida dos elementos Terra e Fogo, a hematita é excelente para a vidência quando polida. Como pedra de proteção, ela pode ajudar a dissipar a energia negativa e fornecer um escudo pessoal. Trabalhe com a hematita para obter aterramento e força. Ela também pode ajudar com todos os tipos de manifestação no departamento de dinheiro.

Labradorita

Uma pedra mágica. A labradorita pode ajudá-lo com o trabalho interno e a acender sua centelha interior. É uma pedra de transformação, que pode ajudar a quebrar padrões e ciclos. Trabalhe com a labradorita para ter autoconfiança, mas também para lidar com o estresse e a ansiedade. A labradorita traz abundância, sucesso e capacidade de tomar decisões.

Magia das Plantas

A esta altura, o jardim e a natureza devem estar em plena atividade. O crescimento recente e a vegetação estão por toda parte, e talvez haja até algumas flores bonitas também. Abril é o auge da primavera e traz consigo a energia do novo, do crescimento em todas as formas, seja vegetal, seja animal. Mantenha um registro de todas as plantas que encontrar enquanto estiver fora de casa. Tire fotos ou faça esboços de cada uma delas. Faça um álbum de recortes ou um caderno de referência.

Como Trabalhar com Plantas para Uso Mágico

Quando estiver na natureza ou em seu jardim, sente-se com uma planta ou com uma árvore enquanto ela cresce. Estabeleça uma conexão com o espírito da planta e pergunte que orientação ela tem para você. Colete folhas, flores e sementes caídas e seque-as. Utilize as sementes secas em trabalhos mágicos, como bolsas de feitiços, velas, Garrafas de Bruxa e feitiços de todos os tipos.

Observe seu jardim e sua área local. O que você vê florescendo agora? Fique de olho também nas vagens, folhas e bagas decorativas. Depois de identificá-las, descubra quais propriedades mágicas elas têm.

Anêmona (Anemone pulsatilla)

Uma planta de primavera que retorna ano após ano. A anêmona tem flores lindas e brilhantes que gritam positivamente que a primavera chegou.

Atividade

Use flores frescas ou secas de anêmona para proteção, cura e dissipação de energia negativa.

Lírio-do-Vale (Convallaria majalis)

Plantas minúsculas com flores brancas em forma de sino ainda menores. O lírio-do-vale tem um forte perfume e é muito bonito. As flores aparecem na primavera, seguidas de bagas vermelhas no outono. Observação: o lírio-do-vale é extremamente tóxico se ingerido. Ele também pode causar irritação na pele. Prefiro usar o óleo essencial em trabalhos mágicos.

Atividade

Quando plantado no jardim, o lírio-do-vale trará sucesso e felicidade. Acrescente esta planta em seus trabalhos mágicos para ajudar a melhorar suas habilidades de adivinhação e aumentar sua magia. O lírio-do-vale também pode ser usado para se conectar com o mundo das fadas.

Tulipa (Tulipa spp.)

Uma das minhas flores favoritas da primavera, as tulipas chegam com um grito colorido de "Viva, a primavera realmente chegou!" Use as pétalas frescas ou secas para trabalhos mágicos.

Atividade

Trabalhe com tulipas para todos os tipos de amor. Plante-as em seu jardim para trazer prosperidade e paz. Coloque uma pétala de tulipa em sua bolsa ou carteira para manter o dinheiro entrando.

Incensos e Óleos

Traga a energia mágica das plantas do mês criando seu próprio incenso ou mistura de óleos para usar em trabalhos mágicos, banhos rituais ou unções. Aqui estão os meus favoritos para este mês, mas experimente criar o seu próprio.

Mistura de Incenso para Equilíbrio

Partes iguais de camomila seca, casca de hamamélis seca e resina de copal.

Mistura de Óleos para Mudança

- 10 gotas de óleo essencial de lavanda
- 10 gotas de óleo essencial de lírio-do-vale
- 10 ml de óleo de gergelim

Alimentos Mágicos

As coisas ainda estão bastante calmas no jardim para os vegetais, e as frutas são quase inexistentes, com exceção do primeiro ruibarbo, mas a natureza fornece uma grande quantidade de guloseimas comestíveis durante o mês de abril. Quer você os coma, quer os use em magia, todos os ingredientes têm propriedades mágicas.

Como Trabalhar com Alimentos para Uso Mágico

Você pode adicionar os ingredientes às suas receitas ou comer os alimentos para absorver suas propriedades mágicas. Alguns ingredientes podem ser usados nos trabalhos com feitiços. Coloque o alimento em seu altar ou use folhas secas, flores ou sementes em seus trabalhos mágicos. O suco pode ser usado para beber ou para ungir, ou pode ser adicionado a Garrafas de Bruxa. Alguns produtos podem ser fatiados e secos; essas são excelentes opções para uso em trabalhos mágicos.

Aspargos

O aspargo é um vegetal que traz uma energia masculina ardente para a mesa e funciona bem em feitiços de magia sexual e paixão. Também pode ser usado em trabalhos de limpeza e cura.

Rabanete

Trabalhe com rabanete para obter proteção contra o mau-olhado e para sua própria proteção pessoal. Também pode ser usado para liberar preocupações e estresse e para trazer uma vibração positiva e feliz.

Ruibarbo

Tecnicamente, o ruibarbo é um vegetal, mas nós o comemos como uma fruta. O ruibarbo traz proteção contra a energia negativa. Trabalhe com ele para aumentar sua força de vontade e ajudar a liberar as preocupações que possa ter. Também pode ser usado para colocar alguém sob seu poder.

Mostarda

O condimento amarelo com o qual estamos familiarizados é feito das sementes de uma planta, misturadas com água, sal e qualquer outro líquido a gosto. Você pode trabalhar com as sementes ou com o condimento pronto na magia. Obviamente, adapte o tipo de mostarda ao tipo de magia que estiver fazendo; a mostarda de cachorro-quente pode ser confusa em uma bolsa de feitiços. Trabalhe com mostarda para obter fé, sucesso e clareza. Use-a nos trabalhos para ajudar a aumentar suas habilidades psíquicas e oferecer proteção.

Receita de Biscoitos de Primavera

Essa é uma receita clássica inglesa antiga que pode ser encontrada em pequenas variações em todo o país. Tradicionalmente, são feitos na época da Páscoa, mas eu os nomeei de "biscoitos de primavera".

Você vai precisar de :

- ½ colher de chá de canela em pó
- 1 ovo, separado
- 3 colheres de sopa de leite
- 15 g de cascas secas mistas
- 50 g de groselha ou sultanas

- 75 g de açúcar
- 75 g de manteiga
- 175 g de farinha de trigo comum
- Açúcar para polvilhar

Pré-aqueça o forno a 180°C (350°F).

Bata a manteiga e o açúcar até obter um creme claro e fofo. Acrescente a gema de ovo, a canela, a groselha e a casca misturada. Misture o leite. Coloque a farinha e misture até formar uma massa firme.

Estenda a massa em uma superfície enfarinhada com cerca de 6 mm. Usando um cortador de biscoitos de 7 cm, corte os biscoitos e coloque-os em uma assadeira, enrolando novamente as aparas. Você deve obter cerca de 18 biscoitos. Bata a clara de ovo e pincele a parte superior de cada biscoito com ela, depois polvilhe com um pouco mais de açúcar.

Asse por 15 a 18 minutos, até que estejam dourados.

A Magia do Chá

Criar sua própria mistura de chá de ervas é uma maneira divertida de reunir a energia do mundo vegetal para corresponder ao mês. Apresento aqui a minha receita favorita, mas incentivo você a fazer experiências com os ingredientes de seu próprio armário de ervas e especiarias. Se você gosta de uma bebida mais doce, pode adicionar uma colher de chá de mel ou xarope de bordo.

Mistura Mágica para Criatividade

Na verdade, essa mistura não é um chá; acho que o café funciona melhor para a criatividade. Experimente uma colher de chá de café moído com uma pitada de extrato de baunilha. Adicione água quente e um pouco de leite.

Preparando um Altar

Gosto de decorar meu altar de acordo com as estações do ano. Com frequência, adiciono itens que representam cada mês. Se você já tem um altar ou gostaria de montar um, aqui estão algumas ideias para começar. Comece limpando o espaço; talvez você queira limpá-lo primeiro com fumaça de incenso ou Água de Lua. Colocar uma toalha de altar significa que você pode adicionar um pouco de magia colorida e uma sensação das energias da estação. O resto é inteiramente com você; confie na sua intuição e deixe-se guiar pelo que sente que precisa estar no altar. Talvez você acabe adicionando mais coisas ao seu altar nos próximos dias ou semanas. Fique atento a folhas caídas, galhos, flores e seixos que possam querer entrar em seu altar. Adoro ter um pequeno vaso no meu altar e trago flores frescas, folhagens do jardim ou flores silvestres encontradas em minhas caminhadas. Você também pode acrescentar alguns dos itens a seguir:

- **Guirlandas ou coroas de flores:** elas sempre ficam lindas em um altar.
- **Dragões:** use uma imagem ou ornamento de um dragão em seu altar.
- **Itens da natureza:** recomendo conchas, seixos e galhos.
- **Itens que representam crescimento ou fertilidade:** recomendo cascas de ovos pintadas ou ovos de cerâmica/decorativos, folhagens, sementes, mudas, imagens de pintinhos e imagens da Lua crescente.
- **Ovelhas, cobras e castores:** inclua representações dos animais deste mês em seu altar.

Meditação

Leia o roteiro de meditação a seguir e familiarize-se com o conteúdo antes de começar. Como alternativa, pode gravar a leitura da meditação em seu telefone ou laptop e reproduzi-la, ou pode pedir a alguém que a leia para você.

Fique à vontade em um local silencioso onde não será incomodado. Feche os olhos e concentre-se em sua respiração, inspirando e expirando profundamente.

> *À medida que o mundo ao seu redor se dissipa, você se vê do lado de fora de um grande portão de madeira, inserido em um antigo muro de pedra. O céu acima de você é azul e o Sol está brilhando. Uma brisa fresca e suave toca seu rosto e seu cabelo.*
>
> *Você estende a mão e empurra o portão, ele se abre para revelar um grande jardim murado no seu interior.*
>
> *Um antigo caminho de tijolos se estende à sua frente, serpenteando entre jardineiras elevadas e canteiros de terra cheios de plantas em crescimento. As paredes ao redor do jardim estão cobertas de trepadeiras e árvores em espaldeira. Algumas abelhas estão voando ao redor, você pode ouvir os pássaros.*
>
> *O jardim está repleto de cores das flores da primavera. Você nota especialmente os vermelhos e amarelos das tulipas espalhadas pelo jardim. As abelhas parecem adorá-las.*

Ao percorrer o caminho, observe cada planta. Se você se sentir atraído por alguma em particular, pare e faça uma conexão. O espírito da planta pode ter uma mensagem para você.

No outro lado do jardim há um banco de madeira, vá até lá e sente-se, sinta-se confortável.

Observe e ouça. Você pode ser saudado por um espírito, uma Divindade ou um guia espiritual animal. Esteja aberto a quem ou ao que quer que seja que encontre o caminho até você. Cumprimente-os e faça perguntas. Ouça suas respostas e fique atento a possíveis mensagens. Eles podem até deixar um presente que tenha significado para você.

Não tenha pressa...

Quando estiver pronto, agradeça por todas as visitas ou mensagens.

Levante-se e retorne ao jardim, ainda observando e ouvindo enquanto caminha. Siga o caminho que o leva de volta ao ponto de partida.

Quando chegar ao portão de madeira na parede, vire-se e dê uma última olhada no jardim. Em seguida, passe por ele.

Abra os olhos lenta e gentilmente e volte para esta realidade. Anote todas as mensagens ou detalhes em seu diário.

Divindades

Vou apresentar aqui duas Divindades com as quais trabalho no mês de abril. Verbeia e Brigantia têm fortes conexões com a primavera e trazem a energia do novo, do crescimento e da criatividade. Procure as Divindades da primavera, da donzela e da juventude para corresponder à energia de abril. Essas são apenas minhas sugestões; faça suas escolhas em seu próprio caminho. Confie em sua intuição sobre qual Divindade o atrai.

Verbeia

A adoração a Verbeia pode ser encontrada ligada ao rio Wharfe, em Yorkshire, Inglaterra, mas também no Alto Marne, na França. Uma Deusa da água, doadora de vida, mas que também a leva embora. Associada à primavera, à cura e às cobras.

Brigantia

Brigantia era a Deusa padroeira da tribo dos Brigantes, na antiga Grã-Bretanha.[24] Uma Deusa da Água, que traz cura e proteção. Seu nome vem do protocelta e significa "a alta".[25]

Ritual para Criatividade

Abril faz a criatividade fluir com a energia da inspiração e da oportunidade. Deixe seu lado criativo e/ou artístico correr solto. Use a energia de abril para liberar sua criatividade. Pode ser na forma de artes e artesanato, mas também poesia, escrita, culinária ou algo musical. Isso pode significar ser criativo na maneira de se vestir ou de decorar sua casa; as possibilidades são infinitas.

Invoquei a energia de Brigantia para este ritual, embora você possa deixar de lado a parte da Divindade ou invocar um Deus ou Deusa diferente, se preferir.

Você vai precisar de:

- 3 velas mágicas: uma vermelha, uma laranja e uma amarela
- Castiçais seguros
- Fósforos ou isqueiro
- Pétalas de flores ou ervas secas (opcional)

Comece lançando o Círculo, criando um limite para conter a energia da magia e mantendo-o protegido de influências externas. Você pode percorrer o círculo no sentido horário, se tiver espaço, ou simplesmente dar a volta no local. Se puder, é uma boa ideia espalhar pétalas de flores ou ervas secas para formar um Círculo Sagrado físico. Caso contrário, basta visualizar uma luz branca brilhante formando um círculo de proteção. Depois de percorrer o círculo, lembre-se de visualizá-lo tornando-se uma esfera, estendendo-se abaixo de seus pés e acima de sua cabeça.

Ao lançar o Círculo, diga:

Eu lanço este círculo ao redor para manter a energia indesejada fora. Vou girando e girando o círculo, formando uma esfera de proteção acima e abaixo.

---

24. *Encyclopaedia Britannica*, "Brigit," last modified May 1, 2020, https://www.britannica.com/topic/Brigit/additional-info#history.

25. Rankine and d'Este, *The Isles of the Many Gods*.

Invoque os elementos, voltando-se para cada direção. Ao invocá-los, visualize a força física que cada um traz. Sinta uma brisa em sua pele para o Ar, o calor da chama para o Fogo, a chuva fria para a Água e o solo sob seus pés para a Terra. Comece no Leste e siga seu caminho no sentido horário. Diga:

Convoco o Elemento Ar para emprestar sua energia de intelecto e percepção ao ritual de hoje. Eu lhe dou as boas-vindas.

Convoco o Elemento Fogo para emprestar sua energia de paixão e criatividade ao ritual de hoje. Eu lhe dou as boas-vindas.

Convoco o Elemento Água para emprestar sua energia de intuição e emoção ao rito de hoje. Eu lhe dou as boas-vindas.

Convoco o Elemento Terra para emprestar sua energia de aterramento e estabilidade ao rito de hoje. Eu lhe dou as boas-vindas.

Volte-se para o centro ou para o altar e abra bem os braços para receber a Deusa. Diga:

Invoco a Deusa Brigantia e peço que traga a sua energia criativa e inspiradora para este ritual. Eu lhe dou as boas-vindas.

Coloque as velas à sua frente em suportes para mantê-las seguras: amarela à esquerda, vermelha no centro e laranja à direita. Sente-se em silêncio e concentre-se em sua respiração. Inspire e expire profundamente algumas vezes.

Agora acenda a vela amarela e diga:

Com esta vela, convido a energia da criatividade e da luz.

Observe a chama dançando ao redor e visualize a criatividade fluindo em você. Pegue a vela vermelha e acenda-a a partir da chama da vela amarela e diga:

Com esta vela, convido a energia da paixão e da luta.

Observe a chama dançando e visualize a paixão e a força fluindo através de você. Agora pegue a vela laranja e acenda-a a partir da chama da vela vermelha. Diga:

Com esta vela, convido a energia da inspiração e do poder.

Observe a chama dançando e visualize o poder pessoal e a inspiração fluindo através de você.

Passe algum tempo com as três chamas da vela e sua visualização. Mantenha seus sentidos abertos para o caso de haver alguma mensagem para você.

Se possível, sente-se com as velas até que elas se apaguem. Nunca deixe velas acesas sem supervisão.

Agradeça à Deusa e diga:

Com meus agradecimentos à Deusa Brigantia. Expresso gratidão por sua energia criativa hoje. Bênçãos e adeus.

Agradeça aos elementos na ordem inversa.

Vire-se para o Norte e diga:

Agradeço ao Elemento Terra por sua presença aqui hoje. Adeus.

Vire-se para o Oeste e diga:

Agradeço ao Elemento Água por sua presença aqui hoje. Adeus.

Vire-se para o Sul e diga:

Agradeço ao Elemento Fogo por sua presença aqui hoje. Adeus.

Vire-se para o Leste e diga:

Agradeço ao Elemento Ar por sua presença aqui hoje. Adeus.

Feche o Círculo caminhando ou girando no local no sentido anti-horário. Visualize o Círculo se dissipando ao seu redor, acima e abaixo de você. Diga:

Ao fechar este Círculo, que a energia da criatividade permaneça. O Círculo se fecha novamente por mais um dia.

Coma e beba algo que ajude a estabilizar sua energia.

Se sobrarem tocos de vela, você pode aquecer a cera em suas mãos e moldá-las juntas a um talismã para o seu altar como um lembrete da energia criativa. As pétalas das flores podem ser varridas e adicionadas à cera para o talismã, descartadas na pilha de compostagem, enterradas no jardim ou colocadas no lixo.

Outras Formas de Comemorar o Mês

- Limpe seus comedouros de pássaros ou compre novos para colocar no jardim.
- Passe algum tempo analisando o equilíbrio entre casa/trabalho/magia em sua vida e veja se alguma área precisa ser ajustada.
- Se tiver um jardim, comece a se ocupar agora. Se não tiver, pense em comprar algumas plantas de casa ou colocar alguns vasos de ervas no parapeito da janela.
- Organize seus armários mágicos; faça uma limpeza de primavera neles.
- Dê uma olhada nos armários da cozinha. Se alguma coisa estiver desatualizada, veja se pode utilizá-la para fins mágicos.

CAPÍTULO CINCO

Maio

Maio é um mês realmente inspirador e cheio de energia. O jardim começou a mostrar grandes sinais de crescimento. As sementes que foram plantadas em março ou abril agora estão ganhando tamanho e força. As flores estão por toda parte, na forma de cerejeira, espinheiro, tojo e abrunheiro, para citar apenas algumas. Os pássaros estão cantando e estão construindo seus ninhos e botando ovos, se ainda não o fizeram. A energia deste mês é tão forte, que você pode sentir o gosto dela no ar; repleta de vida, crescimento e vigor. A terra está fértil, a seiva está subindo e o crescimento de todos os tipos está começando. Estamos nos despedindo da metade escura do ano e dando as boas-vindas ao Sol e aos meses mais claros.

Os anglo-saxões chamavam maio de *Thrimilcmonath* ou *Thrimilce*, "mês do leite três vezes", que se refere a três produções de leite, em que as vacas eram ordenhadas três vezes ao dia.[26] O nome franco para maio era *Winnemanoth*, traduzido para significar "mês da alegria", assim chamado, porque a colheita da primavera já havia chegado e havia comida para os cavalos e o gado.[27] O nome de maio vem da Deusa romana da fertilidade, Maia.[28] Aproveite ao máximo a energia apaixonada e fértil que esse mês proporciona. Decida o que é importante para você e no que deseja canalizar essa energia.

26. Jones, *A Month by Month Guide to the Anglo-Saxon Calendar.*
27. Noble, *Charlemagne and Louis the Pious.*
28. "Origins and Meanings of the 12 Montes."

O Que Há na Natureza e Onde Procurar

As sebes estão salpicadas de flores, como a erva-de-vaca e a campânula--vermelha, e os bosques estão repletos de alho selvagem e azedinha. Fique de olho nos besouros, insetos e abelhas, além de uma série de pássaros que estão voando por aí. Se tiver muita sorte, ao anoitecer você também poderá avistar um texugo. Campos abertos com grama longa também podem esconder lebres bebês. Enquanto estiver nos campos abertos, dê uma olhada embaixo dos pés – a temporada de flores silvestres começa agora a sério e você deve encontrar uma grande variedade delas, de cleavers (erva-de-são-roberto) a banana-da-terra e tomilho silvestre.

Saia de casa e vivencie a natureza, seja no seu quintal, seja em um parque local, seja no campo. Pode até mesmo olhar pela janela. Se tiver uma noite clara, saia e contemple as estrelas. Quais formações você consegue ver? Se não estiver familiarizado com as constelações, há alguns aplicativos de telefone muito bons que podem ajudá-lo.

Feriados e Comemorações

Aqui estão algumas celebrações que acontecem durante o mês de maio no Reino Unido, principalmente na Inglaterra, onde moro. Algumas dessas celebrações têm raízes Pagãs, outras são cristãs e algumas têm apenas significado local. Cada celebração desempenha um papel na energia do mês para mim e pode ser adaptada à minha própria prática para fins mágicos. Faça uma pesquisa em sua área local, condado, estado, país. Quais tradições deste mês ressoam melhor para você? Como adaptá-las ao seu próprio caminho?

Beltane

O dia 1º de maio (1º de novembro no Hemisfério Sul) marca o Sabbat de *Beltane*, palavra celta traduzida como "o Fogo de Bel" ou "o bom fogo"; seja qual for a tradução, este é um festival de fogo.[29] Uma celebração cheia de energia e entusiasmo pela vida, assim como a paixão, que nos faz sentir vivos. É um festival de fertilidade, a união da vida e da procriação. Além disso, é um momento em que o mundo das fadas interage com o nosso. Lembre-se de que a fertilidade não se refere apenas à procriação; pode ser um novo começo, um novo empreendimento ou um projeto de qualquer tipo. Qualquer coisa

29. *Encyclopaedia Britannica, Beltane*, modificado em 1 de março de 2022

pode ser "parida", seja um bebê, um emprego, um negócio, nova maneira de pensar, uma nova maneira de viver a vida.

ATIVIDADE

Comemore fazendo uma fogueira ou usando uma lareira. Pense no que você gostaria de "dar à luz" e escreva uma petição para jogar nas chamas.

Noite de Walpurgis

Tradição germânica que ocorre em 30 de abril, a *Noite de Walpurgis* é um rito Pagão da primavera. No entanto, Walpurga foi uma santa cristã, uma abadessa inglesa que foi canonizada em 1º de maio. Santa Walpurga era a padroeira de sete cidades e as protegia contra todos os tipos de coisas, inclusive Bruxaria, fome, peste e tempestades.[30] Nascida em 710, no condado de Dorset, na Inglaterra, seu pai era Ricardo de Wessex. Com a tenra idade de onze anos, foi enviada para a Abadia de Wimborne, em Dorset, onde viveu por vinte e seis anos. Em 748, deixou a Inglaterra e viajou para a Alemanha para ajudar seu tio, São Bonifácio, a realizar um trabalho missionário.[31] Por fim, dirigiu seu próprio grupo de freiras em Heidenheim am Hahnenkamm, na Alemanha.

Encontrei algumas referências aleatórias a uma Walpurga ou Walburga que pode ter sido adorada como uma Deusa. Talvez essa tenha sido uma ocasião para o cristianismo ofuscar a antiga Deusa e reivindicá-la como uma celebração santa? Ou talvez elas apenas compartilhassem o mesmo nome.

A Noite de Walpurgis era uma celebração com todos os tipos de excessos, de barulho a bebidas e festas, possivelmente com alguns cogumelos mágicos e sexo incluídos também. Esse era um festival para marcar o fim do longo, escuro, frio e infrutífero inverno e para dar as boas-vindas à primavera e à vida que retorna com ela.

ATIVIDADE

Você pode querer comemorar com uma noite de festa selvagem, e quem sou eu para julgar? Pode também comemorar com um grupo de amigos que pensam da mesma forma e compartilhar um banquete para dar as boas-vindas à primavera e à boa nova.

30. Raedisch, *Night of the Witches*, 27.

31. Jansen, *Saint Walpurga, Writer and Missionary.*

Dia da Maçã de Carvalho

O *Oak Apple Day* (Dia da Maçã de Carvalho) é um antigo dia de celebração para comemorar a restauração do rei Charles II ao trono. Depois de escapar do exército Roundhead, após a Batalha de Worcester, Carlos se escondeu em um carvalho próximo à Boscobel House, perto de Wolverhampton, Inglaterra. O dia 29 de maio marca a sua restauração e ficou conhecido como *Oak Apple Day*. Os puritanos haviam banido todas as festividades Pagãs, como as do Primeiro de Maio, portanto, essa foi uma celebração de fato. Folhas e maçãs de carvalho eram usadas nas lapelas, e as igrejas e casas eram frequentemente decoradas com carvalho.

Atividade

Crie uma coroa de flores, uma guirlanda ou uma casa de botão/corsage com folhas de carvalho e maçãs.

Jardineiros de Maio

Nas áreas do noroeste e do centro da Inglaterra, os *May Birchers* viajavam na véspera de maio distribuindo galhos de várias árvores nas casas das pessoas. O tipo de árvore que você recebia refletia se os *jardineiros* o tinham em alta conta ou não. O espinheiro era o mais valorizado, pois era um elogio a você; outros tipos de árvore, no entanto, não eram tão educados.

Atividade

Faça um pedido à Divindade ou ao Divino para que lhe envie um presente de uma árvore. Faça uma caminhada em sua região e fique atento aos galhos e folhas caídos. Se receber um presente, coloque-o em seu altar e veja-o como uma conexão com o Divino. Você também pode pesquisar o tipo de árvore ou planta de onde veio o presente, caso ele tenha uma mensagem para você.

Tradições

O mês de maio tem muitas tradições ligadas ao Festival de Beltane. Um mês ardente, repleto da energia apaixonada do crescimento e da fertilidade. Aqui estão algumas tradições que você talvez queira experimentar.

O Casamento Sagrado

Beltane tem a reputação de ser a época do "Casamento Sagrado", quando a Deusa e o Deus, a mulher e o homem, se unem para procriar. Gosto da ideia geral dessa "união" e, é claro, é exatamente isso que está acontecendo no mundo animal. Mas hoje em dia, a ideia de que se trata apenas de um vínculo entre homem e mulher talvez esteja ultrapassada. Prefiro ver esse momento como uma união da natureza e de energias de todos os tipos se unindo. Algumas das tradições do Primeiro de Maio incluem representações das energias feminina e masculina, acredito que isso tenha a ver com equilíbrio. Também acho que está aberto à interpretação e pode ser ajustado para se adequar e incluir todos.

Atividade

Sente-se com um bloco de notas e uma caneta. Pense em todas as áreas da sua vida que se opõem umas às outras e nas ações e tarefas que você realiza que consomem muito tempo e que poderiam ser melhoradas. Faça uma lista das coisas que você faz e que consomem muito do seu tempo. Agora escreva algumas sugestões de soluções ou ajustes que poderiam ser feitos em sua agenda para ajustar o equilíbrio. Em seguida, escreva as coisas que gosta de fazer, mas para as quais não tem tempo. Você pode ajustar sua agenda para incluir mais coisas divertidas? Esse também é um bom momento para analisar seus relacionamentos, sejam eles românticos, pessoais ou no local de trabalho. Pense em como você interage com todas essas pessoas e se pode fazer com que alguns desses relacionamentos funcionem melhor.

Fogo de Beltane

O fogo é uma parte importante de Beltane. Alguns textos se referem a uma combinação de nove madeiras usadas para fazer uma Fogueira de Beltane; os tipos de madeira variam, talvez devido ao que estava disponível em uma determinada área.[32] A madeira era coletada em março e deixada para secar adequadamente para que estivesse pronta para ser usada no Beltane. As fogueiras de Beltane eram originalmente usadas para limpar e proteger o gado, que era conduzido entre duas fogueiras em Beltane. As pessoas também pulavam a fogueira para obter proteção contra doenças ou má sorte. As cinzas da fogueira de Beltane eram espalhadas no chão para ajudar na fertilidade e no crescimento das plantações.

---

32. Freeman, *Kindling the Celtic Spirit*.

Atividade

Crie uma Fogueira de Beltane. Em seu jardim, você pode usar uma fogueira ou uma chaminé para criar o Fogo de Bel. Se estiver dentro de casa, é possível criar uma representação de uma Fogueira de Beltane colocando uma lamparina dentro de um Caldeirão ou uma vela grande em um suporte seguro. Observe a chama e visualize-se pulando sobre ela.

Guarde as cinzas de sua Fogueira de Beltane. Elas são excelentes para serem usadas em trabalhos mágicos para fertilidade e novos começos e podem dar um impulso energético ardente.

Orvalho

Uma tradição antiga é se levantar antes do amanhecer do dia 1º de maio e lavar o rosto com o orvalho do solo. Isso o ajudaria a manter uma boa aparência. Se a mulher não fosse casada, sugeria-se que o primeiro homem que ela encontrasse depois de lavar o rosto no orvalho se tornaria seu marido.

Atividade

Se você estiver de pé antes do amanhecer do dia 1º de maio, vale a pena coletar um pouco de orvalho, pois ele pode ser usado para fins mágicos em todos os tipos de feitiços de fertilidade e beleza.

Cavalo de Pau

O cavalo de pau aparece em algumas celebrações da tradição de maio e pode ser uma criatura bastante temível. Ele cavalga no Primeiro de Maio para dar as boas-vindas ao sol, à fertilidade e aos meses mais quentes. O traje do cavalo de pau é usado por um homem alto, que também veste uma roupa inspirada livremente em um cavalo. Envolto em tecido preto, o traje do cavalo de pau é encimado por uma cabeça de cavalo de madeira com mandíbulas que abrem e fecham. Quando o cavalo de pau percorre o vilarejo, ele geralmente é acompanhado por outro indivíduo que desfila ao seu lado. Em alguns momentos, o cavalo de pau cai no chão, exausto, e seu amigo o acaricia para reanimá-lo. Ao longo do percurso, o cavalo de pau pode ter capturado uma bela donzela sob seu vestido de tecido. Quando eles reapareciam, tinham o rosto coberto de fuligem. Às vezes, o cavalo de batalha ficava coberto da fuligem preta que era esfregada nos transeuntes. Dizia-se que isso trazia boa sorte e fortuna. Acredito que tenha uma associação com o limpador de chaminés, que sempre foi um sinal de boa sorte.

Atividade

Embora eu não sugira que você faça uma fantasia inteira de cavalo de batalha, talvez possa fazer uma máscara ou até mesmo um par de orelhas de cavalo em uma faixa na cabeça. Cumprimente os membros da sua família ou convidados em um ritual. Isso deve fazer com que eles riam.

Rainha de Maio

Os festivais do Dia do Trabalho dos vilarejos geralmente incluíam uma Rainha de Maio. Uma das moças do vilarejo era escolhida para usar uma coroa de flores e liderar a procissão de maio. Originalmente, também havia um Rei de Maio, mas isso parece ter se perdido com o tempo. Já participei de rituais Pagãos em que uma das jovens era escolhida para ser a Rainha de Maio da cerimônia. Outro exemplo da ideia do Casamento Sagrado, talvez?

Atividade

Faça uma coroa de flores para você. O espinheiro é tradicional, mas tem espinhos, portanto, tenha cuidado. As árvores frutíferas geralmente florescem em maio e são ótimas para fazer círculos. Os galhos jovens de algumas árvores podem ser facilmente dobrados em forma de círculo e geralmente carregam folhas verdes frescas.

Burning Man

Os festivais nessa época do ano geralmente incluem a queima de um homem de palha. Se tiver a chance de participar de um, essa é uma experiência maravilhosa. Os desejos são escritos em pedaços de papel que são enfiados na palha. Ao anoitecer, a efígie de palha é incendiada e os desejos são liberados para serem realizados. Acredita-se que a queima de um homem de palha tenha sido uma oferenda à terra. Em troca, a terra forneceria boas colheitas e uma abundância de produtos. Alguns acreditam que, antes do homem de palha, os sacrifícios podem ter sido menos de palha e mais humanos...

Atividade

Crie sua própria figura de palha. Ela não precisa ser enorme; apenas uma pequena já serve. Junte palha, galhos ou até mesmo barbante para criar uma forma humana. Escreva petições em pedaços de papel e coloque-as em seu interior. Queime a figura de palha em uma fogueira ou em uma lareira, ou você pode até mesmo fazer uma figura de palha pequena para queimar dentro do Caldeirão.

Mastro de Maio

Um "Mastro de Maio" ainda pode ser visto hoje em dia na área verde de alguns vilarejos em feiras do Dia do Trabalho. O mastro é um grande poste de madeira com fitas amarradas no topo. As moças costumavam dançar em volta do mastro enquanto seguravam as fitas de modo que elas se enrolassem em torno do mastro central. O significado original era de fertilidade, para celebrar o crescimento e a produtividade da vegetação. E as moças eram donzelas à espera de pretendentes.

Outros sugerem que tanto os meninos quanto as meninas dançavam ao redor do mastro, com as imagens representando a "Árvore do Mundo".[33] Quando meninos e meninas dançavam no Mastro de Maio, isso simbolizava o entrelaçamento de energias, incorporando a natureza e o ciclo da vida. Os dançarinos circulavam em torno do mastro, entrelaçando as fitas por baixo e por cima umas das outras, de modo que a fita era literalmente entrelaçada à medida que descia pelo mastro.

Alguns mastros eram pintados com listras vermelhas e brancas, ou as fitas eram uma mistura de vermelho e branco. O vermelho simbolizava o sangue menstrual da mulher e o branco representava o sêmen do homem. Por que as fitas foram escolhidas para o Mastro de Maio? As fitas representavam proteção e simbolizavam a tecelagem dos fios da vida.

Uma tradição inglesa era que os homens usassem camisas de linho novas no *May Day*. Suas moças costuravam fitas coloridas nas camisas. Os homens então coletavam itens valiosos dos fazendeiros locais na forma de colheres ou relógios. Esses itens eram presos a uma guirlanda e amarrados em uma vara longa. Um caneco brilhante era colocado no topo. Os jovens se reuniam e dançavam pelo vilarejo com a vara decorada. Isso tem sido associado à tradição da "Dança de Morris" (ver página 110).

Atividade

Construa seu próprio *Maypole* (Mastro de Maio). Isso pode ser feito colocando um grande mastro de madeira no chão com fitas fixadas no topo, ou pode ser feito em uma escala menor. Costumo criar um mastro de mesa com um pedaço de madeira, mas até um pauzinho ou um espeto podem ser usados. Em seguida, prendo fitas no topo e coloco o mastro em um pedaço de massa de modelar ou em um pequeno vaso cheio de terra ou

---

33. George, *The Mythology of May Day III*; "Maypole."

areia. Como alternativa, você pode decorar uma árvore viva em seu jardim com fitas coloridas. No entanto, não deixe as fitas amarradas na árvore, pois isso pode prejudicar o seu crescimento.

Ultrapassando os Limites

Tradição inglesa que remonta a séculos, o *Beating the bounds* sempre era realizada nessa época do ano. Um lembrete de que os limites de todos os tipos são importantes em nossa vida, sejam eles físicos, sejam emocionais. Grupos de aldeões percorriam os limites da área verde ou comum local. As crianças carregavam varas de salgueiros e batiam nos marcadores de limites.

Atividade

Para mim, essa tradição faz de maio o mês perfeito para estabelecer ou restabelecer a proteção em torno dos limites de sua propriedade e de sua casa. Isso pode ser tão simples quanto usar a visualização para formar uma bolha protetora em torno de sua casa, como pode ser mais literal polvilhando os limites com sal ou ervas protetoras. Esse também pode ser um bom momento para examinar seus limites pessoais.

Magia e Conhecimento da Lua

A Lua de cada mês tem muitos nomes ao redor do mundo, geralmente relacionados ao clima ou à terra. Aqui estão alguns dos meus nomes favoritos para a Lua deste mês. Um nome geral para maio parece ser *Flower Moon* (Lua das Flores), porque é a época do ano em que as flores começam a desabrochar. Também é conhecida como *Dyad Moon*, sendo *dyad* uma antiga palavra latina que significa "par", talvez se referindo ao equilíbrio do Sol e da Lua.[34] Na Inglaterra medieval, a Lua de maio era chamada de *Hare Moon*. Os antigos celtas chamavam a Lua de maio de "Lua Brilhante".[35]

Dê um Nome à sua Lua

Que nome você daria à Lua de maio? Dê uma olhada na sua paisagem no dia da Lua cheia de maio e veja o que a natureza lhe inspira. Como o clima está se comportando? O que está crescendo no seu jardim? O que está crescendo na natureza? Qual é a aparência da paisagem atual?

---

34. *Merriam-Webster Dictionary*, s.v. "dyad (*n*.)," acesso em 18 de março de 2022, https://www.merriam-webster.com/dictionary/dyad.

35. Nugent, *Full Moon Names*.

Magia da Lua

Cada mês tem a sua própria energia mágica especial. Você pode usar essa magia para aumentar o poder de seu feitiço. Embora possa trabalhar com qualquer intenção a qualquer momento, acho que associar a energia de um mês específico à fase da Lua, ajuda a aumentar o seu poder. Aqui estão minhas sugestões de magia para trabalhar neste mês:

- **Lua nova:** aspiração, antecipação, fertilidade, autocuidado, autoconfiança, autovalorização, promessa, seu espírito interior.
- **Lua crescente:** promessa, metas, comunicação, crescimento, aspiração, criatividade, fertilidade, criação, felicidade, revitalização, autocuidado, autoconfiança, autovalorização, crescimento.
- **Lua cheia:** união, iluminação, lógica, metas, comunicação, sabedoria, beleza, paixão, criatividade, vida, felicidade, sexualidade, poder pessoal.
- **Lua minguante:** autocuidado, autoconfiança, autovalorização, seu espírito interior.

Atividade

Há muitas opções disponíveis para trabalhar com a magia da Lua! Você pode fazer um feitiço concentrando-se apenas na energia do mês ou reduzi-lo para se concentrar em uma das fases da Lua. Pode também fazer um feitiço diferente em cada uma das fases lunares. Se tiver uma intenção em mente, poderá iniciar o feitiço na Lua nova e aumentar seu poder adicionando-o a cada uma das outras fases da Lua.

Gosto de criar Água de Lua para cada mês. A Água de Lua é simples de fazer; tudo o que precisa é de um frasco limpo com tampa e um pouco de água. Você pode usar água de nascente ou natural; eu uso água da torneira mesmo, mas primeiro eu a fervo para destilá-la. Encha o frasco com água e coloque-o em um local seguro ao ar livre sob a Lua cheia. Outra opção é colocá-lo dentro de casa, no parapeito de uma janela, para que a Lua reflita na superfície da água. Se estiver colocando o frasco do lado de fora, é mais seguro colocar a tampa para que os insetos não pousem nele, mas dentro de casa a tampa pode não ser necessária. Você pode fazer isso para cada uma das fases da Lua, criando um conjunto completo de Água de Lua que pode ser usado para fins mágicos. A Água de Lua é útil para ungir a si mesmo, seu altar, suas ferramentas mágicas, seus cristais e para limpar todos os itens mágicos citados. Pode ser adicionada a Garrafas de Bruxa, borrifada em torno de limites e também para criar um espaço sagrado. Gosto de colocar uma vela de chá em cima do frasco de água e usá-la para fazer feitiços. Não se esqueça de etiquetar o frasco cuidadosamente com a data e a fase da Lua.

Feitiço para Comunicação

Talvez você precise se expressar com clareza ou talvez queira apenas abrir melhores canais de comunicação com alguém. Esse feitiço o ajudará a fazer exatamente isso, principalmente se você trouxer a energia das abelhas; elas adoram conversar! A maçã também traz uma energia de comunicação muito forte. Nesse feitiço, trabalhamos com a polpa da maçã e as sementes.

Você vai precisar de:

- 1 maçã
- 1 prato pequeno
- Imagem de abelhas (opcional)
- Jarra de água

Se estiver usando uma imagem de abelha, coloque-a em um lugar onde possa vê-la. Coloque o prato e a jarra de água à sua frente. Pegue a maçã e segure-a em suas mãos. Carregue-a com a magia de abrir suas linhas de comunicação. Diga:

Magia da maçã, eu lhe peço, abra um portal de comunicação para mim.

Agora coma a maçã. Ao fazer isso, visualize a capacidade de falar o que pensa de forma clara e concisa. Veja-se em uma situação em que você comunica exatamente o que deseja transmitir. Quando chegar ao caroço da fruta, pegue as suas sementes.

Encha o prato com água até a metade. Deixe cair cada caroço de maçã na água. Com cada uma delas, diga:

Energia da água, faça minhas palavras fluírem. Magia da maçã, traga clareza e discernimento à minha apresentação.

Observe as maçãs flutuando na água. Pode haver um sinal, símbolo ou mensagem para você. (Ou pode não haver nada, mas fique atento, por via das dúvidas).

Sente-se em silêncio por um tempo, concentrando-se na energia da maçã e no fluxo de comunicação que você abriu.

Quando estiver pronto, leve o prato para fora e jogue a água e as sementes no solo. Ou plante algumas das sementes de maçã no solo ou em um vaso.

Animais

Certos animais são facilmente associados ao mês de maio. Alguns são mais ativos e visíveis neste período. Compartilhei aqui alguns animais que têm uma energia que se alinha à magia de maio.

Abelhas

Essas pequenas criaturas aladas que zumbem em seus pijamas listrados são cruciais para nossa sobrevivência. Sem elas, não teríamos alimento. É de vital importância continuar plantando flores para que as abelhas possam se alimentar delas. Nesta época do ano, começamos a ver as abelhas por aí. Elas trazem a magia do nascimento, da morte e do renascimento e, em muitas culturas, são consideradas seres mágicos. Algumas culturas acreditam que as abelhas carregam as almas dos mortos.[36] O folclore diz que elas deveriam sempre ser informadas sobre notícias e eventos locais importantes.[37] Trabalhe com as abelhas para obter boa sorte, celebração, objetivos, sonhos, cooperação, prosperidade e produtividade.

Raposa

A astuta raposa é um animal inteligente que tem a capacidade de mudar de forma e se curar. Ela planeja, planeja e planeja antes de fazer qualquer tipo de movimento para frente; devemos aprender com a raposa. Trabalhe com esses animais para obter furtividade, coragem, persistência, mudança de forma, astúcia e planejamento. Nos últimos anos, as raposas começaram a se deslocar em direção às cidades em busca de alimento. Fique de olho e talvez você veja uma!

Cavalos

Criaturas bonitas, fortes e trabalhadoras. Os cavalos têm ajudado e auxiliado a humanidade há séculos e trazem sua força de energia para esta época do ano. Trabalhe com cavalos para obter energia, poder, fertilidade, força, superação de obstáculos e abundância.

---

36. Planet Bee Foundation, *The Sacred Bee: Ancient Greece and Rome.*

37. Slaven, *Celtic Lore of the Honey Bee.*

Cristais e Pedras

Cada cristal tem uma energia única e individual. Ao nos conectarmos com eles, podemos descobrir com que tipo de magia podemos trabalhar. Aqui estão algumas sugestões de cristais relacionados a maio.

Esmeralda

A esmeralda é a pedra de nascimento tradicional do mês de maio. Ela funciona bem com a energia para esse mês, trazendo uma conexão amorosa, pois se alinha com o chakra do coração. Também funciona com a magia das cores, sendo o verde a representação óbvia da natureza e do crescimento. É uma pedra de cura emocional e de unidade e equilíbrio.

Ágata de Fogo

Pedra brilhante e ardente que pode ajudar a energia do Beltane a entrar em ação. É uma boa pedra para se trabalhar com magia sexual, que aproveita a magia de Beltane. Também pode aumentar sua força física e seus níveis de energia.

Aventurina-verde

Esta pedra tem tudo a ver com fertilidade e crescimento. É excelente para trabalhar com qualquer tipo de magia de dinheiro ou prosperidade, pois abre oportunidades para você aproveitar. A aventurina também traz equilíbrio, criatividade e motivação.

Magia das Plantas

Maio é o mês perfeito para colher flores de várias árvores. Espinheiro, macieira e cerejeira são as escolhas óbvias. Cada uma delas tem sua própria magia, mas as flores podem ser usadas de várias maneiras para dar um impulso ao seu feitiço. Mantenha um registro de todas as plantas que encontrar enquanto estiver fora de casa. Tire fotos ou faça esboços de cada uma delas. Faça um álbum de recortes ou um caderno de referência.

Como Trabalhar com Plantas para Uso Mágico

Quando estiver na natureza ou em seu jardim, sente-se com uma planta ou com uma árvore enquanto ela cresce. Estabeleça uma conexão com o espírito da planta e pergunte que orientação ela tem para você. Colete folhas, flores e sementes caídas e seque-as. Utilize as sementes secas em trabalhos mágicos, como bolsas de feitiços, velas, Garrafas de Bruxa e feitiços de todos os tipos.

Observe seu jardim e sua área local. O que você vê florescendo agora? Fique de olho também nas vagens, folhas e bagas decorativas. Depois de identificá-las, descubra quais propriedades mágicas elas têm.

Espinheiro (Cratægus monogyna)

O espinheiro tornou-se um símbolo reconhecido do mês de maio e de Beltane. Acredita-se que seja uma árvore do mundo das fadas. O espinheiro costuma marcar o local de um portal para o Outromundo, um bosque sagrado ou fontes subterrâneas. Ele traz a magia da proteção, por essa razão, ramos de espinheiro eram pendurados em berços para proteger crianças recém-nascidas.

Atividade

Os galhos do espinheiro jovem podem ser dobrados e torcidos em círculos e usados como amuletos. Amarre um pedaço de espinheiro, carvalho e freixo juntos e você terá um amuleto de proteção muito bom, que pode ser pendurado na soleira da porta. Crie um broche de espinheiro e você terá o que era chamado de "nó de Albion"; usados para mostrar sua aliança com os espíritos da natureza e o povo das fadas. As folhas jovens e os brotos das folhas são conhecidos como "pão e queijo" e podem ser comidos diretamente da árvore.[38] As flores, as folhas e os espinhos podem ser usados frescos ou secos em trabalhos mágicos.

Flor de Maçã (Malus spp.)

A maçã é uma fruta verdadeiramente mágica. A madeira da árvore e a flor carregam essa mesma energia. A macieira tem uma longa associação com Avalon, portanto, a flor pode ser usada para ajudar na conexão com as Divindades de Avalon e para abrir o portal para o Outromundo. Use flores, folhas ou galhos frescos em trabalhos mágicos ou seque-os para uso posterior. As sementes da maçã também podem ser usadas.

Atividade

A madeira de uma macieira é uma bela varinha de cura. A flor pode ser usada em magia para o amor, cura e abundância.

---

38. Slaven, *Celtic Lore of the Honey Bee.*

Flor de Cerejeira (Prunus spp.)
Há muitos tipos de cerejeiras. Algumas produzem frutas doces, outras produzem cerejas ácidas e há também uma enorme variedade de cerejeiras ornamentais. Cada uma delas tem lindas flores que podem ser usadas na magia. Use flores, folhas ou galhos frescos em trabalhos mágicos ou seque-os para uso posterior. Os caroços das cerejeiras (*pits*) também podem ser lavados e secos para magia.

Atividade
Como essa é uma árvore cheia de magia do amor, é perfeita para ser usada em maio, dando continuidade às energias de Beltane. A flor de cerejeira traz uma enorme dose de fertilidade e funciona bem para novos começos de todos os tipos.

Incensos e Óleos

Traga a energia mágica das plantas do mês criando seu próprio incenso ou mistura de óleos para usar em trabalhos mágicos, banhos rituais ou unções. Aqui estão os meus favoritos para este mês, mas experimente criar o seu próprio.

Mistura de Incenso para Comunicação

Partes iguais de casca de espinheiro seca, resina de mirra e pedaços de maçã seca.

Mistura de Óleos para Sabedoria

- 10 gotas de óleo essencial de sálvia
- 10 ml de óleo de amêndoas
- 12 gotas de óleo essencial de capim-limão

Alimentos Mágicos

A Mãe Natureza está começando a dar o pontapé inicial nos produtos frescos. Há muitos legumes adoráveis crescendo e os mais diversos produtos podem ser coletados na natureza. Quer você os coma, quer os use em magia, todos os ingredientes têm propriedades mágicas.

Como Trabalhar com Alimentos para Uso Mágico

Você pode adicionar os ingredientes às suas receitas ou comer os alimentos para absorver suas propriedades mágicas. Alguns ingredientes podem ser usados nos trabalhos com feitiços. Coloque o alimento em seu altar ou use folhas secas, flores ou sementes em seus trabalhos mágicos. O suco pode ser usado para beber ou para ungir, ou pode ser adicionado a Garrafas de Bruxa. Alguns produtos podem ser fatiados e secos; essas são excelentes opções para uso em trabalhos mágicos.

Feijões

A família do feijão é enorme. Há muitos tipos diferentes, mas eles têm propriedades mágicas semelhantes. Os antigos gregos e egípcios acreditavam que os feijões continham as almas dos mortos, o que, para mim, liga os feijões aos ancestrais. Eles podem ser usados em trabalhos mágicos para essa conexão e também podem ser usados em trabalhos de sabedoria. Os feijões secos são bons conjuntos de adivinhação. Também associo o feijão à prosperidade.

Brócolis

No Império Romano, o brócolis era considerado um legume muito valioso – talvez você queira mencionar isso aos seus filhos da próxima vez que eles não comerem suas verduras.[39] O brócolis traz a energia mágica da força e da proteção, além de um pouco de qualidade de liderança.

Ervilhas

As ervilhas são sagradas para todas as Deusas-Mãe. Acho que isso tem a ver com o fato de todas as ervilhas pequenas serem mantidas em segurança em sua vagem, muito parecida com um útero. A ervilha é um pequeno pacote perfeito de energia amorosa e mágica.

Hortelã

Você pode usar hortelã fresca ou seca ou, se estiver em apuros, pode até usar balas de hortelã-pimenta para trazer a magia para seus trabalhos. A hortelã é uma das minhas ervas preferidas para a magia da prosperidade e do dinheiro. Ela também é purificadora e pode ajudar a dissipar a energia negativa e trazer uma vibração calmante.

---

39. Slaven, *Celtic Lore of the Honey Bee.*

Receita de Bannock

Em algumas partes da Escócia, era tradição nas festividades de *Bealltainn* (Beltane, no início de maio) distribuir um *bonnach beltine* para todos os homens. Um pedaço do *bonnach* (conhecido atualmente como *bannock*, um pão achatado) era marcado. O homem que recebesse o *bannock* marcado seria chamado de *Cailleach Bealtine* ou *Bealltainn Carline* pelo resto do ano.[40] Ele também seria arrastado em direção à fogueira pelos outros homens presentes, enquanto as outras pessoas tentavam resgatá-lo.[41] Se ele tivesse muito azar, seria arrastado para a fogueira. Se ele fosse muito azarado mesmo, também seria bombardeado com ovos. Suspeito que essa tradição representava a dureza da natureza e do clima.

O *bannock* ainda é consumido atualmente. Uma forma de pão achatado, mais ou menos da mesma espessura de um *scone* (chamado de "biscoito" nos Estados Unidos), cozido em uma chapa. Originalmente, era feito com farinha de aveia, mas há muitas variações. Coma *bannock* recém-assado na manhã de Beltane para trazer abundância e sorte para o próximo ano. O nome *bannock* pode muito bem ter se originado do inglês antigo *bannuc*, "um pequeno pedaço de pão".[42]

Você vai precisar de:

- 1 colher de chá de bicarbonato de sódio
- 1 colher de chá de sal
- 130 g de farinha de trigo comum
- 170 g de farinha de aveia
- 180 ml de leitelho (soro de leite)

Misture a aveia, a farinha e o sal em uma tigela grande. Coloque o leitelho em outra tigela e adicione o bicarbonato de sódio ao leitelho.[43] Ele deve borbulhar e efervescer.

Agora, adicione a mistura de leite à tigela de farinha e junte-a para formar uma massa macia. Adicione-a gradualmente, pois talvez você não precise de todo o líquido.

---

40. A Cailleach ou Carline é uma antiga Deusa britânica do inverno. Ela governa de Samhain a Beltane.

41. Richardson-Read, *The Beltuinn Bannock, Bonnach Bealltainn*.

42. *Merriam-Webster Dictionary*, s.v."bannock (*n.*)," acesso em 8 de fevereiro de 2022, https://www.merriam-webster.com/dictionary/bannock.

43. Observação: se preferir, você pode fazer seu próprio leitelho. Basta misturar uma colher de sopa de suco de limão ou vinagre de sidra de maçã em 236 ml de leite comum (ou leite vegetal) e deixar em repouso por 20 minutos; ele engrossará e coalhará.

Enrole a massa em um círculo áspero com cerca de 2,5 cm de espessura. Certifique-se de que o círculo seja pequeno o suficiente para caber dentro de sua panela de fritura ou frigideira. Se a massa estiver grudenta, adicione um pouco de farinha, mas não trabalhe demais a massa.

Faça um corte leve na parte superior, dividindo a massa em quartos.

Aqueça a frigideira. A minha é antiaderente, portanto, não preciso de óleo ou manteiga, mas talvez você queira usar um pouco.

Quando a frigideira estiver aquecida, coloque a massa nela e deixe cozinhar por alguns instantes. Em seguida, sacuda a frigideira para garantir que ela não grude no fundo. Com cuidado, vire-a para cozinhar do outro lado. O *bannock* deve subir um pouco quando estiver totalmente cozido.

Retire da frigideira e divida em quatro partes. Corte em fatias e coma com manteiga.

A Magia do Chá

Criar sua própria mistura de chá de ervas é uma maneira divertida de reunir a energia do mundo vegetal para corresponder ao mês. Apresento aqui a minha receita favorita, mas incentivo você a fazer experiências com os ingredientes de seu próprio armário de ervas e especiarias. Se você gosta de uma bebida mais doce, pode adicionar uma colher de chá de mel ou xarope de bordo.

Mistura de Chá de Ervas para a União

Pedaço de raiz de gengibre de 2,5 cm, fatiado, com uma vagem de cardamomo esmagada e uma colher de chá de mel (ou xarope de bordo). Deixe em infusão em água quente ou leite.

Preparando um altar

Gosto de decorar meu altar de acordo com as estações do ano. Com frequência, adiciono itens que representam cada mês. Se você já tem um altar ou gostaria de montar um, aqui estão algumas ideias para começar. Comece limpando o espaço; talvez você queira limpá-lo primeiro com fumaça de incenso ou Água de Lua. Colocar uma toalha de altar significa que você pode adicionar um pouco de magia colorida e uma sensação das energias da estação. O resto é inteiramente com você; confie na sua intuição e deixe-se guiar pelo que sente que precisa estar no altar. Talvez você acabe adicionando mais coisas ao seu altar nos próximos dias ou semanas. Fique atento a folhas caídas, galhos, flores e seixos que possam querer entrar em seu altar. Adoro ter um pequeno vaso no meu altar e trago flores frescas, folhagens do jardim ou flores silvestres encontradas em minhas caminhadas. Você também pode acrescentar alguns dos itens a seguir:

- **Flores frescas:** como estão muito presentes neste mês, gosto de acrescentar algumas flores frescas do jardim em um vaso. Se não tiver acesso a elas, imprima uma imagem de sua flor sazonal favorita e adicione-a.
- **Artesanato de maio:** se você criou um mini Mastro de Maio, o lugar perfeito para mantê-lo é em seu altar para o mês de maio. Na verdade, qualquer um de seus artesanatos e criações de maio pode ser colocado em seu altar.
- **Abelhas, raposas e cavalos:** inclua representações dos animais deste mês. Para a abelha, você poderia incluir uma colher de mel em um prato.
- **Verdura:** inclua qualquer tipo de verdura ou imagens do Homem Verde, um rosto frondoso que representa o espírito da primavera, da renovação e do crescimento.
- **Fogo:** inclua itens que lembrem o Elemento Fogo ou fogueiras. Uma vela ou uma caixa de fósforos podem servir.

Meditação

Leia o roteiro de meditação a seguir e familiarize-se com o conteúdo antes de começar. Como alternativa, pode gravar a leitura da meditação em seu telefone ou laptop e reproduzi-la, ou pode pedir a alguém que a leia para você.

Fique à vontade em um local silencioso onde não será incomodado. Feche os olhos e concentre-se em sua respiração, inspirando e expirando profundamente.

À medida que o mundo ao seu redor se dissipa, você se vê do lado de fora de um grande portão de madeira, inserido em um antigo muro de pedra. O céu acima de você é azul e está repleto de nuvens brancas. O Sol está brilhando e o ar é fresco e doce.

Você estende a mão para tocar o portão de madeira, ele se abre lentamente. Ao atravessá-lo, você é recebido por um amplo jardim que se estende à sua frente. Os canteiros de terra estão entrecruzados por antigos caminhos de tijolos.

Você começa a seguir o caminho à sua frente, que o leva ao redor do jardim.

Alguns dos canteiros estão cheios de terra recém-virada. Outros têm pequenas mudas começando a aparecer. Há canteiros de hortaliças cheios de produtos frescos e canteiros de flores com plantas que estão começando a brotar.

Ao longo da borda do jardim, contra as paredes, é possível ver árvores cobertas por cascatas de flores rosas e brancas.

As abelhas zumbem ao redor, parando em cada flor. Os pássaros estão voando pelo jardim, mergulhando e voando enquanto cantam belas canções. Inspire o aroma das flores.

Ao percorrer o caminho, observe cada planta. Se você se sentir atraído por alguma em particular, pare e faça uma conexão. O espírito da planta pode ter uma mensagem para você.

No outro lado do jardim há um banco de madeira, vá até lá e sente-se, sinta-se confortável.

Observe e ouça. Você pode ser saudado por um espírito, uma Divindade ou um guia espiritual animal. Esteja aberto a quem ou ao que quer que seja que encontre o caminho até você. Cumprimente-os e faça perguntas. Ouça suas respostas e fique atento a possíveis mensagens. Eles podem até deixar um presente que tenha significado para você.

Não tenha pressa...

Quando estiver pronto, agradeça por todas as visitas ou mensagens.

Levante-se e retorne ao jardim, ainda observando e ouvindo enquanto caminha. Siga o caminho que o leva de volta ao ponto de partida.

Quando chegar ao portão de madeira na parede, vire-se e dê uma última olhada no jardim. Em seguida, passe por ele.

Abra os olhos lenta e gentilmente e volte para esta realidade. Anote todas as mensagens ou detalhes em seu diário.

Divindades

Vou apresentar aqui duas Divindades com as quais trabalho no mês de maio. Belenus é um Deus solar com fortes laços com Beltane, por isso é perfeito para trabalhar em maio. Rigantona traz fertilidade e crescimento, o que corresponde muito bem a essa época do ano. Talvez você queira procurar Divindades que tragam consigo a energia do crescimento, da criatividade e da fertilidade. Essas são apenas minhas sugestões; faça suas escolhas em seu próprio caminho. Confie em sua intuição sobre qual Divindade o atrai.

Belenus / Belinus / Bel

Antiga Divindade celta, seu nome possivelmente se traduz em "brilhante".[44] Belenus é frequentemente associado ao festival de Beltane. Seu culto vem do norte da Itália, do Sul da Gália e da Grã-Bretanha.

Rigantona

Deusa dos Cavalos. Os Brythons a chamavam de sua "Grande Deusa Mãe".[45] Rigantona viajava pela Terra em um cavalo branco, criando crescimento e fertilidade por onde passava. Acredita-se que pássaros mágicos viajam com ela.

Ritual para União

Para mim, a energia mais forte de maio é a união. Pode até ser do tipo romântico, mas também a união que abrange amizades, família, negócios ou até mesmo a união entre seus próprios sentimentos – fazendo uma conexão entre seu coração e sua cabeça. Pode ser entre duas ou mais pessoas, união de sentimentos, de situações, empresas ou qualquer outra coisa que se possa imaginar. Talvez possa representar a união entre você e a terra. Este ritual pode ser feito a qualquer momento durante o mês de maio ou em qualquer época do ano. Faça o ritual sempre que sentir a necessidade de unir algo ou alguém.

Invoquei a energia de Rigantona para este ritual, embora você possa deixar de lado a parte da Divindade ou invocar um Deus ou Deusa diferente, se preferir.

Você vai precisar de:

- 3 penas, sejam penas naturais de pássaros ou de artesanato, o que você tiver
- 9 pedaços de fita em cores de sua escolha (recomendo cores brilhantes de primavera, como vermelho, branco, verde, rosa e amarelo)
- Cordão ou barbante para amarrar as pontas da fita

Comece lançando o Círculo, criando um limite para conter a energia da magia e mantendo-o protegido de influências externas. Você pode percorrer o círculo no sentido horário, se tiver espaço, ou simplesmente dar a volta no local. Se puder, é uma boa ideia espalhar pétalas de flores ou ervas secas para

---

44. Rankine and d'Este, *The Isles of the Many Gods.*

45. "Rigantona."

formar um Círculo Sagrado físico. Caso contrário, basta visualizar uma luz branca brilhante formando um círculo de proteção. Depois de percorrer o círculo, lembre-se de visualizá-lo tornando-se uma esfera, estendendo-se abaixo de seus pés e acima de sua cabeça.

Ao lançar o Círculo, diga:

Eu lanço este círculo ao redor para manter a energia indesejada fora. Vou girando e girando o círculo, formando uma esfera de proteção acima e abaixo.

Invoque os elementos, voltando-se para cada direção. Ao invocá-los, visualize a força física que cada um traz. Sinta uma brisa em sua pele para o Ar, o calor da chama para o Fogo, a chuva fria para a Água e o solo sob seus pés para a Terra. Comece no Leste e siga seu caminho no sentido horário. Diga:

Convoco o Elemento Ar para emprestar sua energia de intelecto e percepção ao ritual de hoje. Eu lhe dou as boas-vindas.

Convoco o Elemento Fogo para emprestar sua energia de paixão e criatividade ao ritual de hoje. Eu lhe dou as boas-vindas.

Convoco o Elemento Água para emprestar sua energia de intuição e emoção ao rito de hoje. Eu lhe dou as boas-vindas.

Convoco o Elemento Terra para emprestar sua energia de aterramento e estabilidade ao rito de hoje. Eu lhe dou as boas-vindas.

Volte-se para o centro ou para o altar e abra bem os braços para receber a Deusa. Diga:

Invoco a Deusa Rigantona e peço que traga equilíbrio e unidade a este ritual. Eu lhe dou as boas-vindas.

A Escada de Bruxas foi projetada para gerar união em todas as áreas da sua vida e proporcionar um pouco de equilíbrio. Crie uma Escada de Bruxa trançando três das fitas juntas. Faça isso com todos os nove pedaços de fita, para que tenha três tranças de três. Em seguida, trance essas três fitas juntas para formar a escada.

Faça o feitiço na escada enquanto a trança. Cante ou visualize seu objetivo durante o trabalho.

Meu cântico sugerido é:

Com a energia deste dia
Ao trançar a fita para dentro, para fora e de volta
Reúno a união da vida
E o equilíbrio sem qualquer conflito.

Amarre as tranças com firmeza na parte superior e inferior. Quando a trança estiver pronta, insira as penas para aumentar a intenção do feitiço. Cada pena representa um desejo, meta ou vontade.

Para a primeira pena, diga:

Energia positiva e felicidade para mim e para minha família.

Para a segunda pena, diga:

Traga paz e prosperidade.

Por fim, para a terceira pena, diga:

Traga equilíbrio para a minha vida.

Agradeça à Deusa e diga:

Com meus agradecimentos à Deusa Rigantona. Expresso gratidão por sua energia de equilíbrio hoje. Bênçãos e adeus.

Agradeça aos elementos na ordem inversa.
Vire-se para o Norte e diga:

Agradeço ao Elemento Terra por sua presença aqui hoje. Adeus.

Vire-se para o Oeste e diga:

Agradeço ao Elemento Água por sua presença aqui hoje. Adeus.

Vire-se para o Sul e diga:

Agradeço ao Elemento Fogo por sua presença aqui hoje. Adeus.

Vire-se para o Leste e diga:

Agradeço ao Elemento Ar por sua presença aqui hoje. Adeus.

Feche o Círculo caminhando ou girando no local no sentido anti-horário. Visualize o Círculo se dissipando ao seu redor, acima e abaixo de você. Diga:

Ao fechar este Círculo, que a energia da unidade permaneça.
O Círculo se fecha novamente por mais um dia.

Coma e beba algo que ajude a estabilizar sua energia.

A Escada de Bruxa pode ser colocada em seu altar ou pendurada em algum lugar que você a veja todos os dias.

Outras Formas de Comemorar o Mês

- Fique acordado a noite toda, seja em seu jardim ou em algum lugar na floresta. (Certifique-se de escolher um local seguro.) Dance ao redor de uma fogueira ou siga a tradição e "pule a Fogueira de Beltane", pulando fisicamente sobre a fogueira. Só faça isso se puder fazê-lo com segurança. Se for mais fácil, pode simplesmente levantar a perna sobre a fogueira ou até mesmo balançar o braço sobre ela. Ao voltar para casa, você está deixando para trás o que não lhe serve mais; não olhe para trás.
- Deixe as cortinas do seu quarto abertas para que possa se deitar na cama e observar as estrelas e a lua. Você também pode assistir ao pôr ou ao nascer do sol.
- O Beltane parece trazer pedidos de casamento. Essa é a versão Pagã do casamento, uma dedicação ao Deus e à Deusa para um relacionamento. É uma época maravilhosa do ano para unir os destinos. Você também pode adaptar a ideia do *handfasting* e criar uma bênção de relacionamento.
- Beltane é uma boa época do ano para abençoar e consagrar suas ferramentas mágicas. Deixe-os expostos sob a luz da Lua na véspera de Beltane.
- Se você estiver seguindo um caminho Pagão específico, talvez queira aproveitar a energia de Beltane e se dedicar ou voltar a se dedicar à jornada escolhida.

VERÃO

CAPÍTULO SEIS

Junho

O mês de junho (assim espero) marca o início do clima mais quente no Hemisfério Norte, embora nunca se saiba ao certo em minha região. O jardim está realmente se destacando neste mês, com muitas flores bonitas. É também o mês que inclui o Solstício de Verão, às vezes chamado de "Litha". Junho é o auge da estação de crescimento; a partir daí, começamos a colheita. Na terra, todos estão ocupados com a produção de feno e a tosquia de ovelhas.

Esse é o momento do ano em que o Hemisfério Norte tem seu dia mais longo de luz solar e sua noite mais curta. É também o ponto intermediário do ano civil. Alguns consideram esse mês como o início do verão. Embora junho seja uma época de comemoração, honrando o poder do Sol e da energia solar, é também um ponto de inflexão – um momento intermediário antes da metade do ano que se encerra. Esse sentimento sempre parece estranho, pois temos mais dois meses de verão pela frente.

Para os anglo-saxões, junho e julho eram chamados de *Liða*, que significa "suave" ou "gentil", suponho que seja devido ao clima. Para separar os meses, junho era chamado de *Ærraliða/Aerra Litha*, que significa "antes do ameno" ou "antes de Litha", e julho era *Æfteraliða/Aefter Litha*, "depois do ameno" ou "depois de Litha".[46] Os druidas o chamam de *Alban Hefin*. Os francos chamavam junho de *Brachmanoth*, que significa "mês do intervalo".[47] Em inglês, o nome "junho" é em homenagem à Deusa romana da fertilidade *Juno*.[48]

---

46. Jones, *A Month by Month Guide to the Anglo-Saxon Calendar.*
47. "Old German Calendar Names."
48. "How Did the Month of June Get Its Name?"

O Que Há na Natureza e Onde Procurar

O mês de verão de junho traz as orquídeas para a natureza; procure por todos os tipos ao longo das estradas e nas pastagens. A maioria delas é bem pequena, portanto, você vai precisar olhar com cuidado. Rosas bravas e madressilvas enchem o ar com seu perfume envolvente, atraindo mariposas durante as noites quentes. Borboletas de diferentes tipos podem ser vistas esvoaçando. Abelhas cortadeiras e besouros aparecem. As praias ficam cheias de gritos e discussões barulhentas de gaivotas jovens de todos os tipos. Os prados são o melhor lugar para se estar neste mês – procure as primeiras flores e as borboletas visitantes.

Saia de casa e vivencie a natureza, seja no seu quintal, seja em um parque local, seja no campo. Pode até mesmo olhar pela janela. Se tiver uma noite clara, saia e contemple as estrelas. Quais formações você consegue ver? Se não estiver familiarizado com as constelações, há alguns aplicativos de telefone muito bons que podem ajudá-lo.

Feriados e Comemorações

Aqui estão algumas celebrações que acontecem durante o mês de junho no Reino Unido, principalmente na Inglaterra, onde moro. Algumas dessas celebrações têm raízes Pagãs, outras são cristãs e algumas têm apenas significado local. Cada celebração desempenha um papel na energia do mês para mim e pode ser adaptada à minha própria prática para fins mágicos. Faça uma pesquisa em sua área local, condado, estado, país. Quais tradições deste mês ressoam melhor para você? Como adaptá-las ao seu próprio caminho?

Solstício de Verão/Litha

Entre 20 e 23 de junho (20 e 23 de dezembro no Hemisfério Sul), ocorre o "Solstício de Verão". O dia exato pode variar, dependendo do ano. É quando temos o dia mais longo e a noite mais curta do ano.

A palavra "solstício" deriva do latim *sol* (*sun*, em inglês). Nela foi acrescentado *stit*, que significa "ficar parado", criando *solstitium*, que foi abreviado no século 14 para a palavra "solstício".[49] Para os druidas, esse dia é chamado de *Alban Hefin*, que significa "luz do verão". Os Pagãos modernos costumam

49. *Merriam-Webster Dictionary*, s.v. "Solstice (*n.*)," accessed March 18, 2022, https://www.merriam-webster.com/dictionary/solstice.

chamar esse dia de "Litha", que tem suas origens nos nomes anglo-saxões para junho e julho.

Midsummer (Meio do Verão), é o nome dado ao período entre 19 e 24 de junho e é frequentemente associado ao mundo das fadas. Acredita-se que o véu entre nós e o reino das fadas é mais fino nessa época do ano. O Solstício de Verão abrange várias celebrações, inclusive o próprio Solstício e outras festividades, como o Dia de São João Batista.

É uma época tradicional para colher flores, folhas e suprimentos naturais para secar e armazenar para uso futuro, com a ideia de que, se forem coletados na manhã do Solstício de Verão, terão uma energia mais forte. Pessoalmente, eu colho minhas ervas sempre que estão prontas, pois a natureza nem sempre segue o calendário.

Atividade

"Faça feno enquanto o sol brilha", como diz o velho ditado. Saia de casa e aproveite a luz do sol. Se puder, sente-se durante a noite e veja o nascer do sol. Se preferir, sente-se e assista ao pôr do sol.

Dia de São João Batista

Você já deve ter ouvido falar de João Batista, nascido durante o primeiro século EC, na Palestina. Depois de um período no deserto, João Batista começou seu trabalho como profeta. Ele tinha um círculo de discípulos e teve a honra de batizar Jesus. Sua festa é comemorada em 24 de junho. Por que incluí esse feriado cristão? Bem, como acontece com muitas das comemorações deste livro, esse feriado coincide com um feriado Pagão mais antigo: o Solstício. Os dois têm celebrações semelhantes, especialmente a de acender fogueiras. No dia de São João Batista, as fogueiras eram acesas para repelir os espíritos malignos e, é claro, as Bruxas.

Atividade

Parece uma desculpa perfeita para acender uma fogueira, não que precisemos de uma desculpa para isso.

Pentecostes

Esse evento ocorre sete semanas após a Páscoa. Em muitos lugares é chamado de *Whitsuntide*, a semana seguinte ao Pentecostes. Durante esse período, eram realizados festivais para celebrar os discípulos de Jesus que foram abençoados pelo Espírito Santo, o que aconteceu no Pentecostes/*Whitsun*. Foi a partir desse momento que os discípulos saíram para espalhar a palavra do cristianismo. Acredita-se que essa também seja a época em que os Cavaleiros partiam da corte do Rei Arthur para iniciar as missões.[50]

Atividade

Esta é uma época de início ou começo de grandes aventuras, portanto, faz sentido trabalhar qualquer magia para novos projetos ou empreendimentos, ou feitiços para uma parte diferente de sua jornada. Você também pode passar algum tempo pesquisando os mitos e as lendas do Rei Artur.

Dia de Bawming

Um pequeno vilarejo na Inglaterra, chamado Appleton Thorn, realiza uma comemoração no terceiro sábado de junho de cada ano chamada *Bawming the Thorn*. Ela se concentra em uma árvore de espinheiro que cresce ao lado da igreja da cidade. A árvore foi trazida para o vilarejo por um Cavaleiro, Adam de Dutton, durante as Cruzadas. O *Bawming Day* é um dia de comemoração repleto de comunidade, que inclui uma apresentação de crianças locais que cantam a *Bawming Song* e dançam.[51] A palavra *bawm* é traduzida como "ungir", o que se reflete na decoração da árvore com fitas e flores. Parece que essa tradição pode estar relacionada a uma antiga comemoração do Dia de São Pedro, datada de 29 de junho.[52]

Atividade

Não sugiro amarrar fitas ou outros materiais não biodegradáveis em nenhuma árvore. Isso é muito ruim para o meio ambiente e pode danificar os galhos. Entretanto, se você tiver uma árvore em seu quintal, poderá decorá-la com flores e fitas em homenagem ao mês de junho – lembre-se apenas de remover-las depois. Se não tiver uma árvore em seu quintal, pode coletar alguns galhos grandes, colocá-los em um vaso e decorá-los com fitas.

---

50. "Whitsun."

51. "Bawming Day."

52. LancashireFolk, *Bawming the Thorn in Appleton, Cheshire.*

Tradições

Junho é uma celebração do Sol, e isso inclui o elemento Fogo e a luz. O fogo pode ser usado para representar junho e o Solstício de várias maneiras, e pode ser algo tão pequeno quanto a chama de uma vela ou tão grande quanto uma fogueira comunitária. Aqui estão algumas outras tradições divertidas e mágicas de junho.

Rei do Carvalho e Rei do Azevinho

O Solstício de Verão é palco de uma batalha entre o Rei do Azevinho e o Rei do Carvalho. A metade escura do ano é representada pelo Rei do Azevinho enquanto o Rei do Carvalho, representa a luz. Durante a batalha, o Rei do Carvalho é derrotado, e o Rei do Azevinho governa a metade minguante do ano até o Solstício de Inverno.

Atividade

Se você realiza rituais em grupo, pode realizar uma batalha entre os dois reis. (Um membro deve se vestir de azevinho e outro de carvalho; decorar máscaras com azevinho e carvalho funciona bem. Os dois membros podem fazer uma simulação de luta com varas ou galhos de azevinho e carvalho até que o Rei do Carvalho "morra". Este ritual não precisa ser muito sério – meu grupo já realizou um ritual para reencenar essa batalha em que nossos reis lutaram entre si com galinhas de borracha.

Como alternativa, você pode colocar folhas de carvalho e azevinho em seu altar ou criar uma coroa de flores onde elas se entrelaçam.

A Roda em Chamas

Há um costume antigo em toda a Europa que é homenageado no Solstício de Verão. Envolve a queima de um fardo de palha. Cada pessoa do vilarejo contribuía com um pouco de palha, criando, por fim, um grande fardo redondo. Alguns sugerem que a palha era enrolada em uma roda de madeira real. Ao cair da noite, os homens do vilarejo iam até o topo de uma colina local com o fardo e o incendiavam. A "roda" era então enviada para a encosta, às vezes com longas varas de madeira presas para que pudesse ser guiada. O objetivo era conduzi-la até um rio adequadamente localizado na base da colina; se os homens conseguissem mantê-la acesa até chegar à água, isso seria o prenúncio de um ano abundante.[53]

53. "Burning Rolling Wheel."

Atividade

Crie seu próprio fardo de palha ou roda de madeira em miniatura com galhos ou papel enrolado. Pequeno o suficiente para ser colocado em um Caldeirão ou prato à prova de fogo. Se tiver espaço, faça uma roda maior e queime-a do lado de fora, usando uma fogueira, uma lareira ou um fogão a lenha. Seja qual for o método escolhido, lembre-se de queimar a roda em um local seguro.

Acenda a roda na véspera do verão e permita que ela leve embora tudo o que não lhe serve mais. Ao observar as chamas, reserve um tempo para refletir sobre o simbolismo da roda, o círculo da vida e como a roda se relaciona com sua própria situação. Seja grato pelo que você tem e olhe para frente, para o que você pode criar.

Dança de Morris

Um dos meus costumes ingleses favoritos é o dos dançarinos de morris. Há algo de mágico e místico em tudo isso. Junho é a época favorita do ano para os dançarinos saírem e se movimentarem. A Dança de Morris é uma dança folclórica que também tem um pouco de ritual. Um grupo de dançarinos treinados, geralmente vestidos de branco e com sinos nos tornozelos, realiza peças coreografadas. Cada dança tem um significado por trás, assim como os bastões e lenços que os dançarinos usam. Tudo o que os dançarinos de morris fazem tem a ver com a natureza e as conexões entre a terra e os elementos. Há muito tempo, os dançarinos de morris fazem parte das feiras e festividades inglesas; acredita-se que suas danças tragam magia e boa sorte.

Atividade

Se puder encontrar um evento local para assistir os dançarinos de morris, recomendo de todo o coração a experiência. Caso contrário, procure vídeos deles na Internet.

Água do Solstício

Não há dúvida de que o Solstício carrega uma enorme carga de poder mágico. Gosto de criar Água de Solstício para armazenar e usar em feitiços mais tarde, quando precisar de um impulso de magia solar.

Atividade

Encha uma garrafa com água e coloque uma tampa. Coloque-o do lado de fora na véspera do Solstício de Verão. Recolha-a ao pôr do sol do dia de verão. A água magicamente carregada pode ser usada para fazer magia, unção ou limpeza.

Magia do Feno

Junho é a época do ano em que começa a colheita do feno, que, basicamente, é uma grama. A grama é tão cheia de magia quanto qualquer outra erva ou planta, só que na forma de feno ela pode ser mantida indefinidamente e é muito mais fácil de armazenar. O feno pode ser usado para encher bonecos. Pedaços mais longos podem ser trançados em Escadas de Bruxa. Adicione feno a misturas de incensos ou bolsas de feitiços para trazer proteção e abundância. O fenos também traz um bom impulso para seus poderes psíquicos.

Atividade

Veja se consegue encontrar um campo local onde o feno esteja sendo colhido e pergunte se é possível pegar uma pequena quantidade para fazer artesanato. Se isso não for possível, procure uma grama longa próxima a você e faça alguma magia com ela.

Roda do Sol

O símbolo da cruz de braços iguais em um Círculo é antigo e remonta aos tempos neolíticos.[54] Esse símbolo é conhecido como "Roda do Sol".

Atividade

Crie sua própria Roda do Sol usando galhos ou chicotes flexíveis, como o salgueiro. Crie uma cruz dentro de um círculo, amarrando cada peça com barbante. Decore com folhagens, flores e fitas. Você pode até mesmo amarrar pedidos nos braços da cruz central. Deixe a roda no dia de verão para carregá-la com a energia do Sol do Solstício. Posteriormente, você pode pendurar a Roda do Sol em sua casa para trazer a energia solar. Como alternativa, pode amarrar petições na Roda do Sol e jogá-la em uma fogueira ritual de Solstício.

Magia e Conhecimento da Lua

A Lua de cada mês tem muitos nomes ao redor do mundo, geralmente relacionados ao clima ou à terra. Aqui estão alguns dos meus nomes favoritos para a Lua deste mês. Os antigos nomes europeus para essa Lua são *Mead Moon* ou *Honey Moon*; hidromel e mel estariam em boa quantidade nessa

54. Jones-Bley, *An Archaeological Reconsideration of Solar Mythology*.

época do ano.[55] *Strawberry Moon* é outro nome favorito. Deve-se ao fato de os morangos estarem na estação. Na Inglaterra medieval, a Lua de junho era chamada de *Dyan* ou *Dyad Moon*. A *Dyad Moon* parece abranger maio ou junho, dependendo da fonte. A palavra *dyad* é traduzida como "par"; talvez isso se refira ao Solstício. Os antigos celtas chamavam a Lua de junho de "Lua dos Cavalos".[56] Os cavalos eram e ainda são uma fonte de energia e teriam desempenhado um papel fundamental na vida dos antigos celtas.

Dê um Nome à sua Lua

Que nome você daria à Lua de junho? Dê uma olhada na sua paisagem no dia da Lua cheia de junho e veja o que a natureza lhe inspira. Como o clima está se comportando? O que está crescendo no seu jardim? O que está crescendo na natureza? Qual é a aparência da paisagem atual?

Magia da Lua

Cada mês tem a sua própria energia mágica especial. Você pode usar essa magia para aumentar o poder de seu feitiço. Embora possa trabalhar com qualquer intenção a qualquer momento, acho que associar a energia de um mês específico à fase da Lua, ajuda a aumentar o seu poder. Aqui estão minhas sugestões de magia para trabalhar neste mês:

- **Lua nova:** inspiração, movimento, transformação, mudança, clareza, habilidade
- **Lua crescente:** inspiração, movimento, transformação, mudança, pontos de virada, clareza, energia, comunicação, autoconfiança, intuição, manifestação
- **Lua cheia:** poder, força, confiança, inspiração, transformação, dedicação, felicidade, magia das fadas, pontos de virada, celebração, generosidade, boa vontade, energia positiva, manifestação, comunidade, clareza, responsabilidade, energia, comunicação, autoconfiança, realização, gratidão, bênçãos, conquistas, intuição
- **Lua minguante:** movimento, transformação, mudança, banimento, autoconfiança

---

55. Lifestyle Desk, *From Vat Purnima to Strawberry Moon*.

56. Nugent, *Full Moon Names*.

Atividade

Há muitas opções disponíveis para trabalhar com a magia da Lua! Você pode fazer um feitiço concentrando-se apenas na energia do mês ou reduzi-lo para se concentrar em uma das fases da Lua. Pode também fazer um feitiço diferente em cada uma das fases lunares. Se tiver uma intenção em mente, poderá iniciar o feitiço na Lua nova e aumentar seu poder adicionando-o a cada uma das outras fases da Lua.

Gosto de criar Água de Lua para cada mês. A Água de Lua é simples de fazer; tudo o que precisa é de um frasco limpo com tampa e um pouco de água. Você pode usar água de nascente ou natural; eu uso água da torneira mesmo, mas primeiro eu a fervo para destilá-la. Encha o frasco com água e coloque-o em um local seguro ao ar livre sob a lua cheia. Outra opção é colocá-lo dentro de casa, no parapeito de uma janela, para que a Lua reflita na superfície da água. Se estiver colocando o frasco do lado de fora, é mais seguro colocar a tampa para que os insetos não pousem nele, mas dentro de casa a tampa pode não ser necessária. Você pode fazer isso para cada uma das fases da Lua, criando um conjunto completo de Água de Lua que pode ser usado para fins mágicos. A Água de Lua é útil para ungir a si mesmo, seu altar, suas ferramentas mágicas, seus cristais e para limpar todos os itens mágicos citados. Pode ser adicionada a Garrafas de Bruxa, borrifada em torno de limites e também para criar um espaço sagrado. Gosto de colocar uma vela de chá em cima do frasco de água e usá-la para fazer feitiços. Não se esqueça de etiquetar o frasco cuidadosamente com a data e a fase da Lua.

Feitiço para Confiança

Ocasionalmente, precisamos de um impulso em nossa confiança – talvez também de um pouco de coragem. Este feitiço cria uma ferramenta mágica que você pode levar consigo para os momentos em que precisar de uma dose rápida de confiança.

Você vai precisar de:

- 1 pequeno frasco ou pote com tampa
- 1 pitada de sementes de erva-doce secas
- Algumas pétalas de rosa secas
- Óleos essenciais como rosa, benjoim, pimenta-do-reino ou erva-doce (ou uma mistura)

- Sal ou areia, o suficiente para encher o pote
- Tigela para misturar os ingredientes

Vamos criar um "pote de cheiros" para confiança. Misturar os óleos e as ervas com sal ou areia e manter a mistura em um pote proporciona uma ferramenta mágica que trabalha com o olfato.

Encha o pote com sal ou areia até que esteja três quartos cheio e, em seguida, coloque o conteúdo na tigela de mistura (essa abordagem permite medir a quantidade correta).

Pegue as sementes de erva-doce e segure-as em sua mão, carregando-as com confiança e diga:

Pungentes sementes de erva-doce, eu as convoco para imbuir esta mistura de confiança e coragem.

Adicione-as à tigela.

Pegue as pétalas de rosa em sua mão e carregue-as com confiança e diga:

Magia da rosa, pétalas tão doces, traga confiança e coragem para mim.

Adicione-as à tigela.

Acrescente algumas gotas de óleo essencial. A quantidade que você usará dependerá do tamanho do frasco. Adicione duas ou três gotas no início e mexa a mistura, depois veja como fica o cheiro. Se o aroma não for muito forte, adicione mais algumas gotas. Você pode usar apenas um óleo essencial ou uma mistura. Ao adicionar o óleo, carregue-o com confiança. Diga:

Óleo essencial, traga-me confiança e coragem livremente.

Mexa a mistura mais uma vez e coloque-a em seu frasco. Feche a tampa e você terá criado seu próprio pote de cheiros para confiança. Quando precisar de um impulso de confiança, basta pegar o frasco, remover a tampa e respirar o aroma. A magia do conteúdo o preencherá com a confiança de que precisa. O frasco pode ser guardado em sua bolsa e usado várias vezes. Se o aroma começar a diminuir, você pode acrescentar algumas gotas frescas de óleo essencial.

Animais

Certos animais são facilmente associados ao mês de junho. Alguns são mais ativos e visíveis neste período. Compartilhei aqui alguns animais que têm uma energia que se alinha à magia de junho.

Sapo
Criatura há muito associada às Bruxas. Os sapos têm tudo a ver com renascimento e o despertar, o que é perfeito para o Solstício de Verão. O sapo está repleto de Magia e Bruxaria, além de transformação e intuição. E o elemento da paciência também está presente.

Borboleta
Essas belas criaturas aladas podem ser vistas esvoaçando entre as flores nessa época do ano. Depois de saírem de seus casulos, elas têm, possivelmente, a maior força de transformação e energia de mudança. Observe uma borboleta para se lembrar de que tudo se resume a deixar ir e desabrochar no melhor que você pode ser. As borboletas trazem a energia da transformação, da mudança, da beleza, da renovação, da felicidade e da inspiração.

Touro
Tanto o touro quanto a vaca, sua contraparte feminina, trazem uma grande dose de energia de fertilidade. O próprio touro é cheio de energia solar. Ele é poder, energia, uma boa dose de magia da terra e tudo o que o Sol representa, perfeito para o Solstício. O Touro também traz teimosia, mas vamos nos concentrar em sua força, produtividade e estabilidade.

Cristais e Pedras

Cada cristal tem uma energia única e individual. Ao nos conectarmos com eles, podemos descobrir com que tipo de magia podemos trabalhar. Aqui estão algumas sugestões de cristais relacionados a junho.

Pedra do Sol
Talvez seja a mais óbvia nessa associação. Regida pelo Sol e pelo elemento Fogo, ela traz magia solar total, além de força e poder. Também pode trazer clareza e estabilidade a qualquer situação. É uma pedra de equilíbrio. Trabalhe com a pedra do sol para sua própria autoestima e autoconfiança.

Cornalina
É a pedra de nascimento tradicional do mês de junho. Repleta de magia solar e de fogo, a cornalina traz coragem, criatividade, autoestima, confiança e motivação. Trabalhe com a cornalina para obter proteção, além de oportunidade e direção.

Citrino

Uma pedra muito alegre. Traz consigo toda a energia solar. O citrino ajuda a reduzir o estresse e a depressão e aumenta a confiança e a autoestima. Trabalhe com o citrino para ajudá-lo em qualquer mudança que esteja ocorrendo em sua vida ou em qualquer mudança que queira fazer.

Magia das Plantas

O mês de junho nos presenteia com uma série de belas flores de cores, formas e tamanhos variados. Todas elas podem ser usadas para fins mágicos. Mantenha um registro de todas as plantas que encontrar enquanto estiver fora de casa. Tire fotos ou faça esboços de cada uma delas. Faça um álbum de recortes ou um caderno de referência.

Como Trabalhar com Plantas para Uso Mágico

Quando estiver na natureza ou em seu jardim, sente-se com uma planta ou com uma árvore enquanto ela cresce. Estabeleça uma conexão com o espírito da planta e pergunte que orientação ela tem para você. Colete folhas, flores e sementes caídas e seque-as. Utilize as sementes secas em trabalhos mágicos, como bolsas de feitiços, velas, Garrafas de Bruxa e feitiços de todos os tipos.

Observe seu jardim e sua área local. O que você vê florescendo agora? Fique de olho também nas vagens, folhas e bagas decorativas. Depois de identificá-las, descubra quais propriedades mágicas elas têm.

Erva de São João (Hypericum perforatum)

Esta flor amarela era tradicionalmente colhida no dia do Solstício de Verão para proteger contra espíritos malignos. Os ramos da planta eram colocados acima das portas para proteção e também para trazer abundância para a casa. A erva-de-são-joão está repleta de energia solar e pode ser usada em magias que correspondam à energia do Sol. Use flores e folhas frescas ou secas para fazer magia.

Atividade

Crie um amuleto usando folhas e galhos de erva-de-são-joão para pendurar acima da porta de entrada. Carregue-o com a intenção de proteger e peça que ele traga energia positiva para sua casa.

Rosas (Rosa spp.)

As rosas são flores lindas que existem em muitas variedades, tamanhos e cores. As flores estão em sua melhor forma durante o mês de junho. A roseira é uma planta de morte e renascimento que pode ajudá-lo a se conectar com a Deusa e a Lua. Ela lança luz sobre os mistérios de todas as coisas. É uma planta versátil. Frequentemente usada na magia do amor, embora seus espinhos sejam perfeitos para feitiços de proteção ou magia contra maldições. Lançar um Círculo com pétalas de rosa é uma experiência maravilhosa. As pétalas também podem ser adicionadas a banhos rituais.

ATIVIDADE

Colete pétalas de rosa em todos os tons que encontrar. Use-as frescas ou secas em seu trabalho mágico. Os espinhos, as folhas e os quadris das rosas podem ser usados para magia, sejam eles frescos ou secos. Escolha uma rosa pela qual se sinta atraído e passe algum tempo se conectando com a energia dela. Ouça qualquer mensagem.

Carvalho (Quercus alba, Quercus robur, Quercus petræa)

O carvalho é uma árvore mágica que traz força, poder e coragem. As bolotas que produz no outono são perfeitas para trabalhar com a fertilidade, o crescimento e a abundância. Antigamente, os carvalhos eram usados para demarcar os limites de cidades ou propriedades e, muitas vezes, eram locais de reunião geral. Representado pelo Rei do Carvalho, é uma árvore limiar que nos leva à segunda metade do ano. O carvalho também carrega uma enorme quantidade de energia de cura. Use folhas de carvalho frescas ou secas na magia e não se esqueça de guardar as bolotas também!

ATIVIDADE

Encontre um carvalho e sente-se embaixo dele, encostando as costas no tronco. Converse com o carvalho. Permita que ele lhe dê força interior e discernimento.

Incensos e Óleos

Traga a energia mágica das plantas do mês criando seu próprio incenso ou mistura de óleos para usar em trabalhos mágicos, banhos rituais ou unções. Aqui estão os meus favoritos para este mês, mas experimente criar o seu próprio.

Mistura de Incenso para Confiança

Partes iguais de grãos de pimenta-do-reino (é bom moê-los primeiro), sementes de erva-doce e resina de benjoim.

Mistura de Óleos para Inspiração

- 10 gotas de óleo essencial de olíbano
- 10 gotas de óleo essencial de rosa
- 10 ml de óleo de girassol

Alimentos Mágicos

O mês de junho traz uma boa quantidade de legumes e frutas para escolher. Quer você os coma, quer os use em magia, todos os ingredientes têm propriedades mágicas.

Como Trabalhar com Alimentos para Uso Mágico

Você pode adicionar os ingredientes às suas receitas ou comer os alimentos para absorver suas propriedades mágicas. Alguns ingredientes podem ser usados nos trabalhos com feitiços. Coloque o alimento em seu altar ou use folhas secas, flores ou sementes em seus trabalhos mágicos. O suco pode ser usado para beber ou para ungir, ou pode ser adicionado a Garrafas de Bruxa. Alguns produtos podem ser fatiados e secos; essas são excelentes opções para uso em trabalhos mágicos.

Pepino

O pepino não serve apenas para seus sanduíches de chá da tarde! Ele é repleto de magia da fertilidade, mas, para sermos contrários, também representa a castidade. As sementes de pepino são usadas para a magia da fertilidade e as fatias de pepino são usadas para a castidade. Ligado à Lua e ao elemento feminino da Água, o pepino traz a magia das emoções, da espiritualidade, da purificação e da cura.

Morango

Amor, amor e mais amor. É exatamente isso que o morango traz para a mesa, com um toque de romance. Ele também tem um grande poder de fertilidade, energia, sorte e sucesso.

Tomate

O "tomate mágico" traz amor e paixão, junto a uma dose generosa de energia criativa saudável. Também pode ser usado para proteção.

Tomilho

Esta é uma das ervas que não posso deixar de usar quando faço qualquer tipo de magia de cura. Trabalhe com o tomilho para purificação e liberação. Ele traz a magia do amor e da paz e pode ajudar nas habilidades psíquicas.

Receita de Pudim de Verão

Este é um pudim de verão inglês clássico e simples de fazer. Repleto de frutas de verão.

- 8 fatias de pão branco sem casca
- 150 g de açúcar
- 800 g de frutas de verão (uma mistura de frutas como framboesa, groselha preta, groselha vermelha e morango)

Coloque as frutas e o açúcar em uma panela em fogo médio por cerca de cinco minutos, até que o açúcar se dissolva. Em seguida, retire do fogo.

Unte levemente com manteiga o interior de uma forma de pudim. Corte uma fatia de pão para caber na base da forma. Corte as outras fatias ao meio e forre as bordas da forma. Sobreponha-as ligeiramente e pressione as bordas juntas. Preencha os espaços vazios com pequenos pedaços de pão. Cuide para que toda a bacia seja forrada de maneira que nenhuma fruta escape.

Reserve uma pequena xícara de suco da fruta. Em seguida, coloque o restante do suco e todas as frutas na bacia. Cubra a parte superior com mais fatias de pão.

Coloque um prato pequeno por cima, que caiba dentro da borda da tigela. Coloque um peso ou uma lata em cima. Deixe na geladeira de um dia para o outro.

Para desenformar o pudim, passe uma espátula na borda interna da tigela. Desenforme cuidadosamente em um local que de para servir.

Coloque o suco de frutas reservado por cima. Sirva com creme de leite.

A Magia do Chá

Criar sua própria mistura de chá de ervas é uma maneira divertida de reunir a energia do mundo vegetal para corresponder ao mês. Apresento aqui a minha receita favorita, mas incentivo você a fazer experiências com os ingredientes de seu próprio armário de ervas e especiarias. Se você gosta de uma bebida mais doce, pode adicionar uma colher de chá de mel ou xarope de bordo.

Mistura de Chá de Ervas para Fortalecimento

Beba uma boa e velha xícara de chá, exatamente como ela é: um saquinho de folhas de chá preto embebido em água quente com um pouco de leite.

Preparando um Altar

Gosto de decorar meu altar de acordo com as estações do ano. Com frequência, adiciono itens que representam cada mês. Se você já tem um altar ou gostaria de montar um, aqui estão algumas ideias para começar. Comece limpando o espaço; talvez você queira limpá-lo primeiro com fumaça de incenso ou Água de Lua. Colocar uma toalha de altar significa que você pode adicionar um pouco de magia colorida e uma sensação das energias da estação. O resto é inteiramente com você; confie na sua intuição e deixe-se guiar pelo que sente que precisa estar no altar. Talvez você acabe adicionando mais coisas ao seu altar nos próximos dias ou semanas. Fique atento a folhas caídas, galhos, flores e seixos que possam querer entrar em seu altar. Adoro ter um pequeno vaso no meu altar e trago flores frescas, folhagens do jardim ou flores silvestres encontradas em minhas caminhadas. Você também pode acrescentar alguns dos itens a seguir:

- **Itens que honram o Sol:** adicione qualquer coisa que represente ou que seja da cor do sol. Você pode incluir enfeites em forma de sol, castiçais, pratos e joias.
- **Magia das cores:** adicione muitas velas de cores vivas para representar a luz do sol e o Solstício de Verão, o dia mais longo. Inclua cristais dourados, amarelos ou de cores vivas.
- **Uma oferenda:** deixe uma oferenda para o mundo das fadas. Eu recomendaria um pequeno prato com leite e mel.
- **Sapos, borboletas e touros:** inclua representações dos animais do mês.

Meditação

Leia o roteiro de meditação a seguir e familiarize-se com o conteúdo antes de começar. Como alternativa, pode gravar a leitura da meditação em seu telefone ou laptop e reproduzi-la, ou pode pedir a alguém que a leia para você.

Fique à vontade em um local silencioso onde não será incomodado. Feche os olhos e concentre-se em sua respiração, inspirando e expirando profundamente.

À medida que o mundo ao seu redor se dissipa, você se vê do lado de fora de um grande portão de madeira, inserido em um antigo muro de pedra. O céu acima de você é azul, com nuvens brancas espalhadas. O Sol está brilhando e o ar é quente e doce.

Você estende a mão para tocar o portão de madeira, ele se abre lentamente. Ao atravessá-lo, você é recebido por uma vasta horta que se estende à sua frente. Canteiros repletos de plantas e flores são entrecortados por antigos caminhos de tijolos. Cada canteiro transborda de vegetação, com folhas longas e exuberantes de todos os tipos. Algumas das plantas estão florescendo em tons de laranja, amarelo e rosa. Há canteiros de hortaliças repletos de muitos tipos diferentes de produtos frescos. Ao longo da borda do jardim, rosas trepadeiras serpenteiam até o topo das paredes. Cada uma delas repleta de flores de cores variadas.

As abelhas zumbem ao redor, parando em cada flor. Os pássaros estão voando pelo jardim, mergulhando e voando enquanto cantam belas canções. Inspire o aroma das flores.

Ao percorrer o caminho, observe cada planta. Se você se sentir atraído por alguma em particular, pare e faça uma conexão. O espírito da planta pode ter uma mensagem para você.

No outro lado do jardim há um banco de madeira, vá até lá e sente-se, sinta-se confortável.

Observe e ouça. Você pode ser saudado por um espírito, uma Divindade ou um guia espiritual animal. Esteja aberto a quem ou ao que quer que seja que encontre o caminho até você. Cumprimente-os e faça perguntas. Ouça suas respostas e fique atento a possíveis mensagens. Eles podem até deixar um presente que tenha significado para você.

Não tenha pressa...

Quando estiver pronto, agradeça por todas as visitas ou mensagens.

Levante-se e retorne ao jardim, ainda observando e ouvindo enquanto caminha. Siga o caminho que o leva de volta ao ponto de partida.

Quando chegar ao portão de madeira na parede, vire-se e dê uma última olhada no jardim. Em seguida, passe por ele.

Abra os olhos lenta e gentilmente e volte para esta realidade. Anote todas as mensagens ou detalhes em seu diário.

Divindades

Vou apresentar aqui duas Divindades com as quais trabalho no mês de junho. Gosto de trabalhar com Senua, pois ela traz uma forte energia de guerreira para acrescentar ao início do verão. Também trabalho com o Rei do Carvalho, que se encaixa perfeitamente na energia do Solstício de Verão e oferece uma oportunidade de sermos gratos pelo que temos. Essas são apenas minhas sugestões; faça suas escolhas em seu próprio caminho. Confie em sua intuição sobre qual Divindade o atrai.

Senua

Antiga Deusa do sul da Inglaterra. Em algumas representações ela aparece com uma lança, um escudo e uma coruja. Muitas oferendas eram feitas à Deusa Senua. Acreditava-se que ela atendia a pedidos em troca de oferendas e do cumprimento de votos. Senua está ligada ao elemento Água, mas traz uma forte energia guerreira.

Rei do Carvalho

Como parte da história de batalha compartilhada anteriormente neste capítulo, vejo o Rei do Carvalho como a energia crescente do Deus da Natureza. Ele é o outro lado do Rei do Azevinho. Gosto de homenageá-lo no Solstício de Verão e agradecer por sua energia na primeira metade do ano.

Ritual para Fortalecimento

Todos nós precisamos de um impulso de força, coragem e confiança de vez em quando. As situações podem ser diferentes, mas a necessidade é a mesma. Aproveite a energia solar de junho para lhe dar um impulso de confiança e um rugido de coragem. A força de que você precisa pode ser pessoal, emocional, física ou espiritual – seja qual for o caso, este ritual se aplica muito bem.

Invoquei a energia de Senua para este ritual, embora você possa deixar de lado a parte da Divindade ou invocar um Deus ou Deusa diferente, se preferir.

Você vai precisar de:

- Caneta
- Folha de papel
- Fósforos ou isqueiro
- Roda solar
- Vela de feitiço amarela ou dourada em um suporte seguro

Comece lançando o Círculo, criando um limite para conter a energia da magia e mantendo-o protegido de influências externas. Você pode percorrer o círculo no sentido horário, se tiver espaço, ou simplesmente dar a volta no local. Se puder, é uma boa ideia espalhar pétalas de flores ou ervas secas para formar um Círculo Sagrado físico. Caso contrário, basta visualizar uma luz branca brilhante formando um círculo de proteção. Depois de percorrer o círculo, lembre-se de visualizá-lo tornando-se uma esfera, estendendo-se abaixo de seus pés e acima de sua cabeça.

Ao lançar o Círculo, diga:

Eu lanço este círculo ao redor para manter a energia indesejada fora. Vou girando e girando o círculo, formando uma esfera de proteção acima e abaixo.

Invoque os elementos, voltando-se para cada direção. Ao invocá-los, visualize a força física que cada um traz. Sinta uma brisa em sua pele para o Ar, o calor da chama para o Fogo, a chuva fria para a Água e o solo sob seus pés para a Terra. Comece no Leste e siga seu caminho no sentido horário. Diga:

Convoco o Elemento Ar para emprestar sua energia de intelecto e percepção ao ritual de hoje. Eu lhe dou as boas-vindas.

Convoco o Elemento Fogo para emprestar sua energia de paixão e criatividade ao ritual de hoje. Eu lhe dou as boas-vindas.

Convoco o Elemento Água para emprestar sua energia de intuição e emoção ao rito de hoje. Eu lhe dou as boas-vindas.

Convoco o Elemento Terra para emprestar sua energia de aterramento e estabilidade ao rito de hoje. Eu lhe dou as boas-vindas.

Volte-se para o centro ou para o altar e abra bem os braços para receber a Deusa. Diga:

Invoco a Deusa Senua e peço que traga a sua força, coragem e energia confiante para este ritual. Eu lhe dou as boas-vindas.

Acenda a vela e convide a energia do Sol do Solstício para se juntar a você.

Pegue um pedaço de papel e escreva "força, coragem, confiança". Coloque o pedaço de papel na parte transversal de sua roda solar.

Pegue sua roda solar, segure-a contra o sol e peça uma bênção:

Magia solar, preencha esta Roda do Sol e me prepare
Empreste agora seu poder de Solstício
Guie meu caminho e me mostre como agir

Segure a Roda do Sol à sua frente e sente-se em silêncio por um tempo, observando a chama da vela. Envie sua intenção para a Roda e visualize seus objetivos sendo alcançados. Ouça qualquer orientação ou mensagem.

Quando estiver pronto, encerre o ritual.

Agradeça à Deusa e diga:

Com meus agradecimentos à Deusa Senua. Expresso gratidão por sua energia forte e confiante hoje. Bênçãos e adeus.

Agradeça aos elementos na ordem inversa.

Vire-se para o Norte e diga:

Agradeço ao Elemento Terra por sua presença aqui hoje. Adeus.

Vire-se para o Oeste e diga:

Agradeço ao Elemento Água por sua presença aqui hoje. Adeus.

Vire-se para o Sul e diga:

Agradeço ao Elemento Fogo por sua presença aqui hoje. Adeus.

Vire-se para o Leste e diga:

Agradeço ao Elemento Ar por sua presença aqui hoje. Adeus.

Feche o Círculo caminhando ou girando no local no sentido anti-horário. Visualize o Círculo se dissipando ao seu redor, acima e abaixo de você. Diga:

Ao fechar este Círculo, que a energia da força permaneça.
O Círculo se fecha novamente por mais um dia.

Coma e beba algo que ajude a estabilizar sua energia.

Os restos de vela podem ser jogados no lixo.

Você pode colocar a Roda do Sol em seu altar ou deixá-la do lado de fora. Se for do lado de fora, coloque-a em um local onde possa absorver a energia do sol. Deixe-a lá até sentir que sua magia funcionou, quando então a Roda do Sol poderá ser colocada na lixeira ou enterrada. Remova primeiro todas as fitas não biodegradáveis.

Outras Formas de Comemorar o Mês

- Organize um piquenique com um grupo de amigos ou familiares.
- Fique acordado a noite toda e veja o sol nascer. (Ou acorde cedo, antes do nascer do sol, e observe-o despontar no horizonte). Envie seus agradecimentos e gratidão. Enquanto o sol nasce, faça desejos e promessas para os próximos meses. Ou, se preferir, sente-se ao ar livre na véspera de verão e assista ao pôr do sol.
- No dia de Solstício de Verão, passe algum tempo imerso em uma jornada de meditação ou em um banho sonoro. Toque tambor, cante ou ouça música de meditação.
- Há muitos locais antigos que foram construídos para adorar o Sol e que se alinham com o Solstício de Verão. Faça uma pesquisa em sua região para ver quais locais antigos você poderá encontrar.
- Compre ou faça sua própria pinhata e use-a como um símbolo do Sol em seu auge. Quebre-a para dar início à estação da colheita e da fartura.

CAPÍTULO SETE

Julho

A Inglaterra em julho está cheia de Sol (assim esperamos), e os jardins estão repletos de vegetação e flores. As abelhas e as borboletas estão com força total. É época para sentar-se no jardim enquanto faz suas refeições ou toma seu café da manhã. Os piqueniques estão no auge da moda em julho, sejam eles feitos nos bosques ou na praia. Também é época de férias, que podem ser em casa, em seu próprio país ou no exterior. Onde quer que você tire férias, reserve um tempo para se conectar com a terra que está visitando, com a energia dos ancestrais que estão por baixo dela e com a área ao seu redor.

A Inglaterra tem alguns dias santos em julho (mas quando não tem?). Embora esses dias sejam obviamente cristãos e não Pagãos, gosto de me basear na história da região em que vivo e usá-la como base para magia e comemoração.

Para os anglo-saxões, junho e julho eram chamados de *Liða*, que significa "suave" ou "gentil", suponho que seja devido ao clima. Para separar os meses, junho era chamado de *Ærraliða/Aerra Litha*, que significa "antes do ameno" ou "antes de Litha", e julho era *Æfteraliða/Aefter Litha*, "depois do ameno" ou "depois de Litha".[57] Havia também dois outros nomes para julho, *Maedmonath* (que significa "prado" ou "mês do hidromel") e *Hewimanoth/Hegmonath* (que significa "mês do feno").[58] Julho foi batizado em homenagem ao romano Júlio César; quem não gostaria de ter um mês com seu próprio nome?[59]

---

57. Jones, *A Month by Month Guide to the Anglo-Saxon Calendar*.

58. Barrow, *Facts about July Customs and Traditions*.

59. "The Origin of July and the Jubilant Holidays It Holds."

O Que Há na Natureza e Onde Procurar

No auge do verão, as sebes e as margens das estradas estarão repletas de flores silvestres e ervas. Elas atrairão borboletas e lagartas. Encontre um lago ou lagoa nas proximidades e visite-os. Essa é a melhor época do ano para ver libélulas e libelinhas. Também vale a pena dar uma olhada nos canaviais, pois eles costumam abrigar muitos bebês pássaros e libélulas.

Saia de casa e vivencie a natureza, seja no seu quintal, seja em um parque local, seja no campo. Pode até mesmo olhar pela janela. Se tiver uma noite clara, saia e contemple as estrelas. Quais formações você consegue ver? Se não estiver familiarizado com as constelações, há alguns aplicativos de telefone muito bons que podem ajudá-lo.

Feriados e Comemorações

Aqui estão algumas celebrações que acontecem durante o mês de julho no Reino Unido, principalmente na Inglaterra, onde moro. Algumas dessas celebrações têm raízes Pagãs, outras são cristãs e algumas têm apenas significado local. Cada celebração desempenha um papel na energia do mês para mim e pode ser adaptada à minha própria prática para fins mágicos. Faça uma pesquisa em sua área local, condado, estado, país. Quais tradições deste mês ressoam melhor para você? Como adaptá-las ao seu próprio caminho?

Dia de Tynwald

O Dia de Tynwald é comemorado em 5 de julho na Ilha de Man, uma ilha no mar da Irlanda que fica entre a Grã-Bretanha e a Irlanda. Ela não faz parte do Reino Unido, mas os habitantes da ilha são cidadãos britânicos. Todos os anos, no dia 5 de julho, o parlamento Manx (Ilha de Man) se reúne na Tynwald Hill para realizar uma cerimônia após participar de um serviço religioso na Royal Chapel. Diz-se que a colina foi criada pelos vikings e contém solo de cada uma das dezessete paróquias da ilha. A cerimônia ouve as petições do povo e declara as leis que foram aprovadas nos anos anteriores. O parlamento da Ilha de Man remonta a mais de 1.000 anos de origem nórdica; atualmente, é o parlamento mais antigo do mundo com existência ininterrupta.[60] O nome da ilha pode ter se originado do Deus celta do mar, Manannán mac Lir.

---

60. "Tynwald Hill."

Atividade

Homenageie o Deus do Mar Manannán. Faça isso lendo seus mitos e histórias. Ou sente-se e medite com a intenção de encontrá-lo para ver se ele tem algum insight ou sabedoria para você. Visite o oceano se tiver a chance. Pronuncie uma bênção em uma pedra ou concha e jogue-a nas ondas.

Dia de São Swithin

No ano de 971, em 15 de julho, os ossos de São Swithin foram transferidos para uma igreja diferente 100 anos após sua morte.[61] Naquele dia, houve uma forte tempestade que durou quarenta dias. O consenso geral é que São Swithin estava no céu, chorando, porque seus ossos haviam sido movidos. O folclore surgiu a partir desse dia com o aviso de que se chover no dia de São Swithin, choverá pelos próximos quarenta dias. Estamos muito acostumados com a chuva na Inglaterra.

Atividade

Embora tenha uma conexão com um santo, você poderia usar esse dia para trabalhar com o Elemento Água, especialmente a água da chuva, se tiver alguma coletada. Use a água da chuva para limpar e purificar suas ferramentas mágicas ou borrife-a em sua casa como um ritual de limpeza.

Dia de Santa Margarida

Uma santa popular. Santa Margarida de Antioquia tinha o apelido de *Peg*, que é uma abreviação comum do nome Margarida. Ela era homenageada em 20 de julho de cada ano, na esperança de proteger as pessoas contra o mal, as doenças e os maus espíritos. Em 1969, a Igreja Católica Romana a retirou de seu calendário de celebrações, acreditando que ela era fictícia.[62] No entanto, durante o período medieval, ela foi uma das santas mais reverenciadas e famosas, por isso acho que vale a pena mencioná-la. Uma sobremesa especial foi criada em sua homenagem, chamada *Heg Peg Dump*.

---

61. *Encyclopaedia Britannica*, "St. Swithin's Day," modificado em 30 de abril de 2022.

62. *Encyclopaedia Britannica*, "St. Margaret of Antioch," modificado em 29 de setembro de 2020 https://www.britannica.com/biography/Saint-Margaret-of-Antioch.

Receita de Heg Peg Dump

O *Heg Peg Dump* é um pudim tradicional servido no Dia de Santa Margarida. Esta receita pede ameixas, mas você pode usar outras frutas se não as tiver; damascos, cerejas ou pêssegos funcionariam bem. Adaptei a receita original, pois ela exigia que o pudim fosse cozido no vapor por várias horas. Esta é muito mais fácil e rápida de fazer, mas continua sendo igualmente deliciosa.

- ½ colher de chá de fermento em pó
- 1 colher de chá de canela
- 6 ameixas
- 50 g de açúcar mascavo, mais um pouco para polvilhar
- 50 g de xarope dourado[63] (xarope de milho ou de bordo)
- 100 g de sebo desfiado
- 140 ml de leite
- 225 g de farinha com fermento
- Raspas de 1 laranja
- Uma pitada de sal

Preaqueça o forno a 200°C. Misture a farinha, o fermento em pó, o sebo, o sal e o xarope dourado. Em seguida, despeje o leite gradualmente. Mexa até obter uma massa homogênea. Reserve.

Tire o caroço e pique as ameixas. Coloque as ameixas picadas em uma tigela com o açúcar mascavo, as raspas de laranja e a canela e mexa.

Coloque a mistura de ameixas em um prato refratário. Retire pedaços da mistura de massa e coloque-os sobre as frutas, formando uma espécie de tampa de retalhos. Use toda a massa; não importa se houver alguns espaços vazios. Em seguida, polvilhe um pouco de açúcar mascavo por cima.

Leve ao forno por 30 minutos ou até dourar levemente.

Atividade

Este é um bom dia para atrair a energia protetora de Santa Margarida. Faça uma boa faxina em sua casa e alguma magia de proteção para os limites. Pense em plantar algumas plantas protetoras em seu jardim. Polvilhe seus limites com sal e ervas protetoras.

---

63. O *xarope dourado* é uma forma espessa e de cor âmbar de xarope de açúcar invertido, feito pelo processo de refino da cana-de-açúcar em açúcar. Para fazer seu próprio *xarope dourado* em casa, adicione em uma panela 4 xícaras de açúcar, 1 ¼ xícaras de água e 2 colheres de sopa de suco de limão. Cozinhe em fogo baixo por 45-60 minutos, ou até que a mistura fique cor de âmbar, espessa e xaroposa!

Dia de São Cristóvão

O dia 25 de julho é comemorado como o Dia de São Cristóvão. Talvez você o conheça como o santo padroeiro das viagens. Embora existam muitos mitos e lendas, um dos mais populares é a história de uma criança pequena que se aproximou de Cristóvão durante uma tempestade e perguntou se ele poderia ajudá-la a atravessar um rio. Cristóvão colocou a criança em seus ombros e atravessou o rio com ela. A criança ficou incrivelmente pesada e Cristóvão teve muita dificuldade para atravessar até o outro lado do rio, mas ele perseverou e conseguiu. Ao chegar ao outro lado, a criança disse-lhe que era Cristo, e que o peso que ele sentia era pelo fato de carregar o mundo inteiro em seus ombros.[64] Em 1969, a Igreja Católica retirou São Cristóvão de seu calendário, acreditando que não havia evidências de sua existência. Eu o mantenho aqui, porque ele era – e ainda é – amplamente reconhecido, especialmente como o santo padroeiro dos viajantes.

Atividade

Faça um amuleto de proteção para levar enquanto viaja. Você pode criar um amuleto de proteção com muitos itens diferentes; um seixo, uma concha ou uma pedra tombada funcionam bem. Carregue o item com a intenção de protegê-lo em suas viagens, enviando a energia para ele. Em seguida, leve-o consigo no bolso ou na bolsa.

Dia de Santa Ana

Ana e Joaquim foram os pais da Virgem Maria, portanto, estamos falando dos avós de Jesus. Como possivelmente a avó e o avô mais famosos, eles são vistos como os santos padroeiros de todos os avós. Santa Ana também é a santa padroeira das mães, parturientes e crianças. Seu dia de festa é comemorado em 26 de julho.[65]

Atividade

Se seus avós ainda estiverem com você, faça um bolo para eles, visite-os ou ligue para eles. Se não estiverem mais neste mundo, talvez você possa fazer uma oferenda aos seus antepassados.

---

64. *Encyclopaedia Britannica*, "Saint Christopher," modificado em 1 de abril de 2019 https://www.britannica.com/biography/Saint-Christopher.

65. *Encyclopaedia Britannica*, "St. Anne," modificado em 17 de junho de 2020, https://www.britannica.com/biography/Saint-Anne.

Tradições

O mês de julho parece ter como tema o elemento Água. Talvez seja apropriado se concentrar nisso neste mês. Aqui estão algumas outras tradições para você se inspirar.

Imagens de Flores

Julho é o mês de decorar o poço com imagens, que é uma tradição um pouco diferente do costume de decorar o poço mencionado no capítulo 4. Isso ainda ocorre em várias cidades do país, principalmente nos condados de Derbyshire e Staffordshire. Cada poço ou fonte é decorado com imagens criadas com plantas e flores. Geralmente, a decoração do poço começa no início do verão e vai até o outono.

Atividade

Crie seu próprio quadro de decoração de poço. Comece com um pedaço de papelão; ele precisa ser molhado até ficar úmido. Em seguida, cubra-o com uma camada de argila úmida. (Você pode usar um pedaço de espuma de florista em vez de papelão e argila.) Decida como gostaria que fosse o seu quadro de bem-estar. Faça um contorno da imagem com plantas e flores e, em seguida, "preencha" a imagem usando flores, folhas, flores e folhagens da estação. Dedique sua imagem aos espíritos dos poços e fontes. A imagem pode ser colocada em seu altar ou, se houver espaço, em seu jardim.

Rush-Bearing

Antes dos tapetes ou de qualquer tipo de piso sofisticado, na Idade Média, os juncos eram usados para cobrir o chão. Os vilarejos realizavam uma celebração de verão quando os juncos eram colhidos. Às vezes, eram feitas esculturas com os juncos, chamadas de "rolamentos". Elas eram levadas em uma procissão como parte do festival.

Atividade

Crie seu próprio suporte com juncos ou gramíneas longas e secas. Ele pode ter a forma da Deusa ou de uma cruz solar. Seja criativo.

Provas de Flitch de Dunmow

Todo ano bissexto, em julho, são realizadas as provas de Dunmow Flitch Trials, em Essex, Inglaterra. Desde 1104, os casais casados se apresentam diante de um "júri" com o desafio de convencê-los de que não desejaram ficar solteiros em nenhum momento do ano passado.[66] Casais de todo o mundo podem se registrar para participar desse evento. Os vencedores levam para casa um *flitch*, que é uma porção de bacon. Diz-se que o ditado "trazer para casa o bacon" veio dessa tradição.

Atividade

Se estiver em um relacionamento, julho pode ser um bom momento para realizar uma bênção para o próximo ano. Se estiver à procura de amor, pode fazer um pouco de mágica para trazer algum para você. Ou pode simplesmente comemorar com um sanduíche de bacon.

Bênção dos Barcos de Pesca

No final de julho, em Whitstable, Kent, Inglaterra, começa a temporada das ostras. A comemoração começa com uma bênção dos barcos de pesca. Isso agora faz parte do *Whitstable Oyster* Festival, que é celebrado todos os anos, desde 1985. Mas a celebração das ostras em Whitstable data de muito mais tempo, de aproximadamente 55 EC; as ostras de Whitstable eram as favoritas dos soldados romanos.[67]

Atividade

Se você puder chegar ao oceano, poderá enviar uma bênção ou fazer uma oferenda ao mar para manter os pescadores seguros em suas jornadas. Caso contrário, talvez queira fazer um pouco de magia oceânica para proteger nossos mares e oceanos da poluição.

Piqueniques

Julho é um dos melhores meses para fazer um piquenique. Parece que o humilde piquenique remonta à Idade Média, quando a comida era levada para os caçadores a cavalo. A palavra *picnic* vem do francês *piquenique* e, acredita-se, remonta a 1692. A ideia de um piquenique começou como uma

66. "The History of the Dunmow Flitch Trials."

67. Alexander, *Visit Whitstable Oyster Festival.*

refeição em que todos levavam algo para compartilhar. Foi em meados do século 19 que o piquenique se tornou um evento sério na Inglaterra. Os colonos franceses aristocráticos que fugiam da Revolução trouxeram seus costumes com eles e iniciaram a *London's Pic Nic Society*, em 1801, que depois se espalhou para a classe média, que realizava suas próprias versões um pouco menos extravagantes.[68]

Atividade

Faça um piquenique! Dê uma olhada na sua área local e encontre um lugar que nunca tenha visitado antes. Não se esqueça de agradecer ao espírito da terra onde você fizer o piquenique e deixe uma oferenda de comida ou bebida para a terra.

Magia e Conhecimento da Lua

A Lua de cada mês tem muitos nomes ao redor do mundo, geralmente relacionados ao clima ou à terra. Aqui estão alguns dos meus nomes favoritos para a Lua deste mês. Julho também é chamado de *Buck Moon*, em homenagem ao cervo, cujos chifres já estão crescidos. Na Inglaterra medieval, a Lua de julho era chamada de *Mead Moon*. Os antigos celtas se referiam a essa Lua como "a Lua da Reivindicação" ou "Lua da Erva", sugerindo que era a melhor época para colher ervas e plantas para uso medicinal.[69]

Dê um Nome à sua Lua

Que nome você daria à Lua de julho? Dê uma olhada na sua paisagem no dia da lua cheia de julho e veja o que a natureza lhe inspira. Como o clima está se comportando? O que está crescendo no seu jardim? O que está crescendo na natureza? Qual é a aparência da paisagem atual?

Magia da Lua

Cada mês tem a sua própria energia mágica especial. Você pode usar essa magia para aumentar o poder de seu feitiço. Embora possa trabalhar com qualquer intenção a qualquer momento, acho que associar a energia de

68. "How the Picnic Came to British Blankets."

69. Nugent, *Full Moon Names*.

um mês específico à fase da Lua, ajuda a aumentar o seu poder. Aqui estão minhas sugestões de magia para trabalhar neste mês:

- **Lua nova:** preparação, planejamento, organização, metas espirituais.
- **Lua crescente:** sonhos, metas, planejamento, organização, decisões, nutrição, perseverança, metas espirituais, emoções, força de vontade, trabalho interno (autoestima, autoconfiança, autocuidado).
- **Lua cheia:** sucesso, sonhos, adivinhação, natureza, decisões, força, liderança, poder, energia, felicidade, força de vontade, trabalho interno.
- **Lua minguante:** decisões, emoções, trabalho interno.

Atividade

Há muitas opções disponíveis para trabalhar com a magia da Lua! Você pode fazer um feitiço concentrando-se apenas na energia do mês ou reduzi-lo para se concentrar em uma das fases da Lua. Pode também fazer um feitiço diferente em cada uma das fases lunares. Se tiver uma intenção em mente, poderá iniciar o feitiço na Lua nova e aumentar seu poder adicionando-o a cada uma das outras fases da Lua.

Gosto de criar Água de Lua para cada mês. A Água de Lua é simples de fazer; tudo o que precisa é de um frasco limpo com tampa e um pouco de água. Você pode usar água de nascente ou natural; eu uso água da torneira mesmo, mas primeiro eu a fervo para destilá-la. Encha o frasco com água e coloque-o em um local seguro ao ar livre sob a lua cheia. Outra opção é colocá-lo dentro de casa, no parapeito de uma janela, para que a Lua reflita na superfície da água. Se estiver colocando o frasco do lado de fora, é mais seguro colocar a tampa para que os insetos não pousem nele, mas dentro de casa a tampa pode não ser necessária. Você pode fazer isso para cada uma das fases da Lua, criando um conjunto completo de Água de Lua que pode ser usado para fins mágicos. A Água de Lua é útil para ungir a si mesmo, seu altar, suas ferramentas mágicas, seus cristais e para limpar todos os itens mágicos citados. Pode ser adicionada a Garrafas de Bruxa, borrifada em torno de limites e também para criar um espaço sagrado. Gosto de colocar uma vela de chá em cima do frasco de água e usá-la para fazer feitiços. Não se esqueça de etiquetar o frasco cuidadosamente com a data e a fase da Lua.

Feitiço para Ajudar nas Decisões

Uma das melhores maneiras de obter orientação para qualquer decisão é trabalhar com adivinhação. Você pode ter um método favorito ou talvez prefira tentar algo novo. Dei a sugestão aqui de trabalhar com flores para adivinhação, já que elas são muito abundantes em julho. A lavanda é boa para isso, mas use as flores que mais lhe agradam. Se quiser adicionar um pouco mais de energia, você pode invocar o espírito do golfinho ou da lontra para ajudar.

Você vai precisar de:

- 9 hastes de flores, como lavanda, ou cabeças de flores
- Imagem de um golfinho ou lontra (opcional)
- Superfície plana para trabalhar

Sente-se em silêncio e coloque as flores à sua frente. Coloque também a imagem do animal, se estiver usando uma. Se desejar, inspire e expire profundamente algumas vezes e invoque a energia do golfinho ou da lontra. Simplesmente peça a eles que ajudem a guiá-lo.

Visualize em sua mente a questão sobre a qual está indeciso. Pegue as hastes de flores em uma das mãos e faça uma pergunta, talvez algo como "O que devo fazer?" Em seguida, jogue as hastes de flores no ar e permita que elas caiam na superfície à sua frente.

A maneira como as flores caem cria padrões e imagens. Descubra o significado que elas têm para você em relação à sua pergunta e situação. Para mim, é útil anotar todas as imagens ou padrões que vejo e todas as palavras que surgem em minha cabeça. Às vezes, a resposta não fica clara em um primeiro momento. Pense sobre isso nos próximos dias, consultando suas anotações, se necessário.

Animais

Certos animais são facilmente associados ao mês de julho. Alguns são mais ativos e visíveis neste período. Compartilhei aqui alguns animais que têm uma energia que se alinha à magia de julho.

Caranguejo

Os caranguejos trazem uma perspectiva diferente para qualquer situação; para começar, eles andam de lado. Eles podem ajudá-lo a se ajustar às mudanças e a encontrar novas direções. Também o incentivam a seguir o fluxo em vez de lutar contra a maré. O caranguejo me lembra as férias de verão e o sol!

Golfinho

Embora viva no mar, o golfinho é um mamífero e, portanto, reúne os elementos Água e Terra. Criaturas realmente inteligentes, os golfinhos adoram brincar. Eles trazem consigo uma energia lúdica, além de melhor comunicação, harmonia e facilidade para se adaptar às mudanças – perfeito para esta época do ano.

Lontra

A lontra é outra criatura fascinante que combina os elementos Terra e Água. Ela adora brincar e aproveitar a vida ao máximo. As lontras ajudam na orientação, na exploração e na criatividade. Com a energia da lontra para impulsioná-lo, saia e aproveite o sol!

Cristais e Pedras

Cada cristal tem uma energia única e individual. Ao nos conectarmos com eles, podemos descobrir com que tipo de magia podemos trabalhar. Aqui estão algumas sugestões de cristais relacionados a julho.

Turquesa

A turquesa é uma das pedras de nascimento de julho. Ela tem sido usada como joia há séculos e foi até mesmo usada como moeda.[70] Trabalhe com a turquesa para liberar a energia negativa e transformá-la em vibrações positivas. Esta pedra é edificante e inspiradora e pode ajudar nas decisões. É também uma pedra de prosperidade, riqueza e abundância.

Quartzo-rosa

O quartzo-rosa é uma pedra familiar com a qual se pode trabalhar e que tem uma energia muito suave. É um cristal cheio de amor e calmante. Equilibra as emoções, leva à inspiração e melhora a autoestima e a beleza. Pode ser usado para ajudar a acalmar os medos e trazer felicidade. Embora seja frequentemente associado ao amor, o quartzo-rosa também é uma pedra da amizade.

---

70. "Turquoise Facts and Turquoise History."

Jaspe-oceânico

O jaspe-oceânico é uma pedra calmante que carrega a energia do mar. Pode ajudar a aliviar o estresse, a trazer paz e conforto. Atrai energia positiva e feliz, além das coisas boas que você merece. Pode ajudá-lo a lidar com quaisquer desafios em sua vida, trazendo força e clareza. O jaspe-oceânico tem a capacidade de ajudá-lo a se renovar e rejuvenescer.

Magia das Plantas

O mês de julho traz consigo o verão e, junto a ele, todos os tipos de belezas floridas para as áreas selvagens e para o seu jardim. O cultivo de uma variedade de plantas com flores e frutos realmente ajuda a população de abelhas, insetos e pássaros, e isso inclui as ervas daninhas incômodas da natureza. Mantenha um registro de todas as plantas que encontrar enquanto estiver fora de casa. Tire fotos ou faça esboços de cada uma delas. Faça um álbum de recortes ou um caderno de referência.

Como Trabalhar com Plantas para Uso Mágico

Quando estiver na natureza ou em seu jardim, sente-se com uma planta ou com uma árvore enquanto ela cresce. Estabeleça uma conexão com o espírito da planta e pergunte que orientação ela tem para você. Colete folhas, flores e sementes caídas e seque-as. Utilize as sementes secas em trabalhos mágicos, como bolsas de feitiços, velas, Garrafas de Bruxa e feitiços de todos os tipos.

Observe seu jardim e sua área local. O que você vê florescendo agora? Fique de olho também nas vagens, folhas e bagas decorativas. Depois de identificá-las, descubra quais propriedades mágicas elas têm.

Verbena (Verbena officinalis)

A verbena é uma erva antiga que se diz ter sido usada pelos druidas para adivinhação, limpeza e consagração. A verbena aparece na lista de ingredientes da poção Awen encontrada no Caldeirão de Cerridwen.[71]

Atividade

A verbena é uma erva muito útil que pode ser usada para uma variedade de propósitos mágicos, como inspiração, trabalho psíquico, mudança de forma,

71. "Vervain."

purificação, limpeza, proteção, alívio do estresse e magia do amor. Use as flores e as folhas frescas ou secas.

Lavanda (Lavandula officinale ou Lavandula vera)
A lavanda é uma planta de bela aparência (e de belo cheiro) adorada pelo mundo das fadas. É uma flor do amor. A lavanda também pode ajudar com problemas de sono e traz consigo uma energia calma e tranquila.

Atividade
Quando faço limpeza de fumaça, gosto de usar lavanda em meus feixes de ervas, junto ao alecrim e à sálvia de jardim. Flores, folhas e talos de lavanda podem ser usados frescos ou secos em trabalhos mágicos. Trabalhe com a lavanda para obter felicidade, paz, amor, proteção, sono, clareza e força.

Dedaleira (Digitalis purpurea)
As dedaleiras são flores graciosas que são adoradas pelas abelhas e pelo mundo das fadas. Cultive-as em seu jardim para trazer proteção. Observação: a dedaleira é venenosa; não a ingira. Mantenha-a fora do alcance de crianças e animais de estimação.

Atividade
Use as flores e folhas em trabalhos mágicos, frescas ou secas, para adivinhação e proteção, especialmente proteção contra fofocas.

Incensos e Óleos

Traga a energia mágica das plantas do mês criando seu próprio incenso ou mistura de óleos para usar em trabalhos mágicos, banhos rituais ou unções. Aqui estão os meus favoritos para este mês, mas experimente criar o seu próprio.

Mistura de Incenso para Decisões

Partes iguais de casca de limão seca, casca de canela e resina de incenso.

Mistura de Óleos para Força

- 10 gotas de óleo essencial de pimenta-do-reino
- 10 ml de óleo de girassol
- 15 gotas de óleo essencial de lavanda

Alimentos Mágicos

Em julho, os produtos são positivamente abundantes, quer você esteja procurando frutas ou legumes. Quer você os coma, quer os use em magia, todos os ingredientes têm propriedades mágicas.

Como Trabalhar com Alimentos para Uso Mágico

Você pode adicionar os ingredientes às suas receitas ou comer os alimentos para absorver suas propriedades mágicas. Alguns ingredientes podem ser usados nos trabalhos com feitiços. Coloque o alimento em seu altar ou use folhas secas, flores ou sementes em seus trabalhos mágicos. O suco pode ser usado para beber ou para ungir, ou pode ser adicionado a Garrafas de Bruxa. Alguns produtos podem ser fatiados e secos; essas são excelentes opções para uso em trabalhos mágicos.

Berinjela

Um vegetal de cores tão bonitas! A berinjela traz prosperidade e riqueza de todos os tipos.

Funcho

Você pode usar o bulbo branco do funcho ou as sementes de erva-doce; eles têm as mesmas propriedades mágicas. A erva-doce tem um forte sabor de anis, o que a torna muito adequada à magia de purificação e proteção pessoal. Ela também traz forte energia de cura.

Framboesa

A framboesa é totalmente uma fruta do amor e tudo o mais. Traz proteção e força para continuar.

Manjericão

Esta é uma ótima erva para magia de prosperidade e para atrair dinheiro. O manjericão é alegre e cheio de amor, traz uma energia pacífica. Também pode ser usado em trabalhos de proteção.

Receita de Canudos de Queijo com Manjericão

Estes canudos são muito bons para fazer um lanche! São chiques o suficiente para uma festa e excelentes para levar em um piquenique.

Você vai precisar de:

- ¼ de colher de chá de sal
- 1 colher de chá de alho em pó
- 1 ovo médio, batido, mais ½ ovo batido para a cobertura
- 1½ colher de chá de manjericão seco
- 115 g de manteiga fria, cortada em cubos
- 115 g de queijo parmesão ou cheddar forte, ralado
- 225 g de farinha de trigo comum
- Flocos de sal marinho para polvilhar

Unte levemente com óleo uma ou duas assadeiras grandes. Preaqueça o forno a 200°C.

Coloque a farinha, o sal, o alho em pó e o manjericão seco em uma tigela. Esfregue a manteiga na mistura até que ela se assemelhe a uma farinha de rosca fina (eu faço isso em um processador de alimentos).

Acrescente o queijo. Misture o ovo e adicione de 2 a 5 colheres de sopa de água fria – apenas o suficiente para que a massa se esmague.

Coloque a massa em uma superfície enfarinhada e amasse levemente até ficar homogênea.

Abra a massa com uma espessura de 5 mm. Talvez você queira cortar a massa ao meio e fazer isso em dois lotes. Em seguida, apare as bordas e corte em tiras de cerca de 20 cm de comprimento e cerca de 1 cm de largura. Coloque cada tira em uma assadeira. Enrole novamente as aparas e repita até que tenha usado toda a massa.

Pincele os canudos com ovo batido e polvilhe com sal marinho. Asse por 15 minutos ou até dourar e depois esfrie sobre uma grade. Podem ser conservados por alguns dias em uma forma hermética.

A Magia do Chá

Criar sua própria mistura de chá de ervas é uma maneira divertida de reunir a energia do mundo vegetal para corresponder ao mês. Apresento aqui a minha receita favorita, mas incentivo você a fazer experiências com os ingredientes de seu próprio armário de ervas e especiarias. Se você gosta de uma bebida mais doce, pode adicionar uma colher de chá de mel ou xarope de bordo.

Mistura de Chá de Ervas para o Sucesso

½ colher de chá de folhas secas de sálvia, ½ pau de canela e um pedaço de raiz de gengibre de 2,5 cm, cortado em fatias. Deixe em infusão em água quente.

Preparando um Altar

Gosto de decorar meu altar de acordo com as estações do ano. Com frequência, adiciono itens que representam cada mês. Se você já tem um altar ou gostaria de montar um, aqui estão algumas ideias para começar. Comece limpando o espaço; talvez você queira limpá-lo primeiro com fumaça de incenso ou Água de Lua. Colocar uma toalha de altar significa que você pode adicionar um pouco de magia colorida e uma sensação das energias da estação. O resto é inteiramente com você; confie na sua intuição e deixe-se guiar pelo que sente que precisa estar no altar. Talvez você acabe adicionando mais coisas ao seu altar nos próximos dias ou semanas. Fique atento a folhas caídas, galhos, flores e seixos que possam querer entrar em seu altar. Adoro ter um pequeno vaso no meu altar e trago flores frescas, folhagens do jardim ou flores silvestres encontradas em minhas caminhadas. Você também pode acrescentar alguns dos itens a seguir:

- **Luz do Sol e flores:** para mim, julho tem tudo a ver com sol e flores. Decore seu altar com velas de cores ensolaradas e lindas flores frescas.
- **Coisas brilhantes:** coloque muitas coisas brilhantes em seu altar, como cristais e vidro.
- **Itens praianos:** para atrair a energia das férias de julho, adicione itens de praia, como conchas, areia, seixos ou até mesmo um pequeno prato com água do mar.
- **Lembranças de viagens:** inclua itens de suas viagens, *tokens* trazidos das férias.
- **Caranguejos, golfinhos e lontras:** encontre maneiras de incluir representações dos animais deste mês.

Meditação

Leia o roteiro de meditação a seguir e familiarize-se com o conteúdo antes de começar. Como alternativa, pode gravar a leitura da meditação em seu telefone ou laptop e reproduzi-la, ou pode pedir a alguém que a leia para você.

Fique à vontade em um local silencioso onde não será incomodado. Feche os olhos e concentre-se em sua respiração, inspirando e expirando profundamente.

> *À medida que o mundo ao seu redor se dissipa, você se vê do lado de fora de um grande portão de madeira, inserido em um antigo muro de pedra. O céu acima de você é azul e está repleto de nuvens brancas. O Sol está brilhando e o ar é quente e doce.*
>
> *Você estende a mão para tocar o portão de madeira, ele se abre lentamente. Ao atravessá-lo, você é recebido por uma vasta horta que se estende à sua frente. Ao longo da borda do jardim, rosas trepadeiras serpenteiam até o topo das paredes. Cada uma delas repleta de flores de cores variadas.*
>
> *Você começa a seguir o caminho à sua frente, que o leva ao redor do jardim. Canteiros cheios de plantas e flores são entrecruzados por antigos caminhos de tijolos. Cada canteiro está repleto de vegetação e folhas longas e exuberantes de todos os tipos. Algumas das plantas estão florescendo em cores vivas: laranjas, amarelas e rosas. Há canteiros de hortaliças cheios de produtos frescos – tantos tipos diferentes. Encontre um fruto ou um vegetal que lhe agrade. Pegue-o, sinta o aroma fresco e, em seguida, dê uma mordida nele. Abra seus sentidos para o sabor.*
>
> *As abelhas zumbem ao redor, parando em cada flor. Os pássaros estão voando pelo jardim, mergulhando e voando enquanto cantam belas canções. Inspire o aroma das flores.*
>
> *Ao percorrer o caminho, observe cada planta. Se você se sentir atraído por alguma em particular, pare e faça uma conexão. O espírito da planta pode ter uma mensagem para você.*
>
> *No outro lado do jardim há um banco de madeira, vá até lá e sente-se, sinta-se confortável.*
>
> *Observe e ouça. Você pode ser saudado por um espírito, uma Divindade ou um guia espiritual animal. Esteja aberto a quem ou ao que quer que seja que encontre o caminho até você. Cumprimente-os e faça perguntas. Ouça suas respostas e fique atento a possíveis mensagens. Eles podem até deixar um presente que tenha significado para você.*

Não tenha pressa...

Quando estiver pronto, agradeça por todas as visitas ou mensagens.

Levante-se e retorne ao jardim, ainda observando e ouvindo enquanto caminha. Siga o caminho que o leva de volta ao ponto de partida.

Quando chegar ao portão de madeira na parede, vire-se e dê uma última olhada no jardim. Em seguida, passe por ele.

Abra os olhos lenta e gentilmente e volte para esta realidade. Anote todas as mensagens ou detalhes em seu diário.

Divindades

Vou apresentar aqui duas Divindades com as quais trabalho no mês de julho. Belisama é uma Deusa solar ardente que se relaciona maravilhosamente com a energia solar de julho. Grannus tem energia solar semelhante, portanto, formam uma boa equipe para este mês. Essas são apenas minhas sugestões; faça suas escolhas em seu próprio caminho. Confie em sua intuição sobre qual Divindade o atrai.

Belisama

Belisama é uma Deusa da antiga Gália. Seu nome é traduzido como "a mais brilhante" ou "a mais poderosa".[72] Ela é frequentemente retratada como consorte do Deus Belenus. Uma Deusa do Fogo e do poder da luz. A luz dentro do Sol e da Lua. Foram encontrados vestígios de sua adoração em Yorkshire e Lancashire, no Norte da Inglaterra.

Grannus

Grannus é um Deus celta das fontes termais e da cura. Visto também como um Deus do Sol, porque seus poderes de cura eram uma combinação das fontes e dos raios do sol.

---

72. Klimczak, *Belisama*.

Ritual para o Sucesso

O que significa sucesso para você? Imagino que todos nós temos diferentes parâmetros de sucesso na vida, seja pessoal, financeiro, espiritual ou mental. Se você precisa de um pouco de ajuda mágica para fazer de algo um sucesso, a energia de julho pode realmente ajudar. Mantenha o foco e dedique tempo e esforço, pois o trabalho árduo realmente compensa – mas um pouco de magia também pode ajudar.

Invoquei a energia de Belisama para este ritual, embora você possa deixar de lado a parte da Divindade ou invocar um Deus ou Deusa diferente, se preferir.

Você vai precisar de:

- 1 jarra de água
- 1 pitada de canela em pó
- 1 pitada de gengibre em pó
- 1 pitada de mostarda em pó ou uma colher de chá de molho de mostarda
- 3 cálices, copos ou recipientes para beber

Comece lançando o Círculo, criando um limite para conter a energia da magia e mantendo-o protegido de influências externas. Você pode percorrer o círculo no sentido horário, se tiver espaço, ou simplesmente dar a volta no local. Se puder, é uma boa ideia espalhar pétalas de flores ou ervas secas para formar um Círculo Sagrado físico. Caso contrário, basta visualizar uma luz branca brilhante formando um círculo de proteção. Depois de percorrer o círculo, lembre-se de visualizá-lo tornando-se uma esfera, estendendo-se abaixo de seus pés e acima de sua cabeça.

Ao lançar o Círculo, diga:

Eu lanço este círculo ao redor para manter a energia indesejada fora. Vou girando e girando o círculo, formando uma esfera de proteção acima e abaixo.

Invoque os elementos, voltando-se para cada direção. Ao invocá-los, visualize a força física que cada um traz. Sinta uma brisa em sua pele para o Ar, o calor da chama para o Fogo, a chuva fria para a Água e o solo sob seus pés para a Terra. Comece no Leste e siga seu caminho no sentido horário. Diga:

Convoco o Elemento Ar para emprestar sua energia de intelecto e percepção ao ritual de hoje. Eu lhe dou as boas-vindas.

Convoco o Elemento Fogo para emprestar sua energia de paixão e criatividade ao ritual de hoje. Eu lhe dou as boas-vindas.

Convoco o Elemento Água para emprestar sua energia de intuição e emoção ao rito de hoje. Eu lhe dou as boas-vindas.

Convoco o Elemento Terra para emprestar sua energia de aterramento e estabilidade ao rito de hoje. Eu lhe dou as boas-vindas.

Volte-se para o centro ou para o altar e abra bem os braços para receber a Deusa. Diga:

Invoco a Deusa Belisama e peço que traga sua sorte e energia de sucesso para este ritual. Eu lhe dou as boas-vindas.

Coloque os três recipientes em uma fileira à sua frente, lado a lado.

Encha a vasilha da esquerda e a da direita até a metade com água, deixando a do centro vazia.

Pegue uma pitada de canela em pó e coloque-a no recipiente central vazio. Diga:

Energia ardente da canela para trazer sucesso.

Adicione uma pitada de gengibre ao recipiente central e diga:

Energia poderosa do gengibre para trazer um resultado rápido.

Por fim, adicione uma pitada de mostarda ao recipiente central e diga:

A força da mostarda para fazer tudo acontecer.

Levante o recipiente do lado esquerdo e despeje um pouco da água no recipiente central, sobre as especiarias. Visualize sua meta ou desejo – veja-o realmente acontecendo. Depois, diga:

Água da vida para torná-lo real.

Levante o recipiente do seu lado direito e despeje um pouco da água no recipiente central, sobre as especiarias. Visualize sua meta ou desejo – veja-o realmente acontecendo:

Água da vida para fazer as coisas fluírem.

Continue repetindo este processo, revezando-se para derramar a água no recipiente central até que ele contenha toda a água.

Termine concentrando-se no recipiente central, agora cheio de água e especiarias. Veja seu objetivo final acontecendo e diga:

Enquanto as especiarias ardentes do sucesso se misturam com o fluxo e refluxo. As sementes dos meus objetivos e desejos estão sendo plantadas.

Observe o recipiente. Preste atenção a quaisquer imagens ou símbolos que possa ver na superfície da água. Talvez você possa anotá-los.

Quando estiver pronto, agradeça à Deusa e diga:

Com meus agradecimentos à Deusa Belisama. Expresso gratidão por sua energia bem-sucedida hoje. Bênçãos e adeus.

Agradeça aos elementos na ordem inversa.

Vire-se para o Norte e diga:

Agradeço ao Elemento Terra por sua presença aqui hoje. Adeus.

Vire-se para o Oeste e diga:

Agradeço ao Elemento Água por sua presença aqui hoje. Adeus.

Vire-se para o Sul e diga:

Agradeço ao Elemento Fogo por sua presença aqui hoje. Adeus.

Vire-se para o Leste e diga:

Agradeço ao Elemento Ar por sua presença aqui hoje. Adeus.

Feche o Círculo caminhando ou girando no local no sentido anti-horário. Visualize o Círculo se dissipando ao seu redor, acima e abaixo de você. Diga:

Ao fechar este Círculo, que a energia do sucesso permaneça.
O Círculo se fecha novamente por mais um dia.

Coma e beba algo que ajude a estabilizar sua energia.

Pegue o recipiente central e despeje seu conteúdo no chão, dando-o como oferenda à Deusa em troca de emprestar a energia dela para o seu sucesso.

Outras Formas de Comemorar o Mês

- Visite o litoral. Colete uma garrafa de água do mar para usar em feitiços de magia marinha. Colete conchas e seixos para usar como amuletos. Escreva petições ou sigilos na areia e permita que o oceano os reivindique.
- Se você adicionar um pouco de sal marinho à água destilada ou de nascente, terá criado sua própria água do mar mágica para usar em feitiços. Você pode colocar uma concha no fundo do pote para aumentar a energia do oceano.
- Muitos legumes estão na estação agora, especialmente as batatas temporãs. Faça um pouco de magia com uma batata ou inscreva-a com sigilos e símbolos e enterre-a na terra para fazer sua mágica.
- Sente-se em seu jardim ou parque local. Faça conexões com as flores, os pássaros, as borboletas e as abelhas.
- Pressione flores e pétalas em uma prensa de flores ou faça a sua própria prensa com dois pedaços de tábua e folhas de papel grosso ou jornal. Coloque latas para pesar a prensa de flores caseira. As flores prensadas podem ser usadas para criar marcadores de livros ou imagens, ou você pode usá-las em seu grimório.

CAPÍTULO OITO

Agosto

Esse é um mês um pouco "no limite" – agosto poderia ser incluído como parte dos meses de verão, mas também é quando a primeira pitada de outono aparece. Independentemente disso, é definitivamente um mês da primeira colheita. E esse, para mim, é o tema principal do mês: colher o que foi semeado nos meses ou até mesmo nos anos anteriores. Agosto é abundância com "A" maiúsculo. Seja grato por tudo o que tem em sua vida, por tudo pelo que trabalhou e por tudo o que lhe foi proporcionado.

Os nomes anglo-saxões para agosto eram *Wedmonath* e *Weodmonath*; ambos significam "mês das ervas daninhas", "mês das plantas" ou "o cumprimento do mês das ervas daninhas".[73] Agosto tem seu nome derivado do romano César Augusto.[74]

O Que Há na Natureza e Onde Procurar

As flores silvestres e as gramíneas ocupam o centro das atenções nos prados e campos. Nos bosques, você começará a ver amoras e fungos. As raposas e seus filhotes podem estar se aventurando à noite para brincar. As sebes e os campos estarão cheios de gafanhotos e grilos. A urze está em seu elemento se puder encontrar uma charneca perto de você, que também é um bom lugar para encontrar gafanhotos. Os répteis também estarão por aí neste mês.

73. WalkingtheWyrd, "The Anglo Saxon Calendar."

74. "Which Overachiever Is August Named For?"

Saia de casa e vivencie a natureza, seja no seu quintal, seja em um parque local, seja no campo. Pode até mesmo olhar pela janela. Se tiver uma noite clara, saia e contemple as estrelas. Quais formações você consegue ver? Se não estiver familiarizado com as constelações, há alguns aplicativos de telefone muito bons que podem ajudá-lo.

Feriados e Comemorações

Aqui estão algumas celebrações que acontecem durante o mês de agosto no Reino Unido, principalmente na Inglaterra, onde moro. Algumas dessas celebrações têm raízes Pagãs, outras são cristãs e algumas têm apenas significado local. Cada celebração desempenha um papel na energia do mês para mim e pode ser adaptada à minha própria prática para fins mágicos. Faça uma pesquisa em sua área local, condado, estado, país. Quais tradições deste mês ressoam melhor para você? Como adaptá-las ao seu próprio caminho?

Lughnasadh

Comemorado em 1º de agosto, o Lughnasadh é um festival de colheita. Esse é o momento de celebrar a abundância que a Mãe Natureza proporciona. O nome *Lughnasadh* deriva do nome do Deus irlandês do Sol, Lugh.

Atividade

Comemore tudo o que você tem, não importa quão pequeno ou sem importância possa parecer. Se puder sair, visite os mercados de produtores e as lojas locais para experimentar a abundância de produtos sazonais. Compre algo que talvez você nunca tenha experimentado antes e faça um banquete!

Lammas

Esse é um antigo festival cristão. O Lammas Day era comemorado em 1º de agosto, ou seja, no mesmo dia do Lughnasadh. Acredita-se que a palavra *Lammas* seja um desvio de *loaf-mas*, já que essa era a época do ano em que o pão era feito com as primeiras colheitas de grãos e era abençoado pelo Sacerdote local.[75] As feiras de Lammas eram populares, muitas vezes incorporando uma tradição em que jovens casais podiam fazer casamentos

75. *Encyclopaedia Britannica*, "Lammas," modificado em 1 de novembro de 2017, https://www.britannica.com/topic/Lammas.

experimentais que duravam o período da feira, que era de onze dias.[76] As feiras de ovelhas também eram tradicionais nessa época, muitas vezes incorporando festividades e comemorações.

Atividade

Asse um pão e carregue-o com a intenção de abundância e prosperidade. Você também pode desenhar um símbolo na base da massa; um sinal de libra ou dólar funcionaria bem. Forneci uma receita muito simples de pão de soda sem fermento; rápida e fácil de fazer e ainda honra a tradição do pão nesta época do ano.

Receita de Pão de Soda com Ervas

- 1 colher de chá de bicarbonato de sódio
- 1 colher de chá de sal
- 1 colher de chá de tomilho seco ou alguns ramos de tomilho fresco, picados
- 25 g de manteiga (ou margarina)
- 100 g de aveia para mingau
- 500 g de farinha comum (ou você pode usar metade de farinha comum e metade de farinha integral)
- 500 ml de leitelho

Preaqueça o forno a 200°C (400°F).

Polvilhe uma camada de farinha sobre uma assadeira. Em uma tigela, misture todos os ingredientes secos e, em seguida, acrescente a manteiga. Despeje o leitelho e misture com uma faca, depois, junte a massa com as mãos. Trate-a com cuidado, pois é uma massa pegajosa. Modele-a em uma forma de pão redonda e plana na assadeira, com cerca de 20 cm de diâmetro.

Faça uma cruz profunda na parte superior do pão com uma faca afiada. Diz-se que isso permite que as fadas ou os espíritos ruins saiam.

Asse no centro do forno por cerca de 30 minutos, até que o fundo do pão pareça oco quando você bater nele.

Sirva quente com manteiga ou frio com queijo e picles.

---

76. "Trial Marriages Are Not Such a Modern Idea."

Dia de São Osvaldo

O dia 5 de agosto é a data das festividades de São Osvaldo, central em Grasmere, no Lake District, Inglaterra, mas também celebrada em áreas próximas. Os aldeões desfilam até a igreja carregando rolamentos, que são decorações feitas de flores e juncos. O desfile é liderado por seis "donzelas do junco" que carregam um lençol de linho cheio de juncos. Em seguida, há um culto especial na igreja, seguido de presentes de pão de gengibre de Grasmere para toda a congregação. Essa tradição remonta à época em que o chão da igreja era coberto de juncos e feno; isso tornava o chão mais macio para se ajoelhar e provavelmente também proporcionava um aroma doce.[77]

Atividade

Crie uma decoração de junco ou palha como tributo à primeira colheita ou asse um pão de gengibre em homenagem a São Osvaldo.

Dia de São Bartolomeu

São Bartolomeu viveu na Palestina durante o primeiro século. Sua vida terminou com ele sendo esfolado vivo, razão pela qual Bartolomeu se encaixa no papel de santo padroeiro dos açougueiros e curtidores (um artesão que produz couro a partir de peles de animais).[78] Ele também é o santo padroeiro dos apicultores.

Há um famoso mercado de carnes em Smithfield, em Londres, que abrigava uma feira em homenagem a São Bartolomeu todo dia 24 de agosto. A primeira feira foi realizada em 1133. Um evento muito luxuoso e barulhento, mas que acabou sendo proibido em 1855, porque ia contra a decência pública e a moral honesta.[79] Parece ser algo a não perder! No entanto, há uma coisa que permanece desse evento: diz-se que foi onde as maçãs *toffee* começaram. As maçãs eram presas em palitos e mergulhadas em mel.[80]

Atividade

Obviamente, você poderia fazer uma festa barulhenta e estridente, desprezando a moral e definitivamente indo contra todos os tipos de decência pública. Ou poderia homenagear as abelhas. Eu recomendaria a segunda opção. Faça maçãs com mel ou prepare um bolo de mel.

---

77. Grasmere Gingerbread, *Grasmere*, Cumbria.

78. *Encyclopaedia Britannica*, "Saint Bartholomew," modificado em 3 de outubro de 2016, https://www.britannica.com/biography/Saint-Bartholomew.

79. Cavendish, *London's Last Bartholomew Fair*.

80. Clarkson, *St. Bartholomew's Day*.

Queimada de Bartle

A Queimada de Bartle é uma celebração anual originária de Wensleydale, em Yorkshire, Inglaterra. A queima do Velho Bartle ocorre após o pôr do sol no sábado mais próximo ao Dia de São Bartolomeu (24 de agosto). Uma efígie do Velho Bartle é carregada pelo vilarejo. Ela para ao longo do caminho para receber bebidas oferecidas por várias famílias. Essa procissão é acompanhada por uma figura do "Homem Verde" que toca uma música enquanto caminham. A efígie é levada para o lado de fora do vilarejo e queimada enquanto as comemorações continuam.[81]

Não há uma origem definitiva para essa tradição. Alguns dizem que o Velho Bartle é uma representação de São Bartolomeu, embora ninguém saiba o que ele fez para ser queimado. O nome poderia ser apenas uma coincidência com São Bartolomeu. A efígie pode representar um ladrão ou vagabundo que caiu em desgraça com os moradores do vilarejo.

Atividade

Crie um boneco de palha ou de vegetação seca. Em um pedaço de papel, escreva o que deseja remover da sua vida. Amarre o papel no papagaio. Jogue-o em uma fogueira, braseiro, lareira ou Caldeirão à prova de fogo. Enquanto queima, visualize sua intenção. Faça um brinde ao Velho Bart.

Tradições

Agosto é tradicionalmente um mês quente, quando o jardim e as sebes estão em plena floração. Gostaria de compartilhar com vocês algumas de minhas próprias tradições para o mês de agosto.

Comemore a Colheita

Visite os mercados dos fazendeiros locais e as mercearias ecológicas para ver a abundância de frutas e legumes que pode encontrar. Experimente alguns pratos novos; seja criativo e use ingredientes que talvez nunca tenha experimentado antes. A colheita tem tudo a ver com a celebração de produtos sazonais frescos. Tente procurar produtos que tenham sido cultivados localmente. Você pode até fazer uma caminhada na zona rural local e ver quais grãos estão sendo colhidos nos campos. Comemore com os amigos

---

81. "The Burning of Old Bartle."

organizando um jantar *potluck*[82]; peça a todos que tragam um prato feito com ingredientes de origem local. Festejem, cantem, dancem e ergam um copo para brindar à generosidade da Mãe Terra.

Enfeites de Massa Salgada

Para comemorar a colheita de agosto, faça enfeites de massa salgada no formato de feixes de trigo ou cornucópias.

Você vai precisar de:

- ½ colher de chá de óleo vegetal
- 118 ml a 177 ml de água quente
- 136 g de sal
- 272 g de farinha

Preaqueça o forno a 93°C.

Misture a farinha e o sal e, em seguida, adicione água até que a massa fique elástica. Quando a massa estiver elástica, adicione o óleo e começe a sová-la. (Se ela estiver muito grudenta, adicione mais farinha).

Quando estiver com uma boa consistência, faça as decorações com cortadores de biscoito. Se estiver planejando pendurar os enfeites, faça um furo no enfeite antes de assá-los.

Asse os enfeites até ficarem duros. Se a placa for fina, pode levar de 30 a 45 minutos, mas eu recomendaria verificar na metade do tempo.

Se sua criação for mais grossa, verifique-a aos 45 minutos. Se os enfeites ainda não estiverem duros, aguarde mais 20 a 30 minutos. Pode levar até 3 horas para itens mais grossos.

Caso prefira, você pode deixar suas criações secando ao ar livre, mas isso provavelmente levará de dois a três dias.

Depois que os enfeites esfriarem, pinte-os com desenhos e símbolos e sele-os com verniz incolor. Após envernizá-los, passe uma fita ou linha pelo orifício do enfeite. Devido ao teor de sal, esses enfeites duram muito tempo. Tenho alguns que já têm vários anos!

---

82. Um *potluck* é um evento social em que cada convidado traz um prato de comida para compartilhar com os outros. É uma maneira de criar uma refeição coletiva em que cada participante contribui com uma parte da comida.

Limpeza da Fumaça

Esta é uma ótima época do ano para limpar e purificar sua casa e seu espaço sagrado. Talvez seja possível encontrar pacotes de limpeza de fumaça em lojas locais ou você pode fazer o seu próprio pacote.

Atividade

Faça seus próprios bastões de limpeza de fumaça com ervas que tenha cultivado. Muitas ervas diferentes se prestam bem a isso; eu faço as minhas com lavanda, alecrim e tomilho.

Amarre as hastes longas das ervas frescas com barbante e deixe-as secar. Talvez seja necessário apertar o barbante quando estiverem totalmente secos.

Acenda a ponta da vara e solte a fumaça. Certifique-se de levar a fumaça para todos os cantos. Acrescente sua intenção a isso também. Acho que falar enquanto faço a limpeza com fumaça ajuda. Digo algo simples como:

Fora com a energia negativa, dentro com a positiva.

Magia e Conhecimento da Lua

A Lua de cada mês tem muitos nomes ao redor do mundo, geralmente relacionados ao clima ou à terra. Aqui estão alguns dos meus nomes favoritos para a Lua deste mês. Muitos dos nomes da Lua de agosto referem-se à colheita, como *Corn Moon* (Lua do Milho), *Barley Moon* (Lua da Cevada), *Harvest Moon* (Lua da Colheita) e *Grain Moon* (Lua dos Grãos). Na Inglaterra medieval, a Lua de agosto era chamada de *Corn Moon* (Lua do Milho). Os antigos celtas chamavam a Lua de agosto de "Lua da Disputa"; talvez essa fosse a época do ano em que eles resolviam quaisquer problemas ou discussões.[83]

Dê um Nome à sua Lua

Que nome você daria à Lua de agosto? Dê uma olhada na sua paisagem no dia da Lua cheia de agosto e veja o que a natureza lhe inspira. Como o clima está se comportando? O que está crescendo no seu jardim? O que está crescendo na natureza? Qual é a aparência da paisagem atual?

83. Nugent, *Full Moon Names.*

Magia da Lua

Cada mês tem a sua própria energia mágica especial. Você pode usar essa magia para aumentar o poder de seu feitiço. Embora possa trabalhar com qualquer intenção a qualquer momento, acho que associar a energia de um mês específico à fase da Lua, ajuda a aumentar o seu poder. Aqui estão minhas sugestões de magia para trabalhar neste mês:

- **Lua nova:** carreira, saúde, amizades, finanças
- **Lua crescente:** carreira, saúde, amizades, finanças, decisões
- **Lua cheia:** carreira, saúde, amizades, abundância, decisões, bênçãos, apreciação, colheita do que foi semeado
- **Lua minguante:** saúde, aterramento, limpeza, purificação

Atividade

Há muitas opções disponíveis para trabalhar com a magia da Lua! Você pode fazer um feitiço concentrando-se apenas na energia do mês ou reduzi-lo para se concentrar em uma das fases da Lua. Pode também fazer um feitiço diferente em cada uma das fases lunares. Se tiver uma intenção em mente, poderá iniciar o feitiço na Lua nova e aumentar seu poder adicionando-o a cada uma das outras fases da Lua.

Gosto de criar Água de Lua para cada mês. A Água de Lua é simples de fazer; tudo o que precisa é de um frasco limpo com tampa e um pouco de água. Você pode usar água de nascente ou natural; eu uso água da torneira mesmo, mas primeiro eu a fervo para destilá-la. Encha o frasco com água e coloque-o em um local seguro ao ar livre sob a Lua cheia. Outra opção é colocá-lo dentro de casa, no parapeito de uma janela, para que a Lua reflita na superfície da água. Se estiver colocando o frasco do lado de fora, é mais seguro colocar a tampa para que os insetos não pousem nele, mas dentro de casa a tampa pode não ser necessária. Você pode fazer isso para cada uma das fases da Lua, criando um conjunto completo de Água de Lua que pode ser usado para fins mágicos. A Água de Lua é útil para ungir a si mesmo, seu altar, suas ferramentas mágicas, seus cristais e para limpar todos os itens mágicos citados. Pode ser adicionada a Garrafas de Bruxa, borrifada em torno de limites e também para criar um espaço sagrado. Gosto de colocar uma vela de chá em cima do frasco de água e usá-la para fazer feitiços. Não se esqueça de etiquetar o frasco cuidadosamente com a data e a fase da Lua.

Feitiço para Aterramento

É importante aterrar-se regularmente, principalmente depois de qualquer tipo de trabalho energético, feitiço ou ritual. Isso ajuda a liberar o excesso de energia e o traz de volta à terra. O aterramento pode ser tão simples quanto colocar as mãos ou os pés na terra nua, bater palmas ou comer alguma coisa (a última opção é a minha favorita). Esse feitiço fornecerá a você uma ferramenta mágica que o ajudará a se aterrar facilmente.

Você vai precisar de:

- Óleo essencial de bergamota
- Seixo ou pequeno pedaço de madeira que caiba bem na palma de sua mão

Este feitiço não poderia ser mais fácil! Coloque um pouco de óleo essencial de bergamota na frente e atrás da pedra ou do pedaço de madeira e diga:

Eu carrego esta pedra/madeira com a energia de aterramento da Mãe Terra e do óleo de bergamota. Que ela me traga estabilidade e equilíbrio quando eu precisar.

E pronto! Mantenha a pedra ou o pedaço de madeira com você. Quando sentir que sua cabeça está muito nas nuvens ou que sua energia está dispersa, segure-o na palma da mão e inspire-se em sua energia estabilizadora e de aterramento.

O seixo ou a madeira pode ser recarregado ocasionalmente com mais uma gota de óleo essencial.

Animais

Certos animais são facilmente associados ao mês de agosto. Alguns são mais ativos e visíveis neste período. Compartilhei aqui alguns animais que têm uma energia que se alinha à magia de agosto.

Leão

Os leões são positivamente cheios de coragem e força. O leão macho é frequentemente associado aos Deuses solares e a leoa às Deusas mães. Trabalhe com leões em todos os tipos de magia solar e em trabalhos que envolvam valores familiares. É claro que o Sol também está no signo astrológico de Leão em agosto. Não poderia haver mais "leão" em um mês!

Joaninha

Talvez você a conheça simplesmente como "joaninha", um inseto minúsculo, mas que tem uma energia muito poderosa. Sua casca traz proteção e suas asas permitem que ela voe livremente. As joaninhas trazem felicidade e trabalham com a energia da renovação e da iluminação. Com sorte, você verá essas belezinhas por aí nesta época do ano; elas são realmente úteis em seus jardins.

Lagarto

Os lagartos reúnem o elemento Fogo e a Água. Animal que traz sabedoria e energia positiva, mas que também ajuda a enfrentar seus medos. Os lagartos adoram aproveitar o sol do verão, eles realmente sabem como canalizar essa energia solar.

Cristais e Pedras

Cada cristal tem uma energia única e individual. Ao nos conectarmos com eles, podemos descobrir com que tipo de magia podemos trabalhar. Aqui estão algumas sugestões de cristais relacionados a agosto.

Peridoto

Pedra do elemento Terra e de nascimento do mês de agosto. O peridoto é supereficiente na limpeza e na liberação. Ele se livra de todos os tipos de energia negativa, permite o crescimento, é motivador e aumenta a confiança. Trabalhe com o peridoto para trazer harmonia, equilíbrio, espiritualidade e emoções para sua vida. Esta pedra pode ajudá-lo a liberar bloqueios e a romper maus hábitos e ciclos.

Âmbar

O âmbar não é realmente uma pedra; é resina de árvore fossilizada, o que o torna um tanto legal. Mesmo assim, eu o incluí nesta seção, porque ele se assemelha a uma pedra tombada e é frequentemente usado em joias. O âmbar pode conter carga elétrica, por isso ganhou seu lugar como uma pedra do elemento Fogo, com o bônus de corresponder ao quinto elemento, o Espírito. Trabalhe com o âmbar para manifestar tudo o que deseja. É uma pedra de equilíbrio, sorte, abundância e sucesso. O âmbar traz um enorme impulso de magia solar.

Pirita

Brilhante! Com o nome comum de "ouro dos tolos", a pirita traz brilho e cintilação, mas definitivamente não é tolice. Usada ao longo da história para cura, proteção e vidência, a pirita é um cristal útil para se trabalhar. Traz a magia da autoconfiança, da comunicação, do poder, da energia, da força, da motivação, da manifestação e de todos os tipos de energia solar.

Magia das Plantas

O verão está a todo vapor, o que significa um jardim e uma área selvagem cheios de flores, mantendo as abelhas e os pássaros felizes e nos fazendo sorrir. Mantenha um registro de todas as plantas que encontrar enquanto estiver fora de casa. Tire fotos ou faça esboços de cada uma delas. Faça um álbum de recortes ou um caderno de referência.

Como Trabalhar com Plantas para Uso Mágico

Quando estiver na natureza ou em seu jardim, sente-se com uma planta ou com uma árvore enquanto ela cresce. Estabeleça uma conexão com o espírito da planta e pergunte que orientação ela tem para você. Colete folhas, flores e sementes caídas e seque-as. Utilize as sementes secas em trabalhos mágicos, como bolsas de feitiços, velas, Garrafas de Bruxa e feitiços de todos os tipos.

Observe seu jardim e sua área local. O que você vê florescendo agora? Fique de olho também nas vagens, folhas e bagas decorativas. Depois de identificá-las, descubra quais propriedades mágicas elas têm.

Bergamota (Monarda didyma, Monarda fistulosa)

Com o nome popular de bálsamo de abelha, essa planta é obviamente uma das favoritas das abelhas. As flores aparecem por volta do meio do verão e continuam florescendo em tons de branco, rosa e vermelho. Use as flores e folhas frescas ou secas para fazer magia.

Atividade

Mantenha uma folha de bergamota em sua bolsa ou carteira para garantir a prosperidade. Esfregue suas mãos com folhas de bergamota para estimular amizades fortes. Adicione bergamota aos travesseiros de dormir para ter uma noite tranquila e também para estimular sonhos perspicazes. Use a bergamota em trabalhos mágicos para obter sucesso ou para ajudar a aumentar suas habilidades psíquicas.

Tremoço (Lupinus spp.)

Espigas altas de flores coloridas que surgem no jardim durante o verão. Use as flores frescas ou secas em trabalhos mágicos. O tremoço traz a energia do equilíbrio, da imaginação e da criatividade. A flor tem uma forte conexão com o mundo das fadas e com o Outromundo.

Atividade

Com um nome como *lupin*, faz sentido que essa flor funcione bem em qualquer tipo de magia que envolva a mudança de forma ou o apelo à energia do lobo. Os lobos trazem conhecimento, sabedoria e proteção, além de abrirem caminhos e apresentarem novas ideias. O tremoço também se relaciona muito bem com a energia da Lua cheia; use-o para buscar a verdade em uma situação ou para aumentar sua intuição.

Peônia (Pæonia officinalis)

As peônias têm folhas verde-escuras que envolvem as flores mais incríveis, em uma variedade de cores, que vem do branco ao rosa e vermelho, cada uma com o que parece ser um milhão de pétalas. Use flores, folhas e raízes frescas na magia ou seque-as para uso posterior.

Atividade

Plante peônias no seu jardim para garantir a felicidade e trazer sorte e proteção. Leve as peônias para dentro de casa para dissipar a energia negativa. A raiz seca da peônia pode ser adicionada ao incenso ou a trabalhos mágicos para trazer bênçãos.

Incensos e Óleos

Traga a energia mágica das plantas do mês criando seu próprio incenso ou mistura de óleos para usar em trabalhos mágicos, banhos rituais ou unções. Aqui estão os meus favoritos para este mês, mas experimente criar o seu próprio.

Mistura de Incenso para Aterramento

Partes iguais de patchouli seco, flores de borragem secas e resina de benjoim.

Mistura de Óleos para a Abundância

- 5 gotas de óleo essencial de cravo
- 10 ml de óleo de gergelim
- 15 gotas de óleo essencial de bergamota

Alimentos Mágicos

Em agosto, temos muitas opções quando se trata de frutas e legumes frescos. Quer você os coma, quer os use em magia, todos os ingredientes têm propriedades mágicas.

Como Trabalhar com Alimentos para Uso Mágico

Você pode adicionar os ingredientes às suas receitas ou comer os alimentos para absorver suas propriedades mágicas. Alguns ingredientes podem ser usados nos trabalhos com feitiços. Coloque o alimento em seu altar ou use folhas secas, flores ou sementes em seus trabalhos mágicos. O suco pode ser usado para beber ou para ungir, ou pode ser adicionado a Garrafas de Bruxa. Alguns produtos podem ser fatiados e secos; essas são excelentes opções para uso em trabalhos mágicos.

Alcachofra

As alcachofras são complicadas de comer, mas se forem deixadas para florescer, elas secam muito bem para arranjos de flores. Trabalhe com a alcachofra para trazer proteção e ajudar a dissipar a energia negativa. A alcachofra traz paixão e crescimento, além de força e coragem.

Cereja

Uma fruta muito feminina que contém um caroço em seu "útero". A cereja traz fertilidade e amor. A flor de cerejeira ou os caroços de cerejeira funcionam bem em magia para novos começos. As pedras podem ser usadas para adivinhação. Faça uma pergunta e, em seguida, jogue o caroço de cereja como faria para adivinhação com runas. Leia a posição em que as pedras caem para obter a resposta.

Pimentas

As pimentas variam de um calor agradável e morno a um extremamente quente e picante! As pimentas trazem calor não apenas para a comida, mas também para a magia. Use a pimenta malagueta para apimentar sua vida amorosa, seja na comida ou na magia. Eu gosto de acrescentar uma pitada de pimenta em flocos ou em pó a um feitiço para ajudar a dar um impulso de energia e fazê-lo avançar rapidamente. Ela também traz criatividade para qualquer trabalho. A pimenta malagueta funciona bem para ajudar a quebrar feitiços e proteger.

Salsa

Acredita-se que a salsa traz a magia da luxúria e da fertilidade, o que nem sempre é uma boa combinação. Ela tem uma conexão com o Outromundo, por isso funciona bem em trabalhos espirituais. A salsa traz a magia da proteção e da felicidade e pode ser usada para purificação.

Receita Básica de Scone Doce

Um chá da tarde tradicional na Inglaterra nunca seria servido sem *scones*[84] abertos e recheados com geleia e creme. Esta é a minha receita básica de *scone*; eles também podem ser facilmente transformados em veganos, substituindo-os por margarina vegana. O leite pode ser de qualquer tipo, normal ou vegetal.

- 1 colher de chá de fermento em pó
- 7 colheres de sopa de leite (qualquer tipo)
- 25 g de açúcar
- 50 g de margarina (vegana ou manteiga amolecida)
- 225 g de farinha com fermento
- Leite para a cobertura

Preaqueça o forno a 220°C (425°F). Unte uma assadeira.

Esta é uma receita fácil e completa. Misture todos os ingredientes para formar uma massa. Eu faço isso na batedeira com o acessório de pá.

Coloque a massa em uma superfície levemente enfarinhada. Amasse delicadamente até que a massa se junte; não trabalhe demais. Estenda a massa em uma espessura de aproximadamente 2,5 cm. Não enrole muito fino, senão os scones não crescerão o suficiente.

84. Um tipo de pão ou bolo pequeno e macio, de origem britânica, que é frequentemente servido em chás da tarde. Eles são levemente adocicados e podem ser feitos de várias maneiras, com adição de frutas secas, passas, gotas de chocolate ou nozes.

Corte a massa em rodelas. Quando não houver mais espaço na massa, amasse as sobras e estenda novamente para cortar o restante.

Coloque na assadeira e pincele a parte superior com leite. Asse por 12 a 15 minutos ou até dourar. Você obterá cerca de 8 *scones* com essa receita, dependendo do tamanho do cortador que usar.

VARIAÇÕES

- **Frutas:** adicione um punhado de sultanas ou damascos secos picados.
- **Pedaços de chocolate:** adicione um punhado de chocolate picado (ao leite, amargo ou branco).
- **Canela:** misture uma colher de chá de canela em pó.
- **Com especiarias:** adicione uma colher de chá de mistura de especiarias.
- **Cítricos:** adicione as raspas de uma laranja, limão ou lima.
- **Maçã com especiarias:** adicione 1 ½ colher de chá de tempero misto e 100 g de maçã descascada e picada.
- **Manteiga de amendoim:** substitua a manteiga/margarina por 80 g de manteiga de amendoim e ½ colher de chá de sal.
- **Geleia:** misture duas colheres de sopa de geleia ou marmelada. Talvez você precise de um pouco menos de leite.
- **Chocolate:** adicione 25 g de cacau em pó.

A Magia do Chá

Criar sua própria mistura de chá de ervas é uma maneira divertida de reunir a energia do mundo vegetal para corresponder ao mês. Apresento aqui a minha receita favorita, mas incentivo você a fazer experiências com os ingredientes de seu próprio armário de ervas e especiarias. Se você gosta de uma bebida mais doce, pode adicionar uma colher de chá de mel ou xarope de bordo.

Mistura de Chá de Ervas para Gratidão

1 colher de chá de flores de lavanda secas, 1 colher de chá de erva-cidreira seca ou 1 tira de casca de limão seca e uma pitada de extrato de baunilha. Deixe em infusão em água quente.

Preparando um Altar

Gosto de decorar meu altar de acordo com as estações do ano. Com frequência, adiciono itens que representam cada mês. Se você já tem um altar ou gostaria de montar um, aqui estão algumas ideias para começar. Comece limpando o espaço; talvez você queira limpá-lo primeiro com fumaça de incenso ou Água de Lua. Colocar uma toalha de altar significa que você pode adicionar um pouco de magia colorida e uma sensação das energias da estação. O resto é inteiramente com você; confie na sua intuição e deixe-se guiar pelo que sente que precisa estar no altar. Talvez você acabe adicionando mais coisas ao seu altar nos próximos dias ou semanas. Fique atento a folhas caídas, galhos, flores e seixos que possam querer entrar em seu altar. Adoro ter um pequeno vaso no meu altar e trago flores frescas, folhagens do jardim ou flores silvestres encontradas em minhas caminhadas. Você também pode acrescentar alguns dos itens a seguir:

- **Colheita antecipada:** inclua representações do início da colheita. Pode ser um pequeno feixe de feno ou grama longa. Frutas também funcionam bem.
- **Magia das cores:** recomendo o uso de cores fortes, como laranja queimado, vermelho escuro e roxo.
- **Itens da natureza:** inclua quaisquer itens que você possa encontrar na natureza durante o mês de agosto. Talvez inclua seixos, conchas e cabeças de sementes.
- **Flores silvestres:** dê uma volta em sua vizinhança e veja quais flores silvestres você pode encontrar. Mesmo as plantas que considerar ervas daninhas ainda carregam magia e são lindas. Tenha cuidado para não colher demais as plantas na natureza – deixe algumas para a vida selvagem também.
- **Ofertas de doces:** deixe uma oferenda de pão ou bolo.
- **Leões, joaninhas e lagartos:** inclua representações dos animais deste mês, talvez como fotos ou desenhos.

Meditação

Leia o roteiro de meditação a seguir e familiarize-se com o conteúdo antes de começar. Como alternativa, pode gravar a leitura da meditação em seu telefone ou laptop e reproduzi-la, ou pode pedir a alguém que a leia para você.

Fique à vontade em um local silencioso onde não será incomodado. Feche os olhos e concentre-se em sua respiração, inspirando e expirando profundamente.

À medida que o mundo ao seu redor se dissipa, você se vê do lado de fora de um grande portão de madeira, inserido em um antigo muro de pedra. O céu acima de você é de um azul claro e cintilante. O Sol está brilhando e o ar é quente e doce, com o perfume das flores.

Você estende a mão para tocar o portão de madeira, ele se abre lentamente. Ao atravessá-lo, você é recebido por uma vasta horta que se estende à sua frente. Ao longo da borda do jardim, rosas trepadeiras serpenteiam até o topo das paredes. Cada uma delas repleta de flores de cores variadas.

Canteiros cheios de plantas e flores são entrecruzados por antigos caminhos de tijolos. Você começa a seguir o caminho à sua frente, que o leva ao redor do jardim. Cada canteiro está repleto de vegetação e folhas longas e exuberantes de todos os tipos. Espigas altas de flores se erguem acima dos canteiros. Algumas das plantas estão florescendo em tons de laranja, amarelo e rosa. Há canteiros de hortaliças cheios de produtos frescos, de muitos tipos diferentes.

As abelhas zumbem ao redor, parando em cada flor. Os pássaros estão voando pelo jardim, mergulhando e voando enquanto cantam belas canções. Inspire o aroma das flores.

Ao percorrer o caminho, observe cada planta. Se você se sentir atraído por alguma em particular, pare e faça uma conexão. O espírito da planta pode ter uma mensagem para você.

No outro lado do jardim há um banco de madeira, vá até lá e sente-se, sinta-se confortável.

Observe e ouça. Você pode ser saudado por um espírito, uma Divindade ou um guia espiritual animal. Esteja aberto a quem ou ao que quer que seja que encontre o caminho até você. Cumprimente-os e faça perguntas. Ouça suas respostas e fique atento a possíveis mensagens. Eles podem até deixar um presente que tenha significado para você.

Não tenha pressa...

Quando estiver pronto, agradeça por todas as visitas ou mensagens.

Levante-se e retorne ao jardim, ainda observando e ouvindo enquanto caminha. Siga o caminho que o leva de volta ao ponto de partida.

Quando chegar ao portão de madeira na parede, vire-se e dê uma última olhada no jardim. Em seguida, passe por ele.

Abra os olhos lenta e gentilmente e volte para esta realidade. Anote todas as mensagens ou detalhes em seu diário.

Divindades

Vou apresentar aqui duas Divindades com as quais trabalho no mês de agosto. Se você quiser uma Divindade solar que seja forte, então Sulis é a sua garota. Ela se encaixa muito bem com a magia do Deus Lugh para essa época do ano. Essas são apenas minhas sugestões; faça suas escolhas em seu próprio caminho. Confie em sua intuição sobre qual Divindade o atrai.

Sulis

A Deusa Sulis pode ser encontrada nas fontes termais naturais da cidade de Bath, Somerset, Inglaterra. Lá, você encontrará um templo para ela e muitas inscrições e dedicatórias. Sulis é uma Deusa da Água, mas também tem conexões solares. Seu nome é traduzido como "olho" ou "sol".[85] Ela traz cura, regeneração e fertilidade.

Lugh

Lugh é um Deus celta da Irlanda. Um Deus da batalha e da realeza. Está fortemente ligado à magia de todos os tipos, tanto para manifestar quanto para amaldiçoar. Ele é conhecido como Lugh, o Muito Hábil.

Ritual de Gratidão

Com o início das colheitas, agosto parece ser o mês perfeito para demonstrar um pouco de gratidão. Provavelmente todos nós estamos acostumados a fazer feitiços e rituais pedindo coisas, mas de vez em

85. *Oxford Reference*, "Sulis," acesso em 21 de março de 2022, https://www.oxfordreference.com/view/10.1093/oi/authority.20110803100541661.

quando parece educado dizer um grande OBRIGADO. Este mês tem tudo a ver com colher o que você semeou. Use a energia da colheita de agosto para realizar um pequeno ritual de gratidão por tudo o que você tem, mesmo as pequenas coisas.

Este ritual inclui uma cerimônia de chá e bolo. Eu aceito qualquer desculpa para comer bolo. Mas essa, especialmente, é uma ótima desculpa. O ritual trabalha com a energia do chá e do bolo para agradecer por tudo o que temos e por tudo o que virá em nossa direção, com a vantagem adicional de poder beber o chá e comer o bolo.

Invoquei a energia de Sulis para este ritual, embora você possa deixar de lado a parte da Divindade ou invocar um Deus ou Deusa diferente, se preferir.

Você vai precisar de:

- Bule de chá
- Folhas ou saquinhos de chá, de qualquer tipo
- Fósforos ou isqueiro
- Jarra de água quente
- Prato de bolos ou biscoitos, de qualquer tipo
- Vela para Sulis em um suporte seguro (pode ser uma vela de pilar, uma vela votiva ou uma vela luminosa) em uma cor de sua escolha; amarelo é bom
- Xícara

Comece lançando o Círculo, criando um limite para conter a energia da magia e mantendo-o protegido de influências externas. Você pode percorrer o círculo no sentido horário, se tiver espaço, ou simplesmente dar a volta no local. Se puder, é uma boa ideia espalhar pétalas de flores ou ervas secas para formar um Círculo Sagrado físico. Caso contrário, basta visualizar uma luz branca brilhante formando um círculo de proteção. Depois de percorrer o círculo, lembre-se de visualizá-lo tornando-se uma esfera, estendendo-se abaixo de seus pés e acima de sua cabeça.

Ao lançar o Círculo, diga:

Eu lanço este círculo ao redor para manter a energia indesejada fora. Vou girando e girando o círculo, formando uma esfera de proteção acima e abaixo.

Invoque os elementos, voltando-se para cada direção. Ao invocá-los, visualize a força física que cada um traz. Sinta uma brisa em sua pele para o Ar, o calor da chama para o Fogo, a chuva fria para a Água e o solo sob seus pés para a Terra. Comece no Leste e siga seu caminho no sentido horário. Diga:

Convoco o Elemento Ar para emprestar sua energia de intelecto e percepção ao ritual de hoje. Eu lhe dou as boas-vindas.

Convoco o Elemento Fogo para emprestar sua energia de paixão e criatividade ao ritual de hoje. Eu lhe dou as boas-vindas.

Convoco o Elemento Água para emprestar sua energia de intuição e emoção ao rito de hoje. Eu lhe dou as boas-vindas.

Convoco o Elemento Terra para emprestar sua energia de aterramento e estabilidade ao rito de hoje. Eu lhe dou as boas-vindas.

Volte-se para o centro ou para o altar e abra bem os braços para receber a Deusa. Diga:

Invoco a Deusa Sulis e peço que se junte a mim neste ritual de hoje. Eu lhe dou as boas-vindas.

Prepare o bule de chá, a jarra de água quente, o chá, a xícara e o prato de bolos.

Acenda a vela em homenagem à Deusa Sulis.

Coloque o saquinho de chá ou as folhas de chá no bule. Segure o bule com as duas mãos e diga:

Sulis, eu lhe agradeço por tudo o que tenho.

Despeje a água quente sobre o chá no bule. Coloque a tampa no bule e sente-se em silêncio por um momento, observando a chama da vela e pensando em tudo pelo que agradecer, até mesmo as menores coisas, como ter sapatos nos pés ou comida na mesa.

Em seguida, despeje o chá na xícara, mas encha apenas até a metade. Segure a xícara com as mãos e respire o aroma do chá. Deixe a energia preencher seu corpo, fluindo através de você e enchendo-o de energia positiva e de gratidão. Inspire profundamente algumas vezes, inalando o aroma do chá e toda a energia positiva e exalando qualquer energia negativa que precise ser liberada.

Agora tome alguns goles do chá. A cada gole, pense em algo pelo qual você é grato. Pode ser as pessoas em sua vida, sua saúde ou o teto sobre sua cabeça. Olhe para a parte vazia da xícara e visualize coisas positivas, como amor e amizade, preenchendo o espaço vazio.

Em seguida, pegue o prato de bolos, segure-o e diga:

Com meus agradecimentos à Deusa, ao divino, à Divindade e ao Universo por tudo o que me é proporcionado. Eu lhes dou minha gratidão.

Hora de comer o bolo!

Assim que terminar de comer, agradeça à Deusa e diga:

Com meus agradecimentos à Deusa Sulis. Expresso gratidão por tudo o que você fez no passado e por tudo o que fará no futuro. Bênçãos e adeus.

Agradeça aos elementos na ordem inversa.

Vire-se para o Norte e diga:

Agradeço ao Elemento Terra por sua presença aqui hoje. Adeus.

Vire-se para o Oeste e diga:

Agradeço ao Elemento Água por sua presença aqui hoje. Adeus.

Vire-se para o Sul e diga:

Agradeço ao Elemento Fogo por sua presença aqui hoje. Adeus.

Vire-se para o Leste e diga:

Agradeço ao Elemento Ar por sua presença aqui hoje. Adeus.

Feche o Círculo caminhando ou girando no local no sentido anti-horário. Visualize o Círculo se dissipando ao seu redor, acima e abaixo de você. Diga:

Ao fechar este Círculo, que a energia da gratidão permaneça.
O Círculo se fecha novamente por mais um dia.

Coma e beba algo que ajude a estabilizar sua energia.

Permita que a vela se apague com segurança. Qualquer resíduo pode ser jogado no lixo. Quando o ritual estiver concluído, não se esqueça de deixar uma oferenda. Despeje um pouco do chá na terra e polvilhe algumas migalhas de bolo no solo.

Outras Formas de Comemorar o Mês

- Dê uma olhada em sua área local e veja quais produtos estão em abundância. Se puder ir aos campos locais, observe o tipo de grão que está crescendo.
- Procure cabeças de sementes em seu próprio jardim e na natureza. Colete-as para semear na primavera (lembre-se de etiquetá-las) ou use-as para fins mágicos.
- Há uma balada popular chamada *John Barleycorn* que conta a história da colheita da cevada. Procure a letra ou um vídeo de alguém cantando. As palavras têm um grande significado.
- Tente desenhar símbolos ou sigilos em seus pães, bolos ou biscoitos antes de assá-los, imbuindo-os de magia de abundância.
- Colha flores e folhagens frescas em seu jardim. Leve-as para dentro de casa para alegrar seu lar.

OUTONO

CAPÍTULO NOVE

Setembro

Em setembro, geralmente vemos os primeiros sinais do outono no Hemisfério Norte. Embora o tempo ainda possa estar quente e ensolarado, o ar tem aquele frescor nítido logo pela manhã e à noite. As colheitas estão em pleno andamento, portanto, este ainda é um mês de gratidão por tudo o que é fornecido, mas também anuncia o Equinócio de Outono, que tem tudo a ver com equilíbrio e ajustes. Setembro nos dá a oportunidade de fazer uma pequena limpeza, como uma faxina de primavera, mas no outono.

Os nomes anglo-saxões para setembro são *Haligmonath*, uma palavra do inglês antigo que significa "mês sagrado", considerado sagrado talvez por causa de toda a generosidade que recebemos da Mãe Terra, e Gerstmonath, que significa "mês do *grist*", sendo *grist* o grão moído.[86] Originalmente, setembro era o sétimo mês no calendário romano, por isso seu nome vem da palavra latina romana para sete, *septem*.[87]

O Que Há na Natureza e Onde Procurar

Este é o mês das frutas, nozes e bagas. É realmente uma época abundante do ano. Se você for procurar frutas, poderá encontrar bagas de sabugueiro, bagas de espinheiro, abrunhos e amoras. A produção de nozes deve incluir castanhas, avelãs e bolotas. Os bosques estarão repletos de fungos. Os

86. WalkingtheWyrd, *The Anglo Saxon Calendar*.

87. "Origins and Meanings of the 12 Months."

insetos alados que andam por aí incluem *hoverflies*[88], algumas borboletas e algumas abelhas de última hora. As libélulas também podem estar por aí. Fique atento às penas de pato, pois eles começam perder suas penas agora. Dirija-se à costa para encontrar muitas algas marinhas, que estão em sua melhor forma nesta época do ano, e não se esqueça de dar uma olhada nas piscinas de pedra para ver todos os tipos de criaturas marinhas.

Saia de casa e vivencie a natureza, seja no seu quintal, seja em um parque local, seja no campo. Pode até mesmo olhar pela janela. Se tiver uma noite clara, saia e contemple as estrelas. Quais formações você consegue ver? Se não estiver familiarizado com as constelações, há alguns aplicativos de telefone muito bons que podem ajudá-lo.

Feriados e Comemorações

Aqui estão algumas celebrações que acontecem durante o mês de setembro no Reino Unido, principalmente na Inglaterra, onde moro. Algumas dessas celebrações têm raízes Pagãs, outras são cristãs e algumas têm apenas significado local. Cada celebração desempenha um papel na energia do mês para mim e pode ser adaptada à minha própria prática para fins mágicos. Faça uma pesquisa em sua área local, condado, estado, país. Quais tradições deste mês ressoam melhor para você? Como adaptá-las ao seu próprio caminho?

Dia Mundial da Deusa

O Dia Mundial da Deusa é um evento que começou em 2014 e continua a ser celebrado no primeiro domingo de setembro de cada ano. A data foi criada para reunir adoradores de todo o mundo em seus seguimentos e ensinamentos da Deusa.

Atividade

Passe o dia trabalhando com a Deusa em meditação ou em uma atividade criativa, como pintar ou cozinhar. Entre em contato com amigos e compartilhe seus pensamentos e experiências com a Deusa.

---

88. O equivalente em português para "moscas-sirfídeas" ou simplesmente "sirfídeas", também conhecidos como moscas-das-flores. Eles são membros da família Syrphidae e são conhecidos pelo seu comportamento de parar no ar e pela sua semelhança com abelhas e vespas. Desempenham um papel importante na polinização das plantas e no controle de pragas de insetos, tornando-as valiosas para a agricultura e o meio ambiente. (N. E.)

Dia da Noz

O dia 3 de setembro é uma data tradicional para a colheita de avelãs. No entanto, as avelãs de sua região podem não estar prontas para serem colhidas nesse dia. Obviamente, isso depende de sua localização e do clima.

Atividade

Procure avelãs em sua região. Se você encontrar algumas em crescimento, colha-as se estiverem prontas. Mesmo que as avelãs ainda não estejam prontas, deixe uma oferta para a árvore, talvez apenas um pouco de água ou alimento para plantas. Se você encontrar uma pequena quantidade, elas podem ser usadas magicamente para proteção, fertilidade e cura.

Dança de chifres de Abbots Bromley

No vilarejo de Abbots Bromley, em Staffordshire, Inglaterra, no início de setembro, acontece a *Horn Dance* anual. Uma equipe de dançarinos – incluindo seis veados, um bobo, um cavalo de batalha, um arqueiro e uma "Maid Marian" – se reúne na igreja logo pela manhã. Todos os homens vestidos de veados carregam grandes conjuntos de chifres de rena em seus ombros. A equipe dança ao som de música enquanto percorre o vilarejo, visitando pubs e fazendas ao longo do caminho. No final do dia, depois de percorrer um trajeto de 16 quilômetros, eles acabam voltando à igreja, onde devolvem os chifres.[89] O costume remonta a centenas de anos, mas ninguém sabe suas origens.

Atividade

Comemore e homenageie os cervos e as renas. Leia sobre eles, faça algumas pesquisas. Talvez você possa até meditar para tentar encontrar alguns deles.

Equinócio de Outono

O Equinócio de Outono ocorre entre 20 e 23 de setembro (20 e 23 de março no Hemisfério Sul). Ponto em que as horas do dia e da noite são iguais. Este Equinócio também marca a segunda colheita do ano. Outro ponto crucial é a mudança para noites mais longas e dias mais curtos. É outro festival de equilíbrio, mas também de gratidão e abundância da colheita. Para os druidas, essa época é chamada de *Alban Elfed*, a "luz da água".[90] O nome moderno usado por alguns

---

89. "Abbots Bromley Horn Dance 2021, UK."

90. "Autumn Equinox–Alban Elfed."

Pagãos é "Mabon", termo que surgiu na década de 1970, cunhado por Aidan Kelly, em referência ao Deus Mabon ap Modron de um mito galês.[91]

Atividade

Agradeça por tudo o que tem, por ter colhido o que semeou e pela colheita que a Mãe Natureza proporciona. Este também é um bom momento do ano para fazer um balanço da sua vida: onde você está e onde gostaria de estar no futuro.

Michælmas

Uma das principais figuras do reino dos anjos é a do Arcanjo São Miguel. Santo padroeiro dos soldados e dos cavalos. O Michaelmas ocorre em 29 de setembro de acordo com o calendário litúrgico da Igreja Católica. Uma festa cristã que comemora o dia de São Miguel. O nome *Michaelmas* é uma contração da "Missa de Miguel". As tradições associadas ao Michaelmas podem variar de acordo com a região e a cultura, e nem todos os cristãos celebram essa festa da mesma forma. Essa era uma época tradicional para saldar dívidas, também era a data em que eram realizadas as feiras de contratação; você ia com um símbolo de sua profissão e as pessoas o contratavam.[92]

Atividade

Este é um bom dia para fazer magia para reduzir suas contas ou dívidas. Use a energia de Michaelmas para resolver as pendências financeiras. Também pode ser usado como um dia para deixar seu emprego e procurar trabalho em outro lugar.

Tradições

Setembro tem tudo a ver com colheita, abundância e gratidão pelo que temos – e talvez compartilhar essa abundância com outras pessoas, se formos capazes. Aqui estão algumas tradições para o mês de setembro.

Festival da Colheita

Tenho muitas lembranças dos festivais de colheita da escola. A maioria deles envolvia trazer latas ou pacotes de alimentos para serem transformados em cestas de alimentos para os moradores locais menos afortunados. E, é claro,

91. Hughes, *That Mabon Thing Again!*

92. Jones, *Michaelmas and Mop Fairs.*

o dia incluía um culto na igreja com cantos. A data da colheita varia de lugar para lugar, mas setembro é um bom mês para comemorar.

Atividade

Doe alguns itens para o banco de alimentos local.

Jack-in-the-Green

Conhecido também como "Homem Verde", Jack-in-the-Green é uma representação do lado masculino da natureza com cara de folha. Rituais Pagãos geralmente incluem um membro do grupo todo vestido com folhas verdes e usando uma máscara do Homem Verde. Jack-in-the-Green é a personificação do Deus da Vegetação. Gosto de trabalhar com essa energia também no outono, principalmente quando há muitas folhas começando a cair.

Atividade

Visite um bosque local. Sente-se de costas para uma das árvores e conecte-se à sua energia.

Magia e Conhecimento da Lua

A Lua de cada mês tem muitos nomes ao redor do mundo, geralmente relacionados ao clima ou à terra. Aqui estão alguns dos meus nomes favoritos para a Lua deste mês. A colheita se reflete nos nomes das luas, incluindo *Barley Moon* (Lua da Cevada), *Wine Moon* (Lua do Vinho) e *Harvest Moon* (Lua da Colheita). Na Inglaterra medieval, a Lua de setembro era chamada de "Lua da Cevada". Os antigos celtas chamavam a Lua de setembro de "Lua Cantante".[93] Talvez os celtas cantassem canções enquanto traziam a colheita ou sentavam-se ao redor da fogueira e cantavam canções para comemorar quando a colheita terminava.

Dê um Nome à sua Lua

Que nome você daria à Lua de setembro? Dê uma olhada na sua paisagem no dia da Lua cheia de setembro e veja o que a natureza lhe inspira. Como o clima está se comportando? O que está crescendo no seu jardim? O que está crescendo na natureza? Qual é a aparência da paisagem atual?

---

93. Nugent, *Full Moon Names*.

Magia da Lua

Cada mês tem a sua própria energia mágica especial. Você pode usar essa magia para aumentar o poder de seu feitiço. Embora possa trabalhar com qualquer intenção a qualquer momento, acho que associar a energia de um mês específico à fase da Lua, ajuda a aumentar o seu poder. Aqui estão minhas sugestões de magia para trabalhar neste mês:

- **Lua nova:** organização, mudanças, fertilidade, independência, amor, saúde.
- **Lua crescente:** equilíbrio, organização, mudanças, crescimento, prosperidade, segurança, fertilidade, independência, amor, relacionamentos, saúde, pagamento adiantado, autoconfiança.
- **Lua cheia:** equilíbrio, mudanças, crescimento, proteção, segurança, amor, relacionamentos, saúde, habilidades psíquicas, gratidão, pagamento antecipado, autoconfiança, questões femininas, equilíbrio.
- **Lua minguante:** liberação, limpeza, organização emocional e espiritual, mudanças.

Atividade

Há muitas opções disponíveis para trabalhar com a magia da Lua! Você pode fazer um feitiço concentrando-se apenas na energia do mês ou reduzi-lo para se concentrar em uma das fases lunares. Pode também fazer um feitiço diferente em cada uma das fases da Lua. Se tiver uma intenção em mente, poderá iniciar o feitiço na Lua nova e aumentar seu poder adicionando-o a cada uma das outras fases da Lua.

Gosto de criar Água de Lua para cada mês. A Água de Lua é simples de fazer; tudo o que precisa é de um frasco limpo com tampa e um pouco de água. Você pode usar água de nascente ou natural; eu uso água da torneira mesmo, mas primeiro eu a fervo para destilá-la. Encha o frasco com água e coloque-o em um local seguro ao ar livre sob a Lua cheia. Outra opção é colocá-lo dentro de casa, no parapeito de uma janela, para que a Lua reflita na superfície da água. Se estiver colocando o frasco do lado de fora, é mais seguro colocar a tampa para que os insetos não pousem nele, mas dentro de casa a tampa pode não ser necessária. Você pode fazer isso para cada uma das fases da Lua, criando um conjunto completo de Água de Lua que pode ser usado para fins mágicos. A Água de Lua é útil para ungir a si mesmo, seu altar, suas ferramentas mágicas, seus cristais e para limpar todos os itens mágicos citados. Pode ser adicionada a Garrafas de Bruxa, borrifada em torno de limites e também para criar um espaço sagrado. Gosto de colocar uma vela de chá em cima do frasco de água e usá-la para fazer feitiços. Não se esqueça de etiquetar o frasco cuidadosamente com a data e a fase da Lua.

Feitiço para Proteção

Este feitiço funciona bem para trazer proteção para sua casa, seu local de trabalho, seu carro ou para você pessoalmente. Fiz sugestões sobre o que adicionar à bolsa de proteção, mas confie em sua intuição e deixe-se guiar pelo que precisa adicionar.

Você vai precisar de:

- 1 pedaço quadrado de tecido e fita ou uma bolsa com cordão; eu gosto de usar sacos de organza para lembrancinhas de casamento (a cor fica a seu critério, mas, para proteção, eu geralmente uso preto)
- 1 pedra ou cristal lapidado que você associe à proteção (eu gosto de usar quartzo-fumê, hematita ou obsidiana-negra)
- 1 pitada de equinácea seca
- 1 pitada de flores de ásteres secas
- Algo pessoal (se a proteção for para você, talvez um fio de cabelo de sua cabeça; se quiser trazer proteção para sua casa, gosto de acrescentar uma folha ou teia de aranha de minha casa)
- Algumas sementes de girassol

Pegue um de seus ingredientes e carregue-o com a intenção de proteção. Visualize a energia protetora preenchendo o item e diga:

Poder das ervas, dos cristais e da Mãe Terra, traga proteção para *(eu/meu carro/meu lar)*, **que assim seja!**

Em seguida, adicione o item carregado à bolsa.

Repita esse procedimento com cada item que você adicionar à bolsa: as ervas, as sementes e o cristal. Acrescentar um item pessoal, como um fio de cabelo ou uma folha de seu jardim, aumenta a conexão.

Quando você sentir que a bolsa está completa, amarre-a. Segure a bolsa em suas mãos e repita o cântico.

Pendure a bolsa de proteção no carro ou na porta da frente, ou guarde-a em sua bolsa ou no bolso do casaco. A bolsa pode ser recarregada, quando necessário, sacudindo-a ou adicionando mais ervas.

Quando achar que ela cumpriu sua função, esvazie as ervas na composteira e coloque a bolsa no lixo. O cristal pode ser enterrado no solo ou limpo e reutilizado.

Animais

Certos animais são facilmente associados ao mês de setembro. Alguns são mais ativos e visíveis neste período. Compartilhei aqui alguns animais que têm uma energia que se alinha à magia de setembro.

Pavão

O pavão macho é muito exibido, mas sua energia ajuda a trazer autoestima e confiança, o que se encaixa perfeitamente na energia de setembro. Os pavões também trazem sorte e proteção.

Esquilo

Não há muitos problemas ou obstáculos que os esquilos não consigam resolver ou remover. Eles também são bons em se preparar e planejar com antecedência. Penso nos esquilos como um animal do início do outono, pois é nessa época que eles começam a armazenar alimentos para o inverno.

Lobo

Um forte guardião. Os lobos trazem sabedoria e conhecimento. Eles também são um guia de ajuda, conduzindo-nos a novos caminhos e ajudando-nos a confiar em nossa intuição. Coloquei o lobo neste mês, porque ele incorpora as energias de setembro: é quando ele está no auge de sua força e quando a colheita está em alta.

Cristais e Pedras

Cada cristal tem uma energia única e individual. Ao nos conectarmos com eles, podemos descobrir com que tipo de magia podemos trabalhar. Aqui estão algumas sugestões de cristais relacionados a setembro.

Lápis-lazúli

Um nome fantástico para um cristal fantástico. O lápis-lazúli é a pedra de nascimento do mês de setembro. Um cristal que traz foco e clareza e pode ajudá-lo a organizar seus pensamentos. Trabalhe com o lápis-lazúli para ajudar com depressão, ansiedade, sono ruim e tomada de decisões. O lápis-lazúli traz compreensão, harmonia, paz, sorte e sabedoria.

Ágata-musgo

Uma das muitas variedades de ágata. Esta tem a aparência de musgo crescendo através dela, o que a associa muito bem como uma pedra da natureza. Sendo um cristal do elemento Terra, a ágata-musgo pode ajudá-lo com a cura, a autoestima, o equilíbrio das emoções e a renovação. Além de trazer crescimento de todos os tipos, inclusive em suas finanças, abundância, felicidade e riqueza.

Howlita

A Howlita é uma pedra muito útil. Carregue-a com você para absorver qualquer energia negativa que possa encontrar. Uma pedra que possui forte conexão com a meditação e pode ajudá-lo com viagens astrais e experiências de vidas passadas. Trabalhe com a howlita para aliviar o estresse e a ansiedade e para trazer calma, paz e força.

Magia das Plantas

Setembro é o fim do verão e os primeiros sinais do outono no que diz respeito a jardins e áreas silvestres. Mas ainda há uma série de flores que são sazonais para essa época do ano. Mantenha um registro de todas as plantas que encontrar enquanto estiver fora de casa. Tire fotos ou faça esboços de cada uma delas. Faça um álbum de recortes ou um caderno de referência.

Como Trabalhar com Plantas para Uso Mágico

Quando estiver na natureza ou em seu jardim, sente-se com uma planta ou com uma árvore enquanto ela cresce. Estabeleça uma conexão com o espírito da planta e pergunte que orientação ela tem para você. Colete folhas, flores e sementes caídas e seque-as. Utilize as sementes secas em trabalhos mágicos, como bolsas de feitiços, velas, Garrafas de Bruxa e feitiços de todos os tipos.

Observe seu jardim e sua área local. O que você vê florescendo agora? Fique de olho também nas vagens, folhas e bagas decorativas. Depois de identificá-las, descubra quais propriedades mágicas elas têm.

Áster (Asteraceæ spp.)

Os ásteres são flores lindas que florescem de agosto até o final de outubro. Elas vêm em todos os tamanhos e cores. Use as flores e folhas frescas ou secas para fazer magia.

Atividade

Coloque ásteres secos na parte mais alta de sua casa para proteger contra energia negativa. Adicione pétalas de ásteres em uma lavagem para limpar e consagrar. São flores perfeitas para serem usadas para honrar a Deusa em todas as formas.

Equinácea (Echinacea spp.)

Em sua forma medicinal, a equinácea é bem conhecida como uma curandeira. Isso também se estende à sua finalidade mágica. São flores maravilhosas em hastes longas que têm formato de cone. Use as flores e as folhas frescas ou secas na magia. Gosto de guardar as cabeças das sementes e trabalhar com elas também.

Atividade

Trabalhe com Equinácea em todos os feitiços de cura e saúde. Adicione-a a outros trabalhos para dar um impulso à magia. Coloque algumas pétalas secas de equinácea em sua bolsa ou carteira para trazer abundância. A flor traz uma grande dose de energia Anciã.

Girassol (Helianthus annuus)

Quando eu era criança, minha família sempre cultivava girassóis, para ver quem conseguia plantar o mais alto. Ainda os cultivamos como adultos. Os girassóis são flores lindas, em forma de pires, com cores brilhantes de colheita. Trabalhe com as pétalas, folhas e sementes frescas ou secas para fazer magia. Deixe algumas sementes no jardim para os pássaros.

Atividade

Trabalhe com o girassol em todos os tipos de magia solar. Durma com um girassol embaixo da cama para obter clareza e verdade em uma situação. Cultive girassóis em seu jardim para trazer sorte e proteção. As sementes de girassol estão repletas de magia de fertilidade e podem ser usadas para fazer desejos. Adicione pétalas e sementes de girassol em seus trabalhos mágicos para trazer uma energia feliz.

Incensos e Óleos

Traga a energia mágica das plantas do mês criando seu próprio incenso ou mistura de óleos para usar em trabalhos mágicos, banhos rituais ou unções. Aqui estão os meus favoritos para este mês, mas experimente criar o seu próprio.

Mistura de Incenso para a Independência

Partes iguais de equinácea seca, folhas de louro secas e resina de sangue de dragão.

Mistura de Óleos para Segurança

- 10 gotas de óleo essencial de cravo
- 10 gotas de óleo essencial de lavanda
- 10 ml de óleo de girassol

Alimentos Mágicos

Há tantos produtos disponíveis em setembro que Você vai precisar de um carrinho de mão para trazê-los do supermercado. Quer você os coma, quer os use em magia, todos os ingredientes têm propriedades mágicas.

Como Trabalhar com Alimentos para Uso Mágico

Você pode adicionar os ingredientes às suas receitas ou comer os alimentos para absorver suas propriedades mágicas. Alguns ingredientes podem ser usados nos trabalhos com feitiços. Coloque o alimento em seu altar ou use folhas secas, flores ou sementes em seus trabalhos mágicos. O suco pode ser usado para beber ou para ungir, ou pode ser adicionado a Garrafas de Bruxa. Alguns produtos podem ser fatiados e secos; essas são excelentes opções para uso em trabalhos mágicos.

Amora-preta

A amora é uma das frutas preferidas pelo mundo das fadas. Junto a seus espinhos, ela traz proteção; podendo ser adicionados a trabalhos mágicos. As bagas estão cheias de pequenas sementes que trazem consigo uma magia de fertilidade e prosperidade.

Mirtilo

Pequenas bagas cheias de frescor e calma; que têm totalmente em si aquela energia do tipo "paz, amor e felicidade". O humilde mirtilo traz fertilidade e paixão a qualquer coisa que você queira adicionar a ele. Trabalhe com o mirtilo para evitar ataques psíquicos.

Aipo

O aipo é um vegetal do tipo "ame ou odeia", mas forma a base de muitos pratos e saladas. O aipo traz uma combinação interessante de paixão e clareza; use os talos para paixão e luxúria. As sementes podem ser usadas para trabalhar a clareza. São ótimas para trazer calma e paz.

Pimenta-preta

Um tempero comum para alimentos, a pimenta-do-reino traz uma grande quantidade de energia de proteção que pode ser usada para exorcismo, liberação de energia negativa e dissipação de inveja ou fofoca. Ela traz força e confiança.

Receita de Biscoitos de Chocolate com Avelã

Nesta época do ano, as avelãs estão na estação. Acrescente chocolate, junte-as em forma de biscoito e você terá criado uma delícia de outono!

- 1 colher de chá de bicarbonato de sódio
- 1 gema de ovo
- 1 ovo grande
- 1½ colher de chá de farinha de milho/amido de milho
- 2 colheres de chá de extrato de baunilha
- 65 g de avelãs moídas
- 75 g de avelãs picadas
- 80 g de açúcar
- 140 g de açúcar mascavo claro
- 150 g de lascas de chocolate
- 185 g de manteiga derretida
- 250 g de farinha de trigo comum/uso geral
- Uma pitada de sal

Preaqueça o forno a 160°C. Forre duas assadeiras com papel manteiga. Misture a farinha, a farinha de milho, o bicarbonato de sódio e o sal. Reserve.

Derreta a manteiga em uma panela pequena ou no micro-ondas. Adicione o açúcar mascavo e o açúcar. Bata para misturar. Em seguida, adicione o ovo inteiro, a gema de ovo, a baunilha e as avelãs moídas.

Despeje os ingredientes úmidos nos ingredientes secos e misture bem.

Acrescente as gotas de chocolate e as avelãs picadas.

Cubra a massa e coloque-a na geladeira para esfriar por pelo menos duas horas. Retire a massa e deixe-a esfriar até atingir a temperatura ambiente (cerca de 10 a 15 minutos).

Enrole a massa em forma de bolas, certificando-se de que elas sejam um pouco mais altas do que largas, pois elas se espalharão.

Coloque as bolas de massa nas assadeiras, deixando espaço entre elas.

Asse por 12 a 14 minutos ou até dourar.

A Magia do Chá

Criar sua própria mistura de chá de ervas é uma maneira divertida de reunir a energia do mundo vegetal para corresponder ao mês. Apresento aqui a minha receita favorita, mas incentivo você a fazer experiências com os ingredientes de seu próprio armário de ervas e especiarias. Se você gosta de uma bebida mais doce, pode adicionar uma colher de chá de mel ou xarope de bordo.

Mistura de Chá de Ervas para Liberação

Misture um pedaço de anis-estrelado e uma tira de casca de limão seca. Adicione leite de coco morno.

Preparando um Altar

Gosto de decorar meu altar de acordo com as estações do ano. Com frequência, adiciono itens que representam cada mês. Se você já tem um altar ou gostaria de montar um, aqui estão algumas ideias para começar. Comece limpando o espaço; talvez você queira limpá-lo primeiro com fumaça de incenso ou Água de Lua. Colocar uma toalha de altar significa que você pode adicionar um pouco de magia colorida e uma sensação das energias da estação. O resto é inteiramente com você; confie na sua intuição e deixe-se guiar pelo que sente que precisa estar no altar. Talvez você acabe adicionando mais coisas ao seu altar nos próximos dias ou semanas. Fique atento a folhas caídas, galhos, flores e seixos que possam querer entrar em seu altar. Adoro ter um pequeno vaso no meu altar e trago flores frescas, folhagens do jardim ou flores silvestres encontradas em minhas caminhadas. Você também pode acrescentar alguns dos itens a seguir:

- **Itens da natureza:** junte bagas caídas, sementes e pinhas. Inclua também algumas nozes e frutas da estação, especialmente maçãs.
- **Verdura:** se encontrar alguma verdura em uma caminhada, leve-a para casa e coloque-a em seu altar, especialmente se encontrar folhas caídas.
- **Itens de colheita:** coloque itens que representem a colheita, como grãos, aveia, milho e frutas ou legumes que estejam na estação.
- **Magia das cores:** decore o altar com tons de laranja, verde, dourado e marrom para representar o outono.
- **Chifres:** em homenagem ao baile de Abbots Bromley, mas também associo os chifres ao início do outono.
- **Pavões, esquilos e lobos:** inclua representações dos animais deste mês. Se você conseguir encontrar uma pena de pavão, seria um ótimo complemento.

Meditação

Leia o roteiro de meditação a seguir e familiarize-se com o conteúdo antes de começar. Como alternativa, pode gravar a leitura da meditação em seu telefone ou laptop e reproduzi-la, ou pode pedir a alguém que a leia para você.

Fique à vontade em um local silencioso onde não será incomodado. Feche os olhos e concentre-se em sua respiração, inspirando e expirando profundamente.

À medida que o mundo ao seu redor se dissipa, você se vê do lado de fora de um grande portão de madeira, inserido em um antigo muro de pedra. O céu acima de você é azul e nuvens fofas estão espalhadas por ele. O Sol está brilhando. Há um frescor no ar e uma leve brisa.

Você estende a mão para tocar o portão de madeira, ele se abre lentamente. Ao atravessá-lo, você é recebido por uma vasta horta que se estende à sua frente. Canteiros cheios de plantas e flores são entrecortados por antigos caminhos de tijolos. Você começa a seguir o caminho, que o leva ao redor do jardim. Cada canteiro está repleto de vegetação e folhas longas e exuberantes de todos os tipos. Girassóis altos e amarelos se erguem acima das outras flores, enormes cabeças de flores em forma de pires em amarelos brilhantes e até mesmo em tons de marrom avermelhado, seus centros estão cheios de sementes. Há canteiros de hortaliças cheios de produtos frescos de todos os tipos.

As abelhas zumbem ao redor, parando em cada flor. Os pássaros estão voando pelo jardim, mergulhando e voando enquanto cantam belas canções. Inspire o aroma das flores.

Ao percorrer o caminho, observe cada planta. Se você se sentir atraído por alguma em particular, pare e faça uma conexão. O espírito da planta pode ter uma mensagem para você.

No outro lado do jardim há um banco de madeira, vá até lá e sente-se, sinta-se confortável.

Observe e ouça. Você pode ser saudado por um espírito, uma Divindade ou um guia espiritual animal. Esteja aberto a quem ou ao que quer que seja que encontre o caminho até você. Cumprimente-os e faça perguntas. Ouça suas respostas e fique atento a possíveis mensagens. Eles podem até deixar um presente que tenha significado para você.

Não tenha pressa...

Quando estiver pronto, agradeça por todas as visitas ou mensagens.

Levante-se e retorne ao jardim, ainda observando e ouvindo enquanto caminha. Siga o caminho que o leva de volta ao ponto de partida.

Quando chegar ao portão de madeira na parede, vire-se e dê uma última olhada no jardim. Em seguida, passe por ele.

Abra os olhos lenta e gentilmente e volte para esta realidade. Anote todas as mensagens ou detalhes em seu diário.

Divindades

Vou apresentar aqui duas Divindades com as quais trabalho no mês de setembro. Com sua energia aquosa, Sabrina se associa muito bem à magia de setembro e Etain traz a energia da transformação com a chegada dos primeiros sinais do outono. Essas são apenas minhas sugestões; faça suas escolhas em seu próprio caminho. Confie em sua intuição sobre qual Divindade o atrai.

Sabrina

Sabrina é uma Deusa ligada ao rio Severn na Inglaterra e no País de Gales. Acredita-se que Sabrina seja a versão romanizada de Hafren, seu nome galês original, ou Habrenna, seu nome britânico.[94] Ela anda em sua carruagem pelo rio com golfinhos e salmões nadando ao seu lado. Sabrina é particularmente boa para trabalhar com proteção e criação de limites.

Etain

Uma Divindade celta que começou como uma Deusa do Sol, mas se tornou uma Deusa da Lua com o passar do tempo, Etain rege o Sol, o amanhecer, os oceanos e a água. Trabalhe com Etain para transformação e cura.

Ritual de Liberação

Com o fim do verão e o início do outono, a energia de setembro se presta a liberar e a deixar ir aquilo que não lhe serve mais. De vez em quando, precisamos nos purificar e limpar para permitir a entrada de energia nova, fresca e positiva. Apegar-se a emoções, sentimentos e hábitos negativos pode ser destrutivo, portanto, vale a pena liberar e deixar ir. Lembre-se de que a limpeza da energia negativa deixa um vazio. Esse vazio precisa ser preenchido com intenções positivas, caso contrário, o círculo de más vibrações simplesmente retornará.

Invoquei a energia de Sabrina para este ritual, embora você possa deixar de lado a parte da Divindade ou invocar um Deus ou Deusa diferente, se preferir.

Você vai precisar de:

- 7 castiçais
- 7 pedaços de papel
- 7 velas mágicas ou velas de chá (podem ser de cores diferentes ou todas iguais; guie-se por sua intuição)
- Caldeirão ou prato à prova de fogo
- Caneta ou lápis
- Fósforos ou isqueiro

94. Jones, *Sabrina*.

Comece lançando o Círculo, criando um limite para conter a energia da magia e mantendo-o protegido de influências externas. Você pode percorrer o círculo no sentido horário, se tiver espaço, ou simplesmente dar a volta no local. Se puder, é uma boa ideia espalhar pétalas de flores ou ervas secas para formar um Círculo Sagrado físico. Caso contrário, basta visualizar uma luz branca brilhante formando um círculo de proteção. Depois de percorrer o círculo, lembre-se de visualizá-lo tornando-se uma esfera, estendendo-se abaixo de seus pés e acima de sua cabeça.

Ao lançar o Círculo, diga:

Eu lanço este círculo ao redor para manter a energia indesejada fora. Vou girando e girando o círculo, formando uma esfera de proteção acima e abaixo.

Invoque os elementos, voltando-se para cada direção. Ao invocá-los, visualize a força física que cada um traz. Sinta uma brisa em sua pele para o Ar, o calor da chama para o Fogo, a chuva fria para a Água e o solo sob seus pés para a Terra. Comece no Leste e siga seu caminho no sentido horário. Diga:

Convoco o Elemento Ar para emprestar sua energia de intelecto e percepção ao ritual de hoje. Eu lhe dou as boas-vindas.

Convoco o Elemento Fogo para emprestar sua energia de paixão e criatividade ao ritual de hoje. Eu lhe dou as boas-vindas.

Convoco o Elemento Água para emprestar sua energia de intuição e emoção ao rito de hoje. Eu lhe dou as boas-vindas.

Convoco o Elemento Terra para emprestar sua energia de aterramento e estabilidade ao rito de hoje. Eu lhe dou as boas-vindas.

Volte-se para o centro ou para o altar e abra bem os braços para receber a Deusa. Diga:

Invoco a Deusa Sabrina e peço que traga a sua energia de liberação e limpeza para este ritual. Eu lhe dou as boas-vindas.

Coloque as velas em seus suportes. Você vai trabalhar com uma por dia durante sete dias. Isso funciona melhor quando iniciado em uma segunda-feira. Use a energia de cada dia para um propósito específico.

Segunda-Feira: Emoções

Coloque a primeira vela no Caldeirão e a acenda. Em um pedaço de papel, escreva todas as questões emocionais que estão se deteriorando. Vá fundo. Volte o mais longe que puder se lembrar e tire todos elas de sua cabeça e coloque-as no papel.

Em seguida, enrole o papel e acenda sua ponta na chama da vela. Coloque o papel em seu Caldeirão e deixe queimar. Enquanto observa queimar, diga:

Com a magia da segunda-feira, eu libero todas as questões emocionais indesejadas e indesejáveis. Eu as deixo ir embora.

Visualize as questões se dissolvendo. Quando se sentir pronto, apague a vela e diga:

Está feito.

Deixe as cinzas no Caldeirão.

Terça-Feira: Desafios

Coloque a segunda vela no Caldeirão e a acenda. Em um pedaço de papel, escreva todos os desafios que está enfrentando e cada obstáculo em seu caminho.

Em seguida, enrole o papel e acenda sua ponta na chama da vela. Coloque o papel em seu Caldeirão e deixe queimar. Enquanto observa queimar, diga:

Com a magia da terça-feira, enfrento meus desafios com coragem e determinação e removo todos os bloqueios que impedem meu caminho.

Visualize os problemas sendo resolvidos. Quando se sentir pronto, apague a vela e diga:

Está feito.

Deixe as cinzas no Caldeirão.

Quarta-Feira: Mudanças

Coloque a terceira vela no Caldeirão e acenda-a. Em um pedaço de papel, escreva todas as mudanças e transições que deseja fazer em sua vida para criar uma situação melhor.

Em seguida, enrole o papel e acenda sua ponta na chama da vela. Coloque o papel em seu Caldeirão e deixe queimar. Enquanto observa queimar, diga:

Com a magia da quarta-feira, lidarei confortavelmente com todas as mudanças e transições para criar um novo caminho.

Visualize os problemas sendo tratados. Quando se sentir pronto, apague a vela e diga:

Está feito.

Deixe as cinzas no Caldeirão.

Quinta-Feira: Cura

Coloque a quarta vela no Caldeirão e a acenda. Em um pedaço de papel, escreva qualquer problema de saúde que queira aliviar ou cicatrizes emocionais e mentais que precisam ser curadas.

Em seguida, enrole o papel e acenda sua ponta na chama da vela. Coloque o papel em seu Caldeirão e deixe queimar. Enquanto observa queimar, diga:

Com a magia da quinta-feira, eu me liberto de laços prejudiciais à saúde e sigo em frente, curado e completo.

Visualize a cura acontecendo. Quando se sentir pronto, apague a vela e diga:

Está feito.

Deixe as cinzas no Caldeirão.

Sexta-Feira: Relacionamentos

Coloque a quinta vela no Caldeirão e a acenda. Em um pedaço de papel, escreva todos os relacionamentos negativos ou prejudiciais à saúde que possa ter com amigos, colegas ou familiares com os quais deseja cortar os laços.

Em seguida, enrole o papel e acenda sua ponta na chama da vela. Coloque o papel em seu Caldeirão e deixe queimar. Enquanto observa queimar, diga:

Com a magia da sexta-feira, eu corto os laços com todos os relacionamentos tóxicos que não me servem mais, eu os deixo ir.

Visualize os laços sendo cortados. Quando se sentir pronto, apague a vela e diga:

Está feito.

Deixe as cinzas no Caldeirão.

Sábado: Limpeza

Coloque a sexta vela no Caldeirão e a acenda. Em um pedaço de papel, simplesmente escreva as palavras limpeza e purificação.

Em seguida, enrole o papel e acenda sua ponta na chama da vela. Coloque o papel em seu Caldeirão e deixe queimar. Enquanto observa queimar, diga:

Com a magia do sábado, eu limpo e purifico minha vida, meu espírito e minha alma de toda energia negativa que não me serve mais. Eu a libero.

Visualize a limpeza acontecendo. Quando se sentir pronto, apague a vela e diga:

Está feito.

Deixe as cinzas no Caldeirão.

Domingo: Realização

Coloque a última vela no Caldeirão e a acenda. Em um pedaço de papel, escreva todas as coisas boas e positivas com as quais gostaria que sua vida fosse preenchida.

Em seguida, enrole o papel e acenda sua ponta na chama da vela. Coloque o papel em seu Caldeirão e deixe queimar. Enquanto observa queimar, diga:

Com a magia do domingo, convido energia positiva, feliz e próspera para minha vida.

Visualize todas as coisas boas entrando em sua vida. Permita que essa última vela se apague completamente. Quando isso acontecer, diga:

Estou aberto para receber.

Agradeça à Deusa e diga:

Com meus agradecimentos à Deusa Sabrina. Expresso gratidão por sua energia purificadora de hoje. Bênçãos e adeus.

Agradeça aos elementos na ordem inversa.
Vire-se para o Norte e diga:

Agradeço ao Elemento Terra por sua presença aqui hoje. Adeus.

Vire-se para o Oeste e diga:

Agradeço ao Elemento Água por sua presença aqui hoje. Adeus.

Vire-se para o Sul e diga:

Agradeço ao Elemento Fogo por sua presença aqui hoje. Adeus.

Vire-se para o Leste e diga:

Agradeço ao Elemento Ar por sua presença aqui hoje. Adeus.

Feche o Círculo caminhando ou girando no local no sentido anti-horário. Visualize o Círculo se dissipando ao seu redor, acima e abaixo de você. Diga:

**Ao fechar este Círculo, que a energia da liberação permaneça.
O Círculo se fecha novamente por mais um dia.**

Coma e beba algo que ajude a estabilizar sua energia.

Pegue os seis tocos de vela restantes e jogue-os no lixo. As cinzas podem ser jogadas ao vento ou enterradas no solo.

Outras Formas de Comemorar o Mês

- Faça uma guirlanda de outono para a porta da frente usando folhas, bagas e sementes.
- Crie uma máscara usando uma base de cartão. Cole folhas de outono nela. Isso simboliza transformação e sacrifício.
- Faça uma boneca de milho com trigo ou caules de grama seca. Decore-a com fitas ou pedaços de tecido.
- Faça fatias de maçãs secas. Corte as maçãs em fatias finas, coloque-as em uma assadeira e asse em fogo baixo por algumas horas. Use-as em mágicas ou amarre as fatias de maçã secas para fazer uma coroa de flores.
- Experimente fazer picles, geleias ou conservas com a abundância de produtos que setembro proporciona.

CAPÍTULO DEZ

Outubro

Talvez este seja um dos meses mais populares no calendário Pagão. É em outubro que acontece o Festival de Samhain, o Ano Novo das Bruxas, época em que o véu entre os mundos é mais fino. Este mês é uma celebração, mas também um momento para refletir e lembrar daqueles que se foram antes de nós.

Outubro é o mês perfeito para qualquer tipo de adivinhação. Olhe para trás e veja o que você conquistou. O que funcionou? O que não funcionou? Faça os ajustes necessários. Limpe, libere e deixe ir.

Um nome anglo-saxão para outubro era *Winterfylleth*, um antigo nome inglês/anglo-saxão, que significava "enchimento de inverno", que se referia aos preparativos feitos para a chegada desta estação. Bede sugere que o nome seja traduzido como "Lua cheia de inverno", pois era a primeira Lua cheia antes do início do inverno.[95] Originalmente, outubro era o oitavo mês no calendário romano, por isso seu nome vem da palavra latina romana para oitavo, *octo*.[96]

O Que Há na Natureza e Onde Procurar

O outono chegou oficialmente. Haverá algumas flores silvestres de floração tardia e muitas bagas de cores vivas para descobrir. (Os bosques são lugares ideais nesta época do ano, repletos de uma paleta artística de folhas e frutos lindos e coloridos. Os fungos estão em seu elemento agora.

95. WalkingtheWyrd, *The Anglo Saxon Calendar*.

96. *Encyclopaedia Britannica*, "October," modificado em 31 de outubro de 2010, https://www.britannica.com/topic/October-month.

Bosques também podem nos trazer um vislumbre de veados lutando. Os jardins agora estão repletos de teias de aranha, prontas para pegá-lo quando você passar por elas.

Saia de casa e vivencie a natureza, seja no seu quintal, seja em um parque local, seja no campo. Pode até mesmo olhar pela janela. Se tiver uma noite clara, saia e contemple as estrelas. Quais formações você consegue ver? Se não estiver familiarizado com as constelações, há alguns aplicativos de telefone muito bons que podem ajudá-lo.

Feriados e Comemorações

Aqui estão algumas celebrações que acontecem durante o mês de outubro no Reino Unido, principalmente na Inglaterra, onde moro. Algumas dessas celebrações têm raízes Pagãs, outras são cristãs e algumas têm apenas significado local. Cada celebração desempenha um papel na energia do mês para mim e pode ser adaptada à minha própria prática para fins mágicos. Faça uma pesquisa em sua área local, condado, estado, país. Quais tradições deste mês ressoam melhor para você? Como adaptá-las ao seu próprio caminho?

Festival da Colheita do Pearly King

O *Pearly Kings and Queens* é uma fabulosa tradição londrina que remonta ao final do século 19. Os Pearlies usam os trajes mais incríveis, todos decorados com botões de pérolas. Seu grupo tem uma monarquia *Pearly* oficial, que é herdada por linhagem familiar. O grupo realiza vários eventos, sendo um deles o Festival da Colheita no primeiro domingo de outubro, realizado na Trafalgar Square, em Londres. Eles realizam uma grande quantidade de trabalho voluntário de caridade.

Atividade

Os botões têm sua própria magia – não apenas os antigos ou antiquados, que têm uma história, mas também os novos. Os botões unem as coisas, seguram, juntam e prendem, de modo que podem ser usados para todos os usos mágicos simpáticos. Encontre alguns botões sobressalentes e veja quais propriedades mágicas você pode obter deles. Pergunte a si mesmo como pode usá-los em seus feitiços.

Dia da Amora-preta do Diabo

Essa deve ser uma das minhas histórias folclóricas favoritas. Quando chega o dia 10 de outubro, você não deve mais colher amoras, pois nesse dia o diabo cospe nelas, tornando-as venenosas. Isso, na verdade, está de acordo com a temporada de amoras, já que, a essa altura, elas geralmente já não estão em sua melhor forma. Essa tradição provavelmente foi inspirada sobre a história contada de que, quando São Miguel expulsou o demônio do céu, ele teria caído em um arbusto de amoras. Tudo isso aconteceu na antiga data do Dia de São Miguel, que era 10 de outubro, antes da mudança dos calendários.[97]

Atividade

Se houver amoras perto de você, faça sua última colheita em 9 de outubro. Elas podem ser congeladas ou transformadas em geleias e compotas. Eu também gosto de colher algumas folhas de amora; elas podem ser secas e usadas em trabalhos mágicos.

Noite do Punkie

A última quinta-feira de outubro é a *Punkie Night* em uma pequena parte de Somerset, Inglaterra. Ela tem origem em uma história de homens locais que iam a uma feira e ficavam bêbados – tão bêbados que não conseguiam encontrar o caminho de casa. As esposas saíram em busca de seus maridos rebeldes, carregando lanternas *punkie* com elas. O *punkie* era feito de uma beterraba forrageira, que é possivelmente o vegetal com o melhor nome de todos os tempos. Na realidade, é apenas uma beterraba do campo.

Agora, nos dias que antecedem a Punkie Night, as crianças esculpem beterrabas ou abóboras em desenhos elaborados. Se estiverem esculpindo uma beterraba, uma fina camada da pele é deixada para trás; as beterrabas não são retiradas como uma abóbora. Originalmente, as crianças carregavam suas lanternas de abóbora pelo vilarejo e pediam velas de presente. Nos tempos mais modernos, elas esperam receber pequenas quantias de dinheiro.[98]

Atividade

Se estiver se sentindo extremamente forte e dedicado, você pode tentar esculpir uma beterraba ou um nabo. Acredite em mim, não é uma tarefa fácil. Caso contrário, uma abóbora serve.

---

97. PixyledPublications, Custom Demised.
98. "Punkie Night."

Samhain

O Samhain ocorre em 31 de outubro (1º de maio no Hemisfério Sul). Samhain significa "fim do verão", e isso resume tudo.[99] Estamos em pleno outono. As tardes se aproximam e as noites são frias. Todas as folhas das árvores vestem suas cores de outono. Essa época do ano é para homenagear aqueles que se foram antes de nós. O véu entre os mundos é fino nessa época e a porta de entrada para o mundo espiritual se abre para que façamos uma conexão. O Samhain também é considerado o Ano Novo para as Bruxas.

Atividade

Celebre seus antepassados e aqueles que passaram para além do véu. Entre em seu interior e desfrute de um momento silencioso no tempo. Se você trabalha com o Samhain como o Ano Novo, faça uma retrospectiva dos meses anteriores para ver o que funcionou e o que não funcionou. Deixe de lado o que não lhe serve mais e siga em frente com novos planos.

Dia das Bruxas

O *Halloween* é uma tradição moderna, embora tenha as raízes Pagãs do Samhain. A noite de 31 de outubro traz os "doces ou travessuras", crianças vestidas com fantasias que batem à sua porta pedindo doces em troca de não o enganar – ou, na maioria dos casos, para não jogarem ovos ou papel higiênico na sua casa! A tradição parece ser mais popular nos Estados Unidos, mas se espalhou para outros países. Os primórdios da tradição moderna são nebulosos, mas parece que ela é comemorada nos Estados Unidos há mais de um século.[100] Não me lembro das comemorações do *Halloween* quando eu era criança; parece que ele só se tornou popular na Inglaterra nos últimos trinta anos, mais ou menos.

Atividade

O *Halloween*, para nós, Bruxos, é uma boa desculpa para nos vestirmos bem (não que precisemos de uma) e comemorarmos com todo o gosto. Participe da diversão e distribua doces e guloseimas para as crianças locais.

---

99. Lang, *What Is Samhain?*

100. History.com Editors, *Halloween 2021*.

Tradições

Outubro tem uma energia especial que o liga ao Outromundo e àqueles que passaram antes de nós. Tem também uma forte energia de colheita. Aqui estão algumas tradições de outubro que você talvez queira experimentar. A do pudim é obrigatória, no meu ponto de vista!

Época do Pudim

Eu não poderia perder essa data! Tradicionalmente, o dia 1º de outubro anunciava o início da temporada de pudins na Inglaterra. Não parece haver nenhuma documentação oficial sobre isso, mas essa época do ano era perfeita para fazer pudins. Era o fim da colheita, portanto, a carne precisava ser preservada para manter nossos ancestrais durante o inverno frio que se aproximava. Originalmente, o pudim era mais saboroso do que doce. Acredita-se que a palavra "pudim" deriva do francês *boudin* ou do latim *botellus*, e seu significado original era o de uma "entranha recheada ou salsicha".[101] Com o tempo, o conteúdo de carne foi acrescido de recheios como sebo e farinha. Isso criou o "pudim de sebo", que agora pode ser consumido em uma versão salgada ou doce.

Atividade

Faça um pudim! Talvez seja melhor optar por algo doce, como pudim de esponja de melaço ou rocambole de geleia, em vez de entranhas recheadas.

Pudim Esponjoso com Calda

Este é um antigo favorito da família e evita as tradicionais horas de cozimento a vapor, cozinhando-o no micro-ondas.

Você vai precisar de:

- 1 colher de chá de fermento em pó
- 2 a 4 colheres de sopa de leite
- 2 ovos
- 6 colheres de sopa de xarope dourado *(ver receita na nota de rodapé da página 130)*, xarope de milho light, xarope de bordo ou geleia
- 125 g de açúcar
- 125 g de manteiga derretida
- 150 g de farinha de trigo comum para todos os fins

101. *Online Etymology Dictionary*, "Pudding (n.)," acesso em 21 de março de 2022, https://www.etymonline.com/word/pudding.

Unte uma forma de 1,2 litro com manteiga. Bata o açúcar e a manteiga até obter um creme claro e fofo. Acrescente a farinha, o fermento em pó e os ovos. Coloque o leite, um pouco de cada vez, até obter uma consistência homogênea. Despeje a massa na tigela, preparada com uma colher. Cubra com filme plástico e leve ao micro-ondas na potência máxima por 4 a 6 minutos, até que a massa comece a se afastar da lateral da tigela e fique elástica ao toque.

Deixe descansar por alguns minutos antes de desenformar. Aqueça a calda por alguns segundos no micro-ondas e despeje sobre a cobertura.

Sirva quente com creme de leite.

A Caçada Selvagem

O folclore da Caçada Selvagem conta que um grupo de figuras espectrais saiu em uma caçada, sugerindo que eles estavam coletando almas dos mortos para levá-las ao Submundo. Os guerreiros montavam em cavalos e eram seguidos por matilhas de cães enquanto cavalgavam pela terra. Algumas histórias contam que qualquer pessoa encontrada do lado de fora seria arrastada pela caçada e deixada a quilômetros de distância. A história foi registrada na *Crônica Anglo-Saxônica*, em 1127. Ela descreve um grupo de vinte ou trinta caçadores "em pleno grito" montados em cavalos negros com cães de caça negros como breu que olhavam com "olhos horríveis".[102] Os monges próximos ouviram o som dos caçadores e suas trompas de caça. Uma história semelhante é contada em toda a Europa. A Caçada Selvagem é frequentemente associada a tempestades de inverno ou à mudança das estações; alguns a associam ao Samhain, como eu fiz.

Atividade

Leia as várias histórias e mitos sobre a Caçada Selvagem. Certamente é uma leitura fascinante! Se preferir, você pode trabalhar com a energia do cão ou do cavalo.

Se sua região tiver tempestades neste mês, sente-se e observe-as. Sinta a energia e veja se você consegue captar a vibração da Caçada Selvagem.

---

102. McCoy, *The Wild Hunt.*

Ceia Silenciosa

A tradição de realizar uma ceia silenciosa celebra e homenageia aqueles que se foram antes de você. A ideia é realizar um jantar em completo silêncio – não de uma forma infeliz, mas como sinal de respeito. Peça aos convidados que tragam um bilhete pessoal, endereçado aos amigos ou parentes que já faleceram. Coloque sua mesa de jantar para cada convidado, mas deixe um espaço vazio. Esse espaço vazio é para o espírito. Coloque uma vela para representar o falecido nesse espaço vazio.

Quando cada convidado entrar na sala, ele deve parar no local vazio e dedicar um momento para honrar os mortos. Em seguida, todos podem se sentar e comer a refeição; uma porção também deve ser deixada no local vazio.

Assim que a refeição terminar, cada convidado deve pegar seu bilhete. Um de cada vez, os convidados acendem o bilhete na chama da vela do ambiente vazio e o colocam em um prato à prova de fogo.

Depois que todos tiverem passado por sua vez, é hora de sair da sala. Ao sair, cada convidado deve parar por um momento no prato vazio para demonstrar seu respeito.

A vela pode ser deixada para queimar com segurança ou ser apagada. Gosto de fazer uma pequena bênção de agradecimento sobre os restos da vela em homenagem ao falecido. Em seguida, ela pode ser descartada no lixo.

Atividade

Realize uma ceia silenciosa o mais próximo possível da data do Samhain.

Guirlandas de Donzelas

As mulheres solteiras que haviam falecido tinham guirlandas especiais de flores brancas, tiras de tecido e fitas para seus funerais. As guirlandas eram feitas por amigos e levadas no cortejo fúnebre da mulher, depois eram penduradas na igreja até se desintegrarem. A igreja de St. Mary, em Yorkshire, tem uma guirlanda que data de 1680. Shakespeare menciona o uso de guirlandas de donzelas em sua peça *Hamlet*.[103]

Atividade

Crie uma guirlanda de flores e fitas para homenagear as pessoas que já se foram. Trabalhe com a energia da Deusa Donzela.

---

103. Allen, *Ophelia's Maiden Strewments in an English Church.*

Magia e Conhecimento da Lua

A Lua de cada mês tem muitos nomes ao redor do mundo, geralmente relacionados ao clima ou à terra. Aqui estão alguns dos meus nomes favoritos para a Lua deste mês. A Lua de outubro era chamada de *Hunter's Moon* (Lua do Caçador), porque outubro representava uma época de caça e armazenamento de provisões para os meses frios de inverno. Ela também é chamada de *Falling Leaf Moon* (Lua das Folhas Caídas), que é, obviamente, porque as folhas estão caindo das árvores. Na Inglaterra medieval, a Lua de outubro era chamada de "Lua de Sangue". Os antigos celtas chamavam a Lua de outubro de *Harvest Moon* (Lua da Colheita).[104]

Dê um Nome à sua Lua

Que nome você daria à Lua de outubro? Dê uma olhada na sua paisagem no dia da Lua cheia de outubro e veja o que a natureza lhe inspira. Como o clima está se comportando? O que está crescendo no seu jardim? O que está crescendo na natureza? Qual é a aparência da paisagem atual?

Magia da Lua

Cada mês tem a sua própria energia mágica especial. Você pode usar essa magia para aumentar o poder de seu feitiço. Embora possa trabalhar com qualquer intenção a qualquer momento, acho que associar a energia de um mês específico à fase da Lua, ajuda a aumentar o seu poder. Aqui estão minhas sugestões de magia para trabalhar neste mês:

- **Lua nova:** mudança, transformação, transição, novos projetos, equilíbrio, ambição, justiça.
- **Lua crescente:** mudança, transformação, transição, visualização, equilíbrio, justiça, ambição, harmonia.
- **Lua cheia:** vidas passadas, projeção astral, trabalho espiritual, proteção, mudança, transformação, magia sexual, visualização, trabalho psíquico, manifestação, honrar seus ancestrais, equilíbrio, justiça, adivinhação.
- **Lua minguante:** remoção de obstáculos, mudança, banimento, descruzamento, limpeza, introspecção, reflexão.

---

104. Nugent, *Full Moon Names.*

ATIVIDADE

Há muitas opções disponíveis para trabalhar com a magia da Lua! Você pode fazer um feitiço concentrando-se apenas na energia do mês ou reduzi-lo para se concentrar em uma das fases da Lua. Pode também fazer um feitiço diferente em cada uma das fases lunares. Se tiver uma intenção em mente, poderá iniciar o feitiço na Lua nova e aumentar seu poder adicionando-o a cada uma das outras fases da Lua.

Gosto de criar Água de Lua para cada mês. A Água de Lua é simples de fazer; tudo o que precisa é de um frasco limpo com tampa e um pouco de água. Você pode usar água de nascente ou natural; eu uso água da torneira mesmo, mas primeiro eu a fervo para destilá-la. Encha o frasco com água e coloque-o em um local seguro ao ar livre sob a Lua cheia. Outra opção é colocá-lo dentro de casa, no parapeito de uma janela, para que a Lua reflita na superfície da água. Se estiver colocando o frasco do lado de fora, é mais seguro colocar a tampa para que os insetos não pousem nele, mas dentro de casa a tampa pode não ser necessária. Você pode fazer isso para cada uma das fases da Lua, criando um conjunto completo de Água de Lua que pode ser usado para fins mágicos. A Água de Lua é útil para ungir a si mesmo, seu altar, suas ferramentas mágicas, seus cristais e para limpar todos os itens mágicos citados. Pode ser adicionada a Garrafas de Bruxa, borrifada em torno de limites e também para criar um espaço sagrado. Gosto de colocar uma vela de chá em cima do frasco de água e usá-la para fazer feitiços. Não se esqueça de etiquetar o frasco cuidadosamente com a data e a fase da Lua.

Feitiço para Honrar seus Antepassados

Outubro é a época perfeita para homenagear aqueles que nos antecederam. Você pode montar um altar de antepassados ou simplesmente fazer um feitiço simples com velas, como o que apresentei aqui. Eu tenho um altar de antepassados com fotografias de meus avós e bisavós. E também com um broche que pertenceu à minha avó e um distintivo da RAF do meu tio-avô. Tudo isso contribui para a energia do altar.

Este feitiço de vela se baseia na energia dos ancestrais do gerânio para vestir a vela. Você pode usar o espírito do morcego ou do corvo para ajudar a formar a conexão, se desejar.

Você vai precisar de:

- 1 vela de feitiço (eu gosto de usar uma vela preta, mas use a cor que melhor o conecta ao Outromundo)
- Castiçal
- Fósforos ou isqueiro
- Imagem de morcego ou corvo (opcional)

Óleo Essencial de Gerânio

Se estiver usando uma imagem de corvo ou de morcego, coloque-a em um suporte para que possa vê-la. Coloque a vela à sua frente e mergulhe o dedo no óleo essencial de gerânio. Esfregue o óleo da parte superior da vela até a parte inferior, em toda a volta. Enquanto estiver preparando a vela, você pode dizer:

Essência de gerânio, espírito de corvo/morcego, honro meus ancestrais, aqueles que vieram antes de mim. Peço que, se eles tiverem alguma mensagem, por favor, revele-a para mim.

Acenda a vela. Reserve algum tempo para se acalmar. Foque em sua respiração, inspirando e expirando profundamente. Concentre-se na vela. Observe a chama enquanto ela se acende. Se tiver alguma pergunta para seus antepassados ou quiser se conectar com alguém em particular, agora é o momento de perguntar.

Observe, ouça, concentre-se e espere. Permita que a vela se apague. Esperamos que você tenha recebido uma mensagem, um símbolo ou algum insight. Caso contrário, confie que uma mensagem poderá vir em seus sonhos ou observe os sinais durante o seu dia.

Qualquer toco de vela pode ser jogado no lixo.

Animais

Certos animais são facilmente associados ao mês de outubro. Alguns são mais ativos e visíveis neste período. Compartilhei aqui alguns animais que têm uma energia que se alinha à magia de outubro.

Escorpião

A vida de um escorpião é solitária por escolha própria, pontuada por breves e intensos períodos de paixão. Repleto de magia solar, o escorpião pode ajudar nas transições e na proteção. O signo astrológico de outubro é Escorpião.

Morcego

Criaturas maravilhosamente misteriosas e altamente sensíveis. O morcego pode ajudá-lo a aumentar sua intuição. Eles adoram ser sociáveis e podem ajudá-lo a lidar com mudanças e desafios de todos os tipos. Não consigo pensar em um animal que esteja mais associado a outubro do que o morcego. Use seus poderes de intuição para adivinhação e trabalho com os ancestrais.

Corvo

Um animal poderoso para se trabalhar, cheio de conhecimento, sabedoria e magia. Os corvos podem ajudar a desenvolver sua intuição e confiança e ainda ajudá-lo a lidar com mudanças, o passado, o presente e o futuro. O corvo é o animal perfeito para trabalhar com a magia de outubro e dos ancestrais.

Cristais e Pedras

Cada cristal tem uma energia única e individual. Ao nos conectarmos com eles, podemos descobrir com que tipo de magia podemos trabalhar. Aqui estão algumas sugestões de cristais relacionados a outubro.

Opala

A opala é a pedra de nascimento do mês de outubro. Uma pedra emocional, que pode realçar ou ampliar as emoções, mas também traz liberdade e independência. A opala pode ajudar a eliminar bloqueios e liberar sentimentos negativos. Ela tem uma forte conexão com sua consciência, habilidades psíquicas e caminho espiritual.

Turmalina

A turmalina pode ajudá-lo a liberar e a soltar energias, padrões de pensamento e emoções negativas. Ela também pode ajudar a guiá-lo e apoiá-lo à medida que você retorna ao caminho certo. A turmalina traz uma energia calmante e de equilíbrio que ajuda na transformação. Trabalhe com a turmalina para obter conexões espirituais e viagens astrais.

Fluorita

A fluorita pode ajudar a canalizar e ampliar sua conexão espiritual. Ela também absorve a energia negativa do ambiente ao seu redor. Se você trabalhar com fluorita e outros cristais ao mesmo tempo, ela ajudará a concentrar e a direcionar o fluxo de energia dos outros cristais. Trabalhe com a fluorita para todos os tipos de magia: proteção psíquica, superação de desafios, busca de apoio, quebra de padrões, aprimoramento da intuição, contato com a espiritualidade, tomada de decisões e manifestação.

Magia das Plantas

A esta altura do ano, o jardim está começando a diminuir, mas agora estará repleto de belas sementes e bagas. Há muitas para você coletar para uso mágico, mas lembre-se de deixar algumas para os pássaros e a vida selvagem se banquetearem. Mantenha um registro de todas as plantas que encontrar enquanto estiver fora de casa. Tire fotos ou faça esboços de cada uma delas. Faça um álbum de recortes ou um caderno de referência.

Como Trabalhar com Plantas para Uso Mágico

Quando estiver na natureza ou em seu jardim, sente-se com uma planta ou com uma árvore enquanto ela cresce. Estabeleça uma conexão com o espírito da planta e pergunte que orientação ela tem para você. Colete folhas, flores e sementes caídas e seque-as. Utilize as sementes secas em trabalhos mágicos, como bolsas de feitiços, velas, Garrafas de Bruxa e feitiços de todos os tipos.

Observe seu jardim e sua área local. O que você vê florescendo agora? Fique de olho também nas vagens, folhas e bagas decorativas. Depois de identificá-las, descubra quais propriedades mágicas elas têm.

Gerânio (Geraniaceæ spp.)

Essa planta é conhecida como *cranesbill* e gerânio selvagem. São lindas flores de cinco pétalas, que eu comparo ao Pentagrama, podendo ser rosa, branca, roxa ou azul. Elas são chamadas de *cranesbill* por causa da cápsula da flor, que se parece um pouco com o bico de um grou. Use as flores e folhas frescas ou secas para fazer magia.

Atividade

Trabalhe com *cranesbill* para fertilidade e amor. As brancas funcionam melhor para a fertilidade, e as vermelhas e rosa são boas opções para o amor. Acrescente *cranesbill* em seus trabalhos para ajudar a aumentar sua confiança.

Corniso (Cornus spp.)

Também conhecida como *dogwood*, sempre acho que esse é um nome engraçado para uma planta, mas ela ganha vida no outono e no inverno com uma bela casca colorida. Talvez seja essa a origem do nome – sua casca! Use as folhas e a casca frescas ou secas para fazer magia.

Atividade

A *dogwood* traz a energia mágica do cão, por isso é fiel, leal e protetora. Use-a em trabalhos mágicos para qualquer um desses propósitos.

Hibisco (Hibiscus sabdariffa)

O hibisco é uma flor linda que sempre me faz pensar em férias tropicais, sol, areia e praias... Provavelmente porque esse é o clima que ela prefere. As flores, sementes e folhas são frequentemente usadas para fins medicinais ou culinários.

Atividade

Use as sépalas de flores secas em magias para limpar e desobstruir, liberar bloqueios e dar um impulso de energia. O hibisco traz uma grande dose de magia de amor e luxúria, portanto, use-o com moderação! Ele também pode trazer o poder da calma.

Incensos e Óleos

Traga a energia mágica das plantas do mês criando seu próprio incenso ou mistura de óleos para usar em trabalhos mágicos, banhos rituais ou unções. Aqui estão os meus favoritos para este mês, mas experimente criar o seu próprio.

Mistura de Incenso para Trabalho Espiritual

Partes iguais de casca de *dogwood* seca, resina de incenso e pedaços de maçã seca.

Mistura de Óleos para o Trabalho com os Ancestrais

- 10 gotas de óleo essencial de gerânio
- 10 gotas de óleo essencial de mirra
- 10 ml de azeite de oliva

Alimentos Mágicos

Viva a temporada de abóboras de todos os tipos, assim como de uma série de outros vegetais e frutas. Esta é realmente uma estação de abundância. Quer você os coma, quer os use em magia, todos os ingredientes têm propriedades mágicas.

Como Trabalhar com Alimentos para Uso Mágico

Você pode adicionar os ingredientes às suas receitas ou comer os alimentos para absorver suas propriedades mágicas. Alguns ingredientes podem ser usados nos trabalhos com feitiços. Coloque o alimento em seu altar ou use folhas secas, flores ou sementes em seus trabalhos mágicos. O suco pode ser usado para beber ou para ungir, ou pode ser adicionado a Garrafas de Bruxa. Alguns produtos podem ser fatiados e secos; essas são excelentes opções para uso em trabalhos mágicos.

Milho

O milho é realmente mágico. Ele pode ser encontrado em várias formas, desde o amido de milho até o fubá, a pipoca e a espiga de milho doce. Trabalhe com o milho para obter fertilidade, sorte, abundância e prosperidade. O fubá e o amido de milho funcionam bem para desenhar sigilos ou símbolos no chão. Qualquer um dos tipos de milho pode ser usado como oferenda para agradecer.

Alho

O alho é provavelmente mais conhecido por suas propriedades protetoras, mas é um bom ingrediente mágico para muitos propósitos. Gosto de usar a casca de papel do bulbo de alho em trabalhos mágicos e guardo os bulbos para comer. O sal de alho também é um bom ingrediente, pois combina as propriedades do alho e do sal. Trabalhe com o alho para obter coragem, força, luxúria, cura e proteção. Também pode ajudar a aliviar a depressão e é útil na magia para quebrar feitiços.

Abóbora

Eu não poderia me esquecer de incluir a abóbora em outubro, não é mesmo? Depois de esvaziar a abóbora para esculpir, guarde as sementes para a magia da prosperidade. Asse a polpa da abóbora para trazer abundância e poder de cura. A abóbora também tem fortes conexões com a magia da Bruxa.

Noz-moscada

Uma noz-moscada inteira é um amuleto de boa sorte perfeito para levar com você. A noz-moscada traz a magia da proteção, mas também ajuda na fidelidade em qualquer relacionamento. Trabalhe com a noz-moscada para obter magia de dinheiro.

Receita de Muffins de Aveia com Amora

As amoras e a aveia são perfeitas para esta época do ano e formam um delicioso muffin. Você pode substituir as amoras nesta receita por outro tipo de fruta, se desejar; framboesas e mirtilos funcionam bem, assim como maçãs e peras.

Observação: é possível usar amoras congeladas nesta receita; basta deixá-las descongelar e drenar o excesso de umidade antes de usar.

- ½ colher de chá de bicarbonato de sódio
- 1 colher de chá de extrato de baunilha
- 1 colher de chá de fermento em pó
- 1 colher de chá de mistura de especiarias para abóbora (ou uma mistura de canela, gengibre e noz-moscada)
- 1 ovo
- 50 ml de óleo vegetal
- 100 g de açúcar mascavo claro
- 100 g de aveia não cozida
- 150 g de farinha de trigo comum
- 210 g de amoras frescas, cortadas ao meio
- 225 ml de leitelho
- Uma pitada de sal

Preaqueça o forno a 200°C. Pulverize ou unte uma forma de muffin com 12 furos.

Em uma tigela grande, misture a aveia e o leitelho. Deixe de molho por 15 minutos. Em uma tigela separada, misture a farinha, o sal, o bicarbonato de sódio, o fermento em pó e as especiarias. Reserve.

Depois que a mistura de aveia ficar de molho por 15 minutos, adicione o óleo, o ovo, o açúcar mascavo e a baunilha. Mexa.

Agora, adicione a tigela de ingredientes secos à tigela grande. Misture até ficar homogêneo – não misture demais.

Acrescente as amoras. Coloque a massa na forma de muffin preparada com uma colher. Asse por 20 minutos ou até dourar.

A Magia do Chá

Criar sua própria mistura de chá de ervas é uma maneira divertida de reunir a energia do mundo vegetal para corresponder ao mês. Apresento aqui a minha receita favorita, mas incentivo você a fazer experiências com os ingredientes de seu próprio armário de ervas e especiarias. Se você gosta de uma bebida mais doce, pode adicionar uma colher de chá de mel ou xarope de bordo.

Mistura de Chá de Ervas para Proteção

Pegue um pedaço de canela em pau, três cravos-da-índia, um pedaço de 2,5 cm de raiz de gengibre fatiada e uma pitada de noz-moscada ralada. Deixe em infusão em água quente ou leite.

Para aumentar a magia, adicione ½ colher de chá de amoras silvestres liofilizadas ou 3 frescas.

Preparando um Altar

Gosto de decorar meu altar de acordo com as estações do ano. Com frequência, adiciono itens que representam cada mês. Se você já tem um altar ou gostaria de montar um, aqui estão algumas ideias para começar. Comece limpando o espaço; talvez você queira limpá-lo primeiro com fumaça de incenso ou Água de Lua. Colocar uma toalha de altar significa que você pode adicionar um pouco de magia colorida e uma sensação das energias da estação. O resto é inteiramente com você; confie na sua intuição e deixe-se guiar pelo que sente que precisa estar no altar. Talvez você acabe adicionando mais coisas ao seu altar nos próximos dias ou semanas. Fique atento a folhas caídas, galhos, flores e seixos que possam querer entrar em seu altar. Adoro ter um pequeno vaso no meu altar e trago flores frescas, folhagens do jardim ou flores silvestres encontradas em minhas caminhadas. Você também pode acrescentar alguns dos itens a seguir:

- **Produtos da estação:** recomendo incluir abóboras, maçãs e outros produtos.
- **Caveiras:** não de verdade, obviamente. As lojas oferecem todos os tipos de caveiras maravilhosas e decorativas nessa época do ano.
- **Magia das cores:** inclua velas e tecidos em tons de preto, vermelho e laranja.

- **Vegetação:** saia de casa e colete algumas folhas de outono para decorar seu altar.
- **Teias de aranha:** as falsas são mais fáceis de trabalhar!
- **Coisas assustadoras:** visite uma loja local e dê uma olhada na decoração de *Halloween*. Decore seu altar com estátuas de gatos pretos, fantasmas ou esqueletos.
- **Escorpiões, morcegos e corvos:** encontre uma maneira de incluir representações dos animais deste mês em seu altar. Isso deve ser fácil, pois os morcegos fazem parte da maioria das decorações nessa época do ano.

Meditação

Leia o roteiro de meditação a seguir e familiarize-se com o conteúdo antes de começar. Como alternativa, pode gravar a leitura da meditação em seu telefone ou laptop e reproduzi-la, ou pode pedir a alguém que a leia para você.

Fique à vontade em um local silencioso onde não será incomodado. Feche os olhos e concentre-se em sua respiração, inspirando e expirando profundamente.

> *À medida que o mundo ao seu redor se dissipa, você se vê do lado de fora de um grande portão de madeira, inserido em um antigo muro de pedra. O céu acima de você é azul com algumas nuvens espalhadas. O Sol está brilhando, mas o ar está fresco e o cheiro de outono está na brisa.*
>
> *Você estende a mão para tocar o portão de madeira, ele se abre lentamente. Ao atravessá-lo, você é recebido por uma vasta horta que se estende à sua frente. Você começa a seguir o caminho que o leva ao redor do jardim. Canteiros cheios de plantas e flores são entrecortados por antigos caminhos de tijolos. Você percebe que o caminho está salpicado de folhas caídas em tons de laranja e vermelho. As árvores estão espalhadas pelo jardim, com suas folhas assumindo as cores do outono.*
>
> *Cada canteiro do jardim está repleto de vegetação e folhas longas e exuberantes de todos os tipos. Algumas das plantas estão florescendo em tons de laranja, amarelo e rosa. Vários dos canteiros elevados estão cheios de plantas com enormes folhas verdes e caules rasteiros; por baixo deles, há grandes abóboras alaranjadas.*

As abelhas zumbem ao redor, parando em cada flor. Os pássaros estão voando pelo jardim, mergulhando e voando enquanto cantam belas canções. Inspire o aroma das flores.

Ao percorrer o caminho, observe cada planta. Se você se sentir atraído por alguma em particular, pare e faça uma conexão. O espírito da planta pode ter uma mensagem para você.

No outro lado do jardim há um banco de madeira, vá até lá e sente-se, sinta-se confortável.

Observe e ouça. Você pode ser saudado por um espírito, uma Divindade ou um guia espiritual animal. Esteja aberto a quem ou ao que quer que seja que encontre o caminho até você. Cumprimente-os e faça perguntas. Ouça suas respostas e fique atento a possíveis mensagens. Eles podem até deixar um presente que tenha significado para você.

Não tenha pressa...

Quando estiver pronto, agradeça por todas as visitas ou mensagens.

Levante-se e retorne ao jardim, ainda observando e ouvindo enquanto caminha. Siga o caminho que o leva de volta ao ponto de partida.

Quando chegar ao portão de madeira na parede, vire-se e dê uma última olhada no jardim. Em seguida, passe por ele.

Abra os olhos lenta e gentilmente e volte para esta realidade. Anote todas as mensagens ou detalhes em seu diário.

Divindades

Vou apresentar aqui duas Divindades com as quais trabalho no mês de outubro. Andred entra em cena com magia de guerreiro para ajudar a nos guiar nos dias mais sombrios. Borvo traz equilíbrio e magia de cura para nos ajudar a nos interiorizarmos. Essas são apenas minhas sugestões; faça suas escolhas em seu próprio caminho. Confie em sua intuição sobre qual Divindade o atrai.

Andred

Andred é uma Deusa romano-céltica e britânica. Este era seu nome originalmente, mas foi romanizado para Andraste.[105] Uma Deusa da Lua e da mãe, que traz fertilidade e amor, mas também tem um lado sombrio que carrega sua energia guerreira.

105. "Andraste–The Warrior Goddess."

Borvo

Borvo é um Deus celta da cura e das águas curativas. Traços dele podem ser encontrados em toda a Europa. Particularmente associado a todas as áreas que possuem águas termais.

Ritual para Proteção

Outubro é um mês para se conectar com seus antepassados, mas eu também gosto de usar essa energia para trazer alguma proteção. Seja pessoal, psíquica ou relacionada à sua casa, família ou carro, você pode proteger praticamente qualquer coisa. Este feitiço trabalha com os poderes dos elementos para criar potes guardiões. Esses frascos podem ser colocados nos quatro pontos da bússola de sua casa para gerar proteção.

Se desejar, você pode recorrer à energia de seus antepassados para ajudar a trazer proteção ou pode trabalhar apenas com os elementos e/ou a Divindade. Escolha o que funciona para você.

Invoquei a energia de Andred para este ritual, embora você possa deixar de lado a parte da Divindade ou invocar um Deus ou Deusa diferente, se preferir.

Você vai precisar de:

- 1 caneta, marcador permanente ou tinta
- 1 concha
- 1 correspondência
- 1 pedaço de seixo
- 1 pena
- 4 potes pequenos com tampa
- Ervas e especiarias para representar os quatro elementos; sugiro uma destas ervas ou uma mistura delas:
    - *Terra:* cipreste, corniso, equinácea, grama, artemísia, patchouli, banana-da-terra, valeriana, verbena, teixo
    - *Ar:* faia, cominho, dente-de-leão, eucalipto, avelã, lavanda, manjerona, hortelã, salsa, pinho, sálvia, anis-estrelado
    - *Fogo:* manjericão, louro, pimenta-preta, cedro, crisântemo, canela, cravo, copal, sangue de dragão, alho, alecrim, tabaco
    - *Água:* bétula, sabugueiro, hera, jasmim, erva-cidreira, carvalho, mirra, papoula, rosa, sândalo, atanásia, tomilho, salgueiro, milefólio

Comece lançando o Círculo, criando um limite para conter a energia da magia e mantendo-o protegido de influências externas. Você pode percorrer o círculo no sentido horário, se tiver espaço, ou simplesmente dar a volta no local. Se puder, é uma boa ideia espalhar pétalas de flores ou ervas secas para formar um Círculo Sagrado físico. Caso contrário, basta visualizar uma luz branca brilhante formando um círculo de proteção. Depois de percorrer o círculo, lembre-se de visualizá-lo tornando-se uma esfera, estendendo-se abaixo de seus pés e acima de sua cabeça.

Ao lançar o Círculo, diga:

Eu lanço este círculo ao redor para manter a energia indesejada fora. Vou girando e girando o círculo, formando uma esfera de proteção acima e abaixo.

Invoque os elementos, voltando-se para cada direção. Ao invocá-los, visualize a força física que cada um traz. Sinta uma brisa em sua pele para o Ar, o calor da chama para o Fogo, a chuva fria para a Água e o solo sob seus pés para a Terra. Comece no Leste e siga seu caminho no sentido horário. Diga:

Convoco o Elemento Ar para emprestar sua energia de intelecto e percepção ao ritual de hoje. Eu lhe dou as boas-vindas.

Convoco o Elemento Fogo para emprestar sua energia de paixão e criatividade ao ritual de hoje. Eu lhe dou as boas-vindas.

Convoco o Elemento Água para emprestar sua energia de intuição e emoção ao rito de hoje. Eu lhe dou as boas-vindas.

Convoco o Elemento Terra para emprestar sua energia de aterramento e estabilidade ao rito de hoje. Eu lhe dou as boas-vindas.

Volte-se para o centro ou para o altar e abra bem os braços para receber a Deusa. Diga:

Invoco a Deusa Andred e peço que traga a energia de proteção para este ritual. Eu lhe dou as boas-vindas.

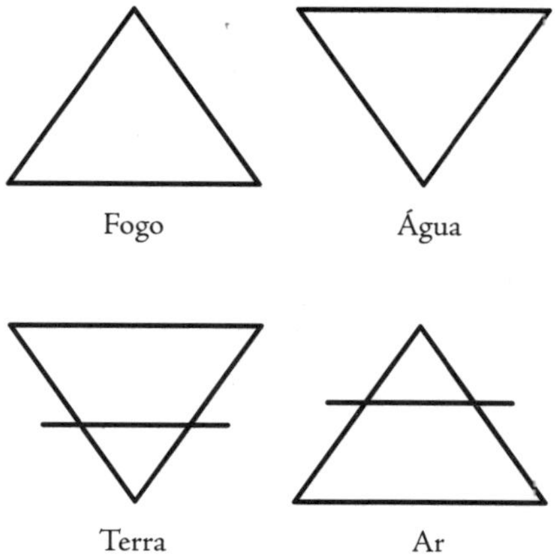

Símbolos Elementais Triangulares

Pegue o primeiro pote. Desenhe o símbolo elemental da Terra na tampa. Coloque uma pedrinha e uma pitada da(s) erva(s) escolhida(s) no frasco e diga:

Energia da Terra, direção do Norte
Traga estabilidade, prosperidade e proteção para minha casa.
Faça isso!

Feche a tampa.

Pegue o próximo frasco. Desenhe o símbolo elemental do Ar na tampa. Coloque uma pena e uma pitada da(s) erva(s) escolhida(s) no frasco e diga:

Energia do Ar, direção do Leste
Traga uma brisa fresca de felicidade, sabedoria
e proteção para minha casa.
Faça isso!

Feche a tampa.

Pegue o terceiro frasco. Desenhe o símbolo elemental do Fogo na tampa. Coloque um fósforo e uma pitada da(s) erva(s) escolhida(s) no frasco e diga:

Energia do Fogo, direção do Sul
Traga paixão, amor e proteção para minha casa.
Faça isso!

Feche a tampa.

Pegue o quarto e último frasco. Desenhe o símbolo elemental da Água na tampa. Coloque a concha e uma pitada da(s) erva(s) escolhida(s) no frasco e diga:

Energia do Ar, direção do Oeste
Traga o equilíbrio das emoções e a proteção para minha casa.
Faça isso!

Feche a tampa.

Agradeça à Deusa e diga:

Com meus agradecimentos à Deusa Andred. Expresso gratidão por sua energia protetora hoje. Bênçãos e adeus.

Agradeça aos elementos na ordem inversa.

Vire-se para o Norte e diga:

Agradeço ao Elemento Terra por sua presença aqui hoje. Adeus.

Vire-se para o Oeste e diga:

Agradeço ao Elemento Água por sua presença aqui hoje. Adeus.

Vire-se para o Sul e diga:

Agradeço ao Elemento Fogo por sua presença aqui hoje. Adeus.

Vire-se para o Leste e diga:

Agradeço ao Elemento Ar por sua presença aqui hoje. Adeus.

Feche o Círculo caminhando ou girando no local no sentido anti-horário. Visualize o Círculo se dissipando ao seu redor, acima e abaixo de você. Diga:

Ao fechar este Círculo, que a energia da proteção permaneça.
O Círculo se fecha novamente por mais um dia.

Coma e beba algo que ajude a estabilizar sua energia.

Esses quatro potes devem ser colocados ao redor de sua casa, um em cada direção. Verifique uma bússola para encontrar as posições corretas. Eles não precisam ficar à vista; na verdade, eu recomendaria colocar os potes em uma prateleira ou embaixo de um móvel no canto de um cômodo.

Os frascos precisarão ser renovados ou substituídos em algum momento. Confie em sua intuição para saber quando. Caso contrário, todos os anos durante o mês de outubro funciona bem. Você pode reutilizar os frascos ao renová-los – basta esvaziar o conteúdo no lixo e, em seguida, lavar e secar os frascos antes de usá-los novamente.

Outras Formas de Comemorar o Mês

- Outubro é o mês perfeito para trabalhar com adivinhação, porque o véu entre os mundos é fino. Talvez você possa experimentar um novo método de adivinhação. Considere adivinhar com cartas de tarô, cartas de oráculos, runas ou um pêndulo. Se você gosta de algo um pouco mais diferente, que tal fazer a vidência na água ou nas nuvens, ou ler gotas de cera?
- Passe algum tempo concentrado em suas habilidades psíquicas. Tente realmente aprimorá-las.
- Provavelmente não preciso sugerir isso, mas esculpa abóboras. Se quiser experimentar algo novo, você pode tentar esculpir berinjelas, o tradicional nabo ou até mesmo a rutabaga. Esses são um pouco desafiadores!
- Monte um altar para seus antepassados. Inclua fotografias de seus parentes falecidos ou itens que pertenciam a eles, como broches ou medalhas. Deixe uma oferenda de álcool ou tabaco.
- Faça uma caminhada em seu cemitério local ou em um mausoléu. Alguns dos túmulos mais antigos são bonitos e fascinantes.

CAPÍTULO ONZE

Novembro

Em novembro, o outono está em pleno andamento e as folhas das árvores estão vestindo suas cores mais bonitas.

Os jardins e as áreas selvagens começam a se fechar, prontos para o sono de inverno. Mas a natureza ainda nos proporciona muita beleza; pense nas folhas virando ou na arquitetura das vagens de sementes em suas várias formas. Este mês tem tudo a ver com transformação. Ao nosso redor, a transformação está acontecendo na natureza, portanto, faz sentido aproveitar essa energia para fazer mudanças em nossa própria vida e em nosso modo de viver.

Os anglo-saxões chamavam novembro de *Blotmanoth/Blōtmonath*, que significa "mês de sangue" ou "mês de sacrifícios". Este era o mês em que eles abatiam os animais mais fracos para armazená-los para o inverno.[106] Originalmente, novembro era o nono mês do calendário romano, por isso seu nome vem da palavra latina romana para "nono", *novem*.[107]

O Que Há na Natureza e Onde Procurar

O mês do musgo! Novembro é uma boa época para explorar os bosques e cercas vivas em busca de diferentes tipos de musgo. Os jardins e campos estarão repletos da beleza das cabeças de sementes; que não apenas alimentam os pássaros, como também fornecem abrigo para os insetos. Bagas coloridas também enfeitarão os arbustos e galhos. Se estiver nos campos, fique de olho nas lebres marrons. Visite os pântanos para observar as aves selvagens.

---

106. WalkingtheWyrd, *The Anglo Saxon Calendar.*

107. "What Does the Name 'November' Mean?"

Saia de casa e vivencie a natureza, seja no seu quintal, seja em um parque local, seja no campo. Pode até mesmo olhar pela janela. Se tiver uma noite clara, saia e contemple as estrelas. Quais formações você consegue ver? Se não estiver familiarizado com as constelações, há alguns aplicativos de telefone muito bons que podem ajudá-lo.

Feriados e Comemorações

Aqui estão algumas celebrações que acontecem durante o mês de novembro no Reino Unido, principalmente na Inglaterra, onde moro. Algumas dessas celebrações têm raízes Pagãs, outras são cristãs e algumas têm apenas significado local. Cada celebração desempenha um papel na energia do mês para mim e pode ser adaptada à minha própria prática para fins mágicos. Faça uma pesquisa em sua área local, condado, estado, país. Quais tradições deste mês ressoam melhor para você? Como adaptá-las ao seu próprio caminho?

Dia de Todas as Almas

No calendário cristão, o dia 1º de novembro marca essa celebração, que é um dia para homenagear todos os santos e mártires. Às vezes é chamado de *All Hallows' Day* (Dia de Todos os Santos); em inglês antigo, a palavra *hallow* é traduzida como "santo".

Atividade

Embora eu tenda a trabalhar com o dia 1º de novembro como um dia de recordação das almas que se foram, várias Deusas Pagãs foram reivindicadas pelo cristianismo e transformadas em santas. Você pode aproveitar a energia santa de hoje e homenagear a Deusa em suas diversas formas.

Véspera de Finados

O dia 1º de novembro também é a Véspera de Todas as Almas ou Véspera de Finados, quando aqueles que se foram são lembrados. A crença era de que as almas dos mortos visitariam seus antigos lares nesse dia, por isso eram feitas orações por eles e a comida era deixada na mesa naquela noite. As pessoas também faziam *souling*, que consistia em ir de porta em porta pedindo bolos de alma. Em troca, elas contavam histórias, recitavam orações e cantavam canções. Mais atrás na história, as pessoas deixavam *soul cakes* nos túmulos dos mortos.[108]

108. Schousboe, *Souling*.

Atividade

Faça alguns *soul cakes*. Na noite de 1º de novembro, deixe um ou dois *soul cakes* fora de casa durante a noite para as almas dos mortos.

Bolos de Alma

- ½ colher de chá de canela em pó
- ½ colher de chá de mistura de especiarias
- 1 ovo
- 1 pitada de noz-moscada
- 1½ colher de chá de vinagre de sidra de maçã
- 175 g de açúcar refinado
- 175 g de manteiga amolecida
- 350 g de farinha de trigo comum para todos os fins

Preaqueça o forno a 180°C. Unte duas assadeiras.

Misture todos os ingredientes secos e, em seguida, passe na manteiga. Acrescente o ovo e o vinagre. Misture para formar uma massa macia.

Em uma superfície enfarinhada, estenda a massa em cerca de 5 mm e corte em rodelas com um cortador de biscoitos. Coloque nas bandejas preparadas. Asse por 15 a 20 minutos até dourar levemente.

Dia de Finados

O dia 2 de novembro marca o Dia de Todas as Almas, conhecido como "Dia de Finados". Era um dia de jejum. Orações eram feitas pelas almas que estavam presas ou atormentadas. Fogueiras eram acesas nos topos das colinas locais para ajudar a guiar as almas em seu caminho. As orações eram trocadas por bolos de alma e canções de alma eram cantadas. Cerveja com especiarias, doces, maçãs e dinheiro eram frequentemente dados às almas penadas.[109]

Atividade

Acenda uma vela em sua janela e faça orações para ajudar a guiar as almas perdidas em seu caminho.

---

109. Black, *Saints and Soul-Caking*.

Dia de Guy Fawkes

"Lembrem-se, lembrem-se, do dia 5 de novembro, da pólvora, da traição e da conspiração. Não vejo razão para que a traição da pólvora seja esquecida."[110] Guy Fawkes, Robert Catesby e o restante da equipe da Conspiração da Pólvora, planejou explodir a Câmara dos Lordes do Parlamento em 5 de novembro de 1605. Eles fracassaram. Essa data agora é considerada um feriado e é comemorada todos os anos com fogueiras e fogos de artifício comunitários.[111]

Atividade

Independentemente de você concordar ou não com Fawkes e sua equipe, reserve um tempo para comemorar o fato de que, na maior parte do mundo civilizado, hoje em dia, temos justiça. Faça uma pequena fogueira em seu jardim, em uma lareira ou apenas em seu Caldeirão. Se preferir, pode fazer alguma magia com fogo ou velas para trazer justiça a uma situação que você acredita ser necessária.

Martinmas e Dia da Lembrança

O dia 11 de novembro é a festa de São Martinho de Tours, ou *Martinmas*, um soldado que se tornou monge e bispo, o santo padroeiro dos mendigos, bêbados e daqueles que estavam sem sorte. Na Escócia, *Martinmas* costumava ser um dia para cobrar o aluguel e pagar as dívidas. Também era a época de abater animais para armazená-los para os meses frios do inverno.[112]

Em tempos mais modernos, o dia 11 de novembro (ou o domingo mais próximo a ele) é o Dia da Lembrança. Para mim, essa é uma data importante, porque lembra e homenageia os homens, as mulheres e os animais que morreram na primeira e na segunda guerras mundiais. Essa é uma parte da história que precisa ser reconhecida. A tradição precisa ser transmitida às novas gerações para que elas entendam que suas vidas hoje são o que são devido aos sacrifícios que nossos avós e bisavós fizeram por nós.

Atividade

A flor da papoula é um símbolo de lembrança. Use uma com orgulho neste dia para homenagear aqueles que morreram para que pudéssemos viver como vivemos agora.

---

110. "The Fifth of November."

111. Greenspan, *Guy Fawkes Day*.

112. Castelow, *Martinmas*.

Dia de São Clemente

Sim, outro mártir cristão – sério, há muitos deles! O infortúnio de São Clemente terminou no século 2, quando ele foi lançado ao mar, amarrado a uma âncora.[113] Santo padroeiro dos ferreiros, seu dia de festa é comemorado em 23 de novembro. Neste dia, os ferreiros locais desfilavam pelo vilarejo carregando uma imagem de São Clemente; eles a chamavam de *Old Clem*. Como parte do desfile, eles coletavam dinheiro dos habitantes locais e o usavam para pagar por um grande banquete. Durante a festa, era feito um brinde aos ferreiros. As crianças imitavam essa tradição carregando sua própria *Old Clem* pelo vilarejo, cantando músicas em troca de bolo ou maçãs. O *Apple bobbing* (pegar maçãs com os dentes) também aparecia nessa comemoração.[114]

Atividade

Faça um brinde aos ferreiros! Esse é um ofício tão místico e mágico que reúne todos os quatro elementos para criar algo muito especial. Você pode até trabalhar com um dos muitos Deuses ferreiros, como Wayland, por exemplo. Os Deuses ferreiros aparecem em muitas culturas; faça uma pesquisa e veja se há algum em seu país ou região. Depois de ler as histórias e os mitos dos Deuses ferreiros, você pode fazer uma jornada meditativa para encontrar um deles. Invoque os Deuses ferreiros para que emprestem sua energia a empreendimentos criativos.

Véspera de Santa Catarina

Santa Catarina de Alexandria foi martirizada no século 4.[115] Ela é a padroeira e protetora das jovens donzelas, dos tecelões, das fiandeiras e das rendeiras. Em 24 de novembro, na véspera do Dia de Santa Catarina, as rendeiras colocavam uma *Cathern Bowl* (uma tigela cheia de sidra, açúcar e canela) no chão. Maçãs em barbantes eram penduradas nas vigas do teto em frente a uma fogueira. Quando as maçãs assavam, a polpa caía na tigela de sidra.[116] Ela era coada e servida. Uma vela acesa era então colocada no chão; cada garota pulava sobre ela para dar sorte. Se a vela fosse apagada durante a corrente de ar, isso significava má sorte para o resto do ano. [117]

---

113. "Clement of Rome."

114. Gordon, *How to Celebrate St. Clement's Day.*

115. *Encyclopaedia Britannica*, "St. Catherine of Alexandria," modificado em 28 de março de 2017, https://www.britannica.com/biography/Saint-Catherine-of-Alexandria.

116. Jones and Deer, *Cattern Cakes and Lace.*

117. "St. Catherine's Day."

Atividade

Prepare uma sidra ou suco de maçã com especiarias. Beba-o, coloque uma vela no chão e pule sobre ela para ter boa sorte. Se não tiver espaço ou não quiser arriscar um incêndio, você pode colocar a vela em um suporte seguro sobre uma mesa e passar a mão sobre ela.

Dia de Santa Catarina

Em 25 de novembro, a estátua de Santa Catarina era enfeitada com cocares de folhagens verdes por jovens solteiras que esperavam encontrar um pretendente. A "Roda de Fogos de Artifício Catherine" e a "Janela Catherine/Rose" foram batizadas assim em sua homenagem.[118] O Dia de Santa Catarina também homenageia a Rainha Catarina de Aragão. Quando os tempos no setor de rendas eram difíceis, a rainha empregava rendeiras para ajudá-las a ganhar bem a vida. Na época dos Tudor, tornou-se costume comemorar o Dia de Santa Catarina comendo *cattern cakes* (biscoitos macios pontilhados com sementes de cominho e groselha) e tomando chá. Parece perfeito para mim!

Atividade

Faça alguns *cattern cakes* ou biscoitos de qualquer tipo. Reserve um tempo para ter alguns momentos de tranquilidade e saboreie sua guloseima com uma xícara de chá forte e doce.

Dia de Santo André

O dia 30 de novembro celebra Santo André, o santo padroeiro da Escócia. Um apóstolo pescador que fazia milagres aos montes. Antes de os pictos vencerem uma batalha contra os ingleses, eles viram um sinal nos céus: a cruz de Santo André. A partir de então, eles tomaram o santo como seu patrono.[119] O dia é marcado por festas. Bem, por que não seria? Há uma abundância de carnes cozidas e bolos. O tradicional bolo de São Andrew é assado, um bolo fermentado feito de banha de porco, groselha e casca de limão.

Atividade

Honre sua herança escocesa com um banquete. Saia de casa e encontre um lugar para se deitar onde você tenha uma visão clara do céu; faça uma pergunta e observe as nuvens em busca de respostas que possam aparecer como símbolos ou sinais.

---

118. Couchman, *Saint Catherine's Day Customs.*

119. "St. Andrew's Day History."

Tradições

O mês de novembro tem uma energia mista, seguindo as vibrações do Outromundo de outubro e se acumulando até a magia festiva de dezembro. Aqui está uma tradição bem inglesa que envolve os deliciosos aromas e sabores do Natal.

Domingo da Mistura

Uma tradição realmente inglesa, o *Stir-Up Sunday* não é um dia comemorativo – é apenas algo que era (e ainda é) feito em novembro. No domingo anterior ao Advento, era feito o Pudim de Natal, repleto de frutas e álcool. Se você fizesse o seu no domingo de festa, ele teria o bônus adicional de ser abençoado por Deus.

O Pudim de Natal tornou-se um alimento básico no século 19 e não há nada igual a ele; é um pudim do tipo ame-o ou odeie-o.[120] Ao fazer o Pudim de Natal, cada membro da família mexe um pouco para trazer boa sorte e fortuna, mas deve mexer no sentido horário. Depois de mexido, o pudim é colocado em uma bacia e cozido no vapor por várias horas. Em seguida, ele é armazenado até o Natal.

Atividade

A menos que você tenha tempo e dedicação para criar seu próprio Pudim de Natal, faça um bolo ou pudim de qualquer tipo que precise ser mexido. Peça a todos em sua casa que o mexam no sentido horário para garantir boa sorte e abundância.

Magia e Conhecimento da Lua

A Lua de cada mês tem muitos nomes ao redor do mundo, geralmente relacionados ao clima ou à terra. Aqui estão alguns dos meus nomes favoritos para a Lua deste mês. A Lua de novembro é chamada de *Beaver Moon* (Lua do castor), porque as armadilhas para castores eram montadas em novembro, antes que a água congelasse. Na Inglaterra medieval, a Lua de novembro era chamada de *Snow Moon* (Lua da Neve). Os antigos celtas se referiam à Lua de novembro como a "Lua Escura".[121] Talvez os celtas tenham notado essa Lua como o início da parte mais escura do ano.

120. Chandler, *Ultimate Guide to Stir-Up Sunday 2021.*

121. Nugent, *Full Moon Names.*

Dê um Nome à sua Lua

Que nome você daria à Lua de novembro? Dê uma olhada na sua paisagem no dia da Lua cheia de novembro e veja o que a natureza lhe inspira. Como o clima está se comportando? O que está crescendo no seu jardim? O que está crescendo na natureza? Qual é a aparência da paisagem atual?

Magia da Lua

Cada mês tem a sua própria energia mágica especial. Você pode usar essa magia para aumentar o poder de seu feitiço. Embora possa trabalhar com qualquer intenção a qualquer momento, acho que associar a energia de um mês específico à fase da Lua, ajuda a aumentar o seu poder. Aqui estão minhas sugestões de magia para trabalhar neste mês:

- **Lua nova:** planejamento, equilíbrio, justiça, ambição
- **Lua crescente:** transformação, conexão com a Divindade, planejamento, equilíbrio, justiça, ambição, visualização
- **Lua cheia:** transformação, conexão com a Divindade, proteção, trabalho psíquico, adivinhação, manifestação, honrar os antepassados, equilíbrio, justiça, liberdade, visualização
- **Lua minguante:** banimento, remoção de bloqueios, limpeza, liberação, alívio, liberdade

Atividade

Há muitas opções disponíveis para trabalhar com a magia da Lua! Você pode fazer um feitiço concentrando-se apenas na energia do mês ou reduzi-lo para se concentrar em uma das fases lunares. Pode também fazer um feitiço diferente em cada uma das fases da Lua. Se tiver uma intenção em mente, poderá iniciar o feitiço na Lua nova e aumentar seu poder adicionando-o a cada uma das outras fases da Lua.

Gosto de criar Água de Lua para cada mês. A Água de Lua é simples de fazer; tudo o que precisa é de um frasco limpo com tampa e um pouco de água. Você pode usar água de nascente ou natural; eu uso água da torneira mesmo, mas primeiro eu a fervo para destilá-la. Encha o frasco com água e coloque-o em um local seguro ao ar livre sob a Lua cheia. Outra opção é colocá-lo dentro de casa, no parapeito de uma janela, para que a Lua reflita na superfície da água. Se estiver colocando o frasco do lado de fora, é mais seguro colocar a tampa para que os insetos não pousem nele, mas dentro de casa a tampa pode não ser necessária. Você pode fazer isso para cada uma das fases da Lua, criando um conjunto completo de Água de Lua que pode ser usado para fins mágicos. A Água de Lua é útil para ungir a si mesmo, seu altar, suas ferramentas mágicas, seus cristais e para limpar todos os itens mágicos citados. Pode ser adicionada a Garrafas de Bruxa, borrifada em torno de limites e também para criar um espaço sagrado. Gosto de colocar uma vela de chá em cima do frasco de água e usá-la para fazer feitiços. Não se esqueça de etiquetar o frasco cuidadosamente com a data e a fase da Lua.

Feitiço para Liberar Bloqueios

Trabalhar com a magia dos nós é perfeito para ajudar a liberar e limpar quaisquer bloqueios, sejam eles mentais, espirituais ou emocionais. Se puder encontrá-lo, um longo pedaço de grama seria perfeito para esse feitiço. Caso contrário, você pode usar linha ou barbante.

Você vai precisar de:

- Caldeirão ou prato à prova de fogo
- Fósforos ou isqueiro
- Pedaço de grama, linha, barbante ou fita com cerca de 30 cm de comprimento
- Vela em um suporte seguro

Coloque a vela na sua frente e o Caldeirão ao lado dela. Pegue o pedaço de grama ou linha e coloque-o na frente da vela.

Sente-se em silêncio. Inspire e expire profundamente algumas vezes. Agora visualize o que deseja liberar. O que o está impedindo ou causando um bloqueio?

Pegue a grama e dê um nó no centro. Visualize esse nó como sendo o bloqueio. Se você tiver mais de um problema, talvez queira dar mais de um nó.

Depois que o nó estiver feito, acenda a vela.

Pegue a grama e segure-a com muito cuidado sobre a vela, com o nó bem acima da chama. Abaixe lentamente a grama até que a chama a incendeie e, em seguida, jogue a grama diretamente no Caldeirão. Diga:

Poder da chama pegando fogo, libere os bloqueios, dê toda a sua força.

Deixe a grama queimar no Caldeirão. Os restos podem ser enterrados no solo ou jogados no lixo.

Animais

Certos animais são facilmente associados ao mês de novembro. Alguns são mais ativos e visíveis neste período. Compartilhei aqui alguns animais que têm uma energia que se alinha à magia de novembro.

Veado

O veado e o cervo são o rei e a rainha da floresta. Os veados trazem coragem e poder, e os cervos podem ajudar com transformações, decisões e orientação em sua jornada. Na minha opinião, eles são a representação perfeita da energia desta época do ano.

Pega

A pega é um pássaro místico que pode ajudar em sua magia. No entanto, essa energia pode ser imprevisível, tenha cuidado. As pegas podem trazer clareza e percepção a qualquer situação. Elas seguem a energia mística de outubro e a levam adiante em novembro.

Coruja

Ave da noite, a coruja é uma criatura dos tempos "intermediários". As corujas trazem proteção, mas também podem fornecer uma porta de entrada para o Outromundo e ajudá-lo em sua magia. A coruja é definitivamente uma criatura com a qual se deve trabalhar durante essa época sombria do ano.

Cristais e Pedras

Cada cristal tem uma energia única e individual. Ao nos conectarmos com eles, podemos descobrir com que tipo de magia podemos trabalhar. Aqui estão algumas sugestões de cristais relacionados a novembro.

Pérola

Associada à Lua, a pérola traz consigo toda a magia lunar. É uma pedra de fé, integridade e verdade. Traz clareza, concentração e foco, além de uma dose de sabedoria. Trabalhe com a pérola para encontrar a verdade em qualquer situação. Em algumas listas, a pérola é a pedra de nascimento de novembro.

Quartzo-fumê

O quartzo-fumê tem a capacidade de absorver a energia negativa ao seu redor. Costuma trazer vibração de aterramento. Trabalhe com o quartzo-fumê para obter foco, percepção e orientação; ele também pode ajudar na tomada de decisões e ainda traz um grande impulso de prosperidade, abundância e energia da sorte. O quartzo-fumê pode ser usado para trazer calma e relaxamento e para aliviar medos. Em algumas listas, o quartzo-fumê é a pedra de nascimento de novembro.

Malaquita

Um cristal verde impressionante, o uso da malaquita remonta a milhares de anos. Usada para proteção e cura. A malaquita ajuda o fluxo de energia, pode absorver vibrações negativas e dá um impulso de poder mágico a qualquer trabalho. Trabalhe com a malaquita para mudanças, transformação, apoio, crescimento e renovação. A malaquita tem fortes poderes de manifestação e traz sorte, riqueza, dinheiro e oportunidades.

Magia das Plantas

A natureza está se fechando agora, bem a tempo de entrar no sono do inverno, mas ainda há algumas plantas com as quais podemos nos conectar para uso mágico. Mantenha um registro de todas as plantas que encontrar enquanto estiver fora de casa. Tire fotos ou faça esboços de cada uma delas. Faça um álbum de recortes ou um caderno de referência.

Como Trabalhar com Plantas para Uso Mágico

Quando estiver na natureza ou em seu jardim, sente-se com uma planta ou com uma árvore enquanto ela cresce. Estabeleça uma conexão com o espírito da planta e pergunte que orientação ela tem para você. Colete folhas, flores e sementes caídas e seque-as. Utilize as sementes secas em trabalhos mágicos, como bolsas de feitiços, velas, Garrafas de Bruxa e feitiços de todos os tipos.

Observe seu jardim e sua área local. O que você vê florescendo agora? Fique de olho também nas vagens, folhas e bagas decorativas. Depois de identificá-las, descubra quais propriedades mágicas elas têm.

Crisântemo (Chrysanthemum spp.)

Os crisântemos são lindas flores com folhas verde-escuras que começam a florescer no final do verão e continuam até o outono. Você provavelmente está familiarizado com eles como um padrão em buquês de floristas, pois as flores cortadas duram muito tempo. Seque as flores e as folhas ou use-as frescas para fazer magia.

Atividade

Trabalhe com pétalas de crisântemo para a longevidade de um relacionamento, situação ou projeto. Cultivar as flores em seu jardim ou trazê-las para dentro de casa aumentará a proteção. O crisântemo é uma flor muito espiritual. Trabalhe com sua energia para ajudar a fortalecer e a manter sua conexão com o Divino e sua própria espiritualidade interior.

Grama (Poa spp.)

Quer você use grama do seu gramado, de um campo ou de uma variedade ornamental, todas elas têm energia mágica. A grama pode ser usada para proteção e poder psíquico. Ela traz abundância e funciona muito bem na magia de nós. Use a grama fresca se quiser que ela seja maleável ou use a grama seca mais tarde para fazer trabalhos mágicos.

Atividade

Longos fios de grama podem ser trançados em escadas ou bolas de Bruxa para gerar proteção. Adicione a grama seca aos seus trabalhos mágicos para aumentar suas habilidades psíquicas e trazer abundância.

Sorveira (Sorbus aucuparia)

A sorveira é uma bela árvore que funciona bem em jardins pequenos. Ela tem flores brancas no verão, seguidas de bagas vermelhas ou alaranjadas no outono. (Os pássaros adoram essas bagas.) As flores, folhas e bagas podem ser usadas frescas ou você pode secá-las para uso posterior.

Atividade

Use bagas secas de sorva em trabalhos mágicos para proteção. Trabalhe com a sorveira para obter fortalecimento pessoal. Ela traz a magia do sucesso, do amor e de uma forte conexão espiritual. Os galhos da sorveira podem ser transformados em varas de adivinhação e varinhas de cura.

Incensos e Óleos

Traga a energia mágica das plantas do mês criando seu próprio incenso ou mistura de óleos para usar em trabalhos mágicos, banhos rituais ou unções. Aqui estão os meus favoritos para este mês, mas experimente criar o seu próprio.

Mistura de Incenso para Trabalhar com a Divindade

Partes iguais de anis-estrelado seco, flores de crisântemo secas e resina de incenso.

Mistura de Óleos para Remover Bloqueios

- 10 gotas de óleo essencial de tomilho
- 10 ml de óleo de coco
- 12 gotas de óleo essencial de hortelã-pimenta

Alimentos Mágicos

Ainda há muitos vegetais disponíveis em novembro, embora as opções de frutas estejam começando a diminuir. Esta é a época das caçarolas e das grandes tigelas de sopa saudável. Quer você os coma, quer os use em magia, todos os ingredientes têm propriedades mágicas.

Como Trabalhar com Alimentos para Uso Mágico

Você pode adicionar os ingredientes às suas receitas ou comer os alimentos para absorver suas propriedades mágicas. Alguns ingredientes podem ser usados nos trabalhos com feitiços. Coloque o alimento em seu altar ou use folhas secas, flores ou sementes em seus trabalhos mágicos. O suco pode ser usado para beber ou para ungir, ou pode ser adicionado a Garrafas de Bruxa. Alguns produtos podem ser fatiados e secos; essas são excelentes opções para uso em trabalhos mágicos.

Maçã

Uma das frutas mais historicamente mágicas, talvez? Quando cortada no centro, a maçã apresenta a imagem de um Pentagrama, e não há nada mais mágico do que isso. A maçã é frequentemente associada ao outono e à celebração do Samhain. Com uma forte conexão com Avalon, a maçã tem uma energia de trabalho espiritual que traz clareza e conhecimento.[122] Trabalhe com maçãs para obter amor, cura e abundância.

Repolho

Provavelmente não é a primeira coisa em que você pensa para trabalhar com magia, mas o repolho é regido pela Lua e traz consigo todas essas qualidades. Perfeito para a magia da fertilidade e da prosperidade, o humilde repolho também traz amor e prosperidade.

Couve-flor

A couve-flor parece andar de mãos dadas com o repolho, e certamente tem a mesma conexão lunar. Traz proteção pessoal e ajuda você a lidar com as emoções.

Gengibre

Bum! O gengibre é uma energia ardente que pode ser usada para impulsionar qualquer feitiço. Traz sucesso e prosperidade. Trabalhe com o gengibre para obter cura e proteção de todos os tipos. O gengibre também tem uma vibração apaixonada e amorosa.

Bolo de Maçã de Dorset

Você encontrará versões de bolos de maçã em toda a Grã-Bretanha, mas o Sudoeste é bem conhecido por seu Bolo de Maçã de Dorset, que geralmente é servido quente com uma grande quantidade de creme.

- 1 ovo grande
- 2 colheres de chá de canela em pó (gengibre em pó também funciona bem)
- 2 colheres de sopa de açúcar demerara
- 6 a 8 colheres de sopa de leite
- 100 g de sultanas
- 115 g de açúcar mascavo claro
- 115 g de manteiga, fria e cortada em cubos
- 225 g de farinha com fermento
- 225 g de maçãs, descascadas, sem caroço e cortadas em cubos

---

122. Pinto, "Celtic Symbolism."

Preaqueça o forno a 180°C. Unte com manteiga e forre uma forma de bolo funda de 20 cm com papel manteiga.

Em uma tigela grande, adicione a farinha, a canela e a manteiga. Esfregue com as pontas dos dedos até que se assemelhe a migalhas de pão (eu faço isso no mixer de alimentos).

Misture o açúcar mascavo claro e o ovo. Junte a mistura adicionando lentamente o leite, um pouco de cada vez, até obter uma massa lisa e espessa. Acrescente as maçãs e as sultanas.

Coloque uma colher na forma de bolo preparada e nivele a parte superior. Polvilhe o açúcar demerara por cima e leve ao forno por 30 a 40 minutos até obter uma bela cor dourada.

Deixe esfriar na forma por dez minutos e, em seguida, desenforme com cuidado.

A Magia do Chá

Criar sua própria mistura de chá de ervas é uma maneira divertida de reunir a energia do mundo vegetal para corresponder ao mês. Apresento aqui a minha receita favorita, mas incentivo você a fazer experiências com os ingredientes de seu próprio armário de ervas e especiarias. Se você gosta de uma bebida mais doce, pode adicionar uma colher de chá de mel ou xarope de bordo.

Mistura de Chá de Ervas para Transformação

Adicione um pau de canela a um saquinho de chá comum com folhas de chá preto. Deixe em infusão em água quente e adicione um pouco de leite.

Preparando um Altar

Gosto de decorar meu altar de acordo com as estações do ano. Com frequência, adiciono itens que representam cada mês. Se você já tem um altar ou gostaria de montar um, aqui estão algumas ideias para começar. Comece limpando o espaço; talvez você queira limpá-lo primeiro com fumaça de incenso ou Água de Lua. Colocar uma toalha de altar significa que você pode adicionar um pouco de magia colorida e uma sensação das energias da estação. O resto é inteiramente com você; confie na sua intuição e deixe-se guiar pelo que sente que precisa estar no altar. Talvez você acabe adicionando mais coisas ao seu altar nos próximos dias ou semanas. Fique atento a folhas caídas, galhos, flores e seixos que possam querer entrar em seu altar. Adoro ter um pequeno vaso no meu altar e trago flores frescas, folhagens do jardim ou flores silvestres encontradas em minhas caminhadas. Você também pode acrescentar alguns dos itens a seguir:

- **Itens da natureza:** da próxima vez que sair para caminhar, fique de olho nas folhas e galhos caídos. Traga-os para dentro de casa e coloque-os em seu altar.
- **Caldeirão:** pode ser um caldeirão tradicional de ferro fundido ou simplesmente um recipiente em forma de xícara. O Caldeirão representa a energia feminina e a criatividade. Também o associo aos meses mais escuros, um símbolo de interiorização.
- **Ervas secas:** escolha ervas e plantas que você associe a esse mês. Gosto de usar bagas de zimbro para proteção e ervas secas, artemísia, bagas secas de sorveira e calêndula para proteção e poderes psíquicos.
- **Magia das cores:** recomendo cores mais escuras, como laranja queimado, marrom e roxo escuro.
- **Veados, pegas e corujas:** inclua representações dos animais do mês.

Meditação

Leia o roteiro de meditação a seguir e familiarize-se com o conteúdo antes de começar. Como alternativa, pode gravar a leitura da meditação em seu telefone ou laptop e reproduzi-la, ou pode pedir a alguém que a leia para você.

Fique à vontade em um local silencioso onde não será incomodado. Feche os olhos e concentre-se em sua respiração, inspirando e expirando profundamente.

À medida que o mundo ao seu redor se dissipa, você se vê do lado de fora de um grande portão de madeira, inserido em um antigo muro de pedra. O céu acima de você está cinza e cheio de nuvens. O sol está brilhando fracamente e o ar está frio, mas você está confortável e bem agasalhado.

Você estende a mão para tocar o portão de madeira, ele se abre lentamente. Ao atravessá-lo, você é recebido por uma vasta horta que se estende à sua frente. Há canteiros cheios de plantas, embora agora sejam principalmente áreas verdes, mas aqui e ali há algumas flores. Grandes cachos de crisântemos coloridos estão espalhados pelo jardim. As árvores surgem entre os canteiros, erguendo-se acima deles. Algumas ainda têm folhas de outono cobrindo seus arbustos com belas cores; outras já têm galhos nus. Aglomerados de gramíneas altas balançando suavemente na brisa.

Você percebe que algumas das árvores do jardim estão cobertas de bagas vermelhas brilhantes. Após uma inspeção mais detalhada, você descobre que são árvores mágicas de sorveira. Os pássaros estão voando e pousando nelas, servindo-se das bagas maduras. Você começa a seguir o caminho à sua frente, que o leva ao redor do jardim.

Ao percorrer o caminho, observe cada planta. Se você se sentir atraído por alguma em particular, pare e faça uma conexão. O espírito da planta pode ter uma mensagem para você.

No outro lado do jardim há um banco de madeira, vá até lá e sente-se, sinta-se confortável.

Observe e ouça. Você pode ser saudado por um espírito, uma Divindade ou um guia espiritual animal. Esteja aberto a quem ou ao que quer que seja que encontre o caminho até você. Cumprimente-os e faça perguntas. Ouça suas respostas e fique atento a possíveis mensagens. Eles podem até deixar um presente que tenha significado para você.

Não tenha pressa...

Quando estiver pronto, agradeça por todas as visitas ou mensagens.

Levante-se e retorne ao jardim, ainda observando e ouvindo enquanto caminha. Siga o caminho que o leva de volta ao ponto de partida.

Quando chegar ao portão de madeira na parede, vire-se e dê uma última olhada no jardim. Em seguida, passe por ele.

Abra os olhos lenta e gentilmente e volte para esta realidade. Anote todas as mensagens ou detalhes em seu diário.

Divindades

Vou apresentar aqui duas Divindades com as quais trabalho no mês de novembro. Elen dos Caminhos grita outono – esta é, sem dúvida, sua época do ano. Para trazer a energia masculina de novembro, você não pode errar com a energia da floresta de Cernunnos. Essas são apenas minhas sugestões; faça suas escolhas em seu próprio caminho. Confie em sua intuição sobre qual Divindade o atrai.

Elen dos Caminhos

Deusa primordial da Grã-Bretanha. Elen remonta aos tempos paleolíticos e tem uma forte associação com as renas. Ela usa chifres e seus seguidores falam em "seguir as pegadas dos cervos" e se referem a ela como "a Deusa das Trilhas".[123] Elen é uma Deusa das florestas e dos cursos d'água.

Cernunnos

Um Deus celta com chifres. Cernunnos pode ser encontrado nas Ilhas Britânicas e em toda a Europa. Ele protege os bosques, as florestas, a vegetação e os animais. É o mestre da caça e traz uma grande dose de energia da fertilidade.

Ritual para Transformação

Como as árvores e as plantas estão em pleno modo de transformação durante o mês de novembro, é o momento perfeito para usar essa energia para promover quaisquer mudanças que você queira fazer em sua própria vida, sejam elas pessoais, profissionais ou espirituais. Talvez você queira alcançar um equilíbrio diferente entre trabalho e casa, mudar sua maneira de viver ou de comer, encontrar um novo emprego ou uma nova casa ou mudar sua direção espiritual. Muitas possibilidades maravilhosas esperam por você!

Invoquei a energia de Elen dos Caminhos para este ritual, embora você possa deixar de lado a parte da Divindade ou invocar um Deus ou Deusa diferente, se preferir.

Você vai precisar de:

- 1 folha grande caída
- 1 frasco de bolhas de sabão (ou faça as suas próprias bolhas usando detergente líquido)

Comece lançando o Círculo, criando um limite para conter a energia da magia e mantendo-o protegido de influências externas. Você pode percorrer o círculo no sentido horário, se tiver espaço, ou simplesmente dar a volta no local. Se puder, é uma boa ideia espalhar pétalas de flores ou ervas secas para formar um Círculo Sagrado físico. Caso contrário, basta visualizar uma luz branca brilhante formando um círculo de proteção. Depois de percorrer o

123. Sentier, *Shaman Pathways*.

círculo, lembre-se de visualizá-lo tornando-se uma esfera, estendendo-se abaixo de seus pés e acima de sua cabeça.

Ao lançar o Círculo, diga:

Eu lanço este círculo ao redor para manter a energia indesejada fora. Vou girando e girando o círculo, formando uma esfera de proteção acima e abaixo.

Invoque os elementos, voltando-se para cada direção. Ao invocá-los, visualize a força física que cada um traz. Sinta uma brisa em sua pele para o Ar, o calor da chama para o Fogo, a chuva fria para a Água e o solo sob seus pés para a Terra. Comece no Leste e siga seu caminho no sentido horário. Diga:

Convoco o Elemento Ar para emprestar sua energia de intelecto e percepção ao ritual de hoje. Eu lhe dou as boas-vindas.

Convoco o Elemento Fogo para emprestar sua energia de paixão e criatividade ao ritual de hoje. Eu lhe dou as boas-vindas.

Convoco o Elemento Água para emprestar sua energia de intuição e emoção ao rito de hoje. Eu lhe dou as boas-vindas.

Convoco o Elemento Terra para emprestar sua energia de aterramento e estabilidade ao rito de hoje. Eu lhe dou as boas-vindas.

Volte-se para o centro ou para o altar e abra bem os braços para receber a Deusa. Diga:

Invoco a Deusa Elen dos Caminhos e peço que você traga a energia da transformação para este ritual. Eu lhe dou as boas-vindas.

Pegue a folha grande e olhe-a atentamente – examine realmente todos os veios e os detalhes das cores. A folha começou a vida como nada, tornou-se um broto e, em seguida, lentamente se desenrolou e cresceu em uma nova folha fresca. Com o passar do tempo, ela começou a mudar de cor, transformando-se o tempo todo até ser solta da árvore e liberada.

Abra suas bolhas e sente-se em silêncio. Mergulhe a varinha no líquido e sopre as primeiras bolhas. Observe-as enquanto elas se transformam de líquido em uma esfera perfeita e flutuam despreocupadamente até estourarem, transformando-se novamente em uma breve explosão de líquido e desaparecendo em seguida.

A cada bolha que você estourar, pense em algo em sua vida que gostaria de transformar ou mudar. Pode ser algo a seu respeito ou talvez sua vida profissional ou doméstica. Observe cada bolha e visualize essas mudanças e transformações acontecendo.

Faça algumas bolhas voarem no ar e, em seguida, pegue sua folha. Tente pegar algumas das bolhas na folha; tente fazer as bolhas estourem contra a folha. Você está capturando seus desejos de transformação. Continue fazendo isso pelo tempo que achar necessário.

Deixe o líquido das bolhas de lado. Coloque a folha na sua frente e dê outra olhada nela. Veja as veias e as cores, mas pense também na magia que as bolhas acrescentaram à folha. A folha é um símbolo de transformação e contém todas as mudanças que você gostaria de fazer em sua própria vida. Diga:

Assim como as folhas e as bolhas criam um ciclo de mudança e transformação, eu também o faço.

Agradeça à Deusa e diga:

Com meus agradecimentos à Deusa Elen dos Caminhos. Expresso gratidão por sua energia transformadora hoje. Bênçãos e adeus.

Agradeça aos elementos na ordem inversa.
Vire-se para o Norte e diga:

Agradeço ao Elemento Terra por sua presença aqui hoje. Adeus.

Vire-se para o Oeste e diga:

Agradeço ao Elemento Água por sua presença aqui hoje. Adeus.

Vire-se para o Sul e diga:

Agradeço ao Elemento Fogo por sua presença aqui hoje. Adeus.

Vire-se para o Leste e diga:

Agradeço ao Elemento Ar por sua presença aqui hoje. Adeus.

Feche o Círculo caminhando ou girando no local no sentido anti-horário. Visualize o Círculo se dissipando ao seu redor, acima e abaixo de você. Diga:

Ao fechar este Círculo, que a energia da transformação permaneça. O Círculo se fecha novamente por mais um dia.

Coma e beba algo que ajude a estabilizar sua energia.

Coloque a folha em seu altar ou em algum lugar que a veja regularmente. Se desejar, você pode até mesmo colocá-la em uma moldura para pendurar na parede.

Não se esqueça de apoiar sua transformação com as tarefas rotineiras que precisam ser realizadas para colocar sua mágica em movimento.

Outras Formas de Comemorar o Mês

- Planeje algum tempo para trabalhar na magia interior, cuidar e se concentrar em si mesmo.
- Colete folhas de outono caídas para decorar seu altar e fazer magia com elas. As petições podem ser escritas nas folhas e elas são ótimos invólucros naturais para feitiços.
- Encha sua casa com luz de velas. Mantenha as luzes elétricas apagadas e passe a noite banhado apenas pela luz de suas velas.
- Medite. Tente meditar por pelo menos alguns minutos todos os dias. Isso não precisa ser um grande compromisso de tempo; há muitas meditações guiadas curtas on-line.
- Aprenda uma nova habilidade mágica ou pesquise uma área da magia sobre a qual você não tem muito conhecimento.

INVERNO

CAPÍTULO DOZE

Dezembro

Dezembro é um mês festivo e eu adoro a energia que ele traz. Relaciono dezembro com a energia que se acumula, aproveitando as ondas de entusiasmo e empolgação que enchem o ar. Esse pode se tornar um mês um pouco cheio de dinheiro, mas somente se você permitir. Concentre-se nos aspectos mais importantes da família, da amizade e de compartilhar o tempo com aqueles que você ama. Eu, pessoalmente, começo em 1º de dezembro com decorações e comemorações completas, trabalhando com essa onda de energia positiva. Mas, depois de Yule, eu me acalmo, encerro as coisas (sem trocadilhos) e me preparo para o trabalho interno e a hibernação após toda a agitação.

Para os anglo-saxões, dezembro era *Ærra Geola*, um nome que significa "Antes de Yule" ou, mais precisamente, "Lua antes da Roda do Sol". Isso se refere ao Solstício, quando o Sol gira (*yules*), voltando para o Norte.[124]

O Que Há na Natureza e Onde Procurar

Observe a paisagem repleta de contornos de galhos de árvores nuas; eles são lindos mesmo sem suas folhas. Procure no chão da floresta por samambaias sempre verdes e fungos escuros. Fique de olho nos corvos e nas corujas. Os esquilos também estarão por aí, coletando alimentos para armazenar para os meses de inverno. Se você tiver muita sorte, poderá encontrar visco crescendo nos galhos das árvores locais. Vá até o oceano para procurar focas e golfinhos.

---

124. WalkingtheWyrd, *The Anglo Saxon Calendar*.

Saia de casa e vivencie a natureza, seja no seu quintal, seja em um parque local, seja no campo. Pode até mesmo olhar pela janela. Se tiver uma noite clara, saia e contemple as estrelas. Quais formações você consegue ver? Se não estiver familiarizado com as constelações, há alguns aplicativos de telefone muito bons que podem ajudá-lo.

Feriados e Comemorações

Aqui estão algumas celebrações que acontecem durante o mês de dezembro no Reino Unido, principalmente na Inglaterra, onde moro. Algumas dessas celebrações têm raízes Pagãs, outras são cristãs e algumas têm apenas significado local. Cada celebração desempenha um papel na energia do mês para mim e pode ser adaptada à minha própria prática para fins mágicos. Faça uma pesquisa em sua área local, condado, estado, país. Quais tradições deste mês ressoam melhor para você? Como adaptá-las ao seu próprio caminho?

Domingo do Advento

O domingo mais próximo do Dia de Santo André (30 de novembro) é o Domingo do Advento. Ele abrange os quatro domingos antes do Natal e é um sinal de que Cristo está a caminho. Tradicionalmente, um anel ou coroa de advento é colocado em casa. O anel é criado a partir de uma coroa de folhas verdes que contém quatro velas. Uma delas é acesa por um breve período no Domingo do Advento, a próxima no domingo seguinte e assim por diante, até que todas as quatro tenham sido acesas por um breve período. Então, na véspera de Natal, todas as quatro são acesas para celebrar o nascimento de Cristo.[125] Às vezes, a coroa de flores tem quatro velas vermelhas, uma para cada domingo, intercaladas com vinte velas vermelhas, uma para cada dia da semana.

O círculo de folhagens simboliza o ciclo da vida e as estações do ano. A coroa de flores em forma de anel representa a eternidade e o amor eterno de Cristo. Às vezes, o azevinho era adicionado para representar a coroa de espinhos que Jesus usava, e as bagas simbolizam seu sangue e, portanto, seu sacrifício. As pinhas foram acrescentadas para representar uma nova vida e a promessa de salvação. Tudo se junta como um símbolo de morte, vida e ressurreição. Isso tudo não soa muito Pagão também?

Obviamente, é daí que vem a ideia dos calendários do Advento. No ano passado, eu tinha um Calendário do Advento de cristal que comprei

---

125. "The Purpose and Symbolism of the Advent Wreath and Candles."

em uma loja Pagã, portanto, a ideia de um Calendário do Advento ou coroa de flores pode ser adaptada para todos.

Atividade

Faça seu próprio arranjo de Advento com velas. Acenda as velas desde o início de dezembro até o Solstício de Inverno. Esta coroa de flores também pode ser usada no ritual de dezembro no final deste capítulo.

Véspera de São Nicolau

Na maior parte da Europa, a diversão festiva acontece na Véspera de São Nicolau, que cai em 5 de dezembro. São Nicolau viaja a cavalo e visita cada casa. As crianças deixam um sapato ou tamanco ao lado da lareira com um pouco de feno para o cavalo e um pouco de pão ou bolo para São Nicolau. Na manhã seguinte, as crianças boas encontram doces ou biscoitos dentro de seus sapatos. Aquelas que se comportaram mal recebem uma leve palmada com um ramo de bétula. São Nicolau tem um assistente chamado Black Peter; é ele quem meneai os galhos de bétula. São Nicolau é a inspiração para o Papai Noel dos dias atuais.[126]

Atividade

Faça um bolo ou alguns biscoitos em homenagem à época festiva. Você pode tentar deixar um sapato e um pouco de feno – nunca se sabe...

Solstício de Inverno/Yule

O Solstício de Inverno ocorre entre 20 e 23 de dezembro. Lembre-se de que a palavra "solstício" é traduzida como "quando o Sol fica parado".[127] No Solstício de Inverno, temos o dia mais curto do ano e a noite mais longa. Desse momento em diante, damos as boas-vindas ao Sol e aos dias mais longos.

Esse é um período de descanso, um momento para se interiorizar. Os druidas chamam essa época de *Alban Arthan*, ou "a luz de Arthur", que se refere tanto ao Rei Arthur quanto à tradução galesa de Arthur, que significa "urso" e pode se referir à constelação da Ursa Maior.[128] Os Pagãos modernos se referem a essa época como "Yule".

---

126. *Encyclopaedia Britannica*, "St. Nicholas Day," modificado em 6 de outubro de 2021, https://www.britannica.com/topic/Saint-Nicholas-Day.

127. *Merriam-Webster Dictionary*, s.v. "Solstice (*n.*)," acesso em 8 de março de 2022, https://www.merriam-webster.com/dictionary/solstice.

128. "Winter Solstice–Alban Arthan."

ATIVIDADE

Comemore com a família e os amigos. Dê as boas-vindas ao retorno do sol acendendo velas.

Dia de São Tomé

O Dia de São Tomé cai em 21 de dezembro. A noite anterior também era considerada um dia sagrado, quando não se trabalhava. Molas de sempre-viva (ou cebola!) eram colocadas sob o travesseiro se você quisesse sonhar com seu futuro namorado na Véspera de São Tomé.[129] O Dia de São Tomé era passado fazendo *gooding* ou *doleing* (boa ação ou doação), o que envolvia visitar os vizinhos e oferecer pedaços de sempre-viva em troca de pequenos presentes. O *Thomas dole* (Doação de São Tomé) era geralmente dado na forma de farinha para fazer pão ou um saco de grãos para o moleiro moer e dar às pessoas mais pobres da comunidade.[130]

ATIVIDADE

Como esse dia coincide muito com o Solstício de Inverno, é uma boa data para trazer verduras frescas para a casa e decorá-la. Você também pode fazer uma doação para uma instituição de caridade local em homenagem a São Tomé.

Saturnália

A Saturnália era um festival romano celebrado na época do Solstício de Inverno em homenagem ao Deus romano do tempo, Saturno. Para essa celebração, os escravos recebiam um dia de folga. Em alguns casos, os senhores da casa invertiam seus papéis e serviam comida aos seus escravos.[131] Havia um banquete com muitos alimentos ricos. Velas eram queimadas com o duplo objetivo de dar as boas-vindas ao Sol e oferecer proteção contra espíritos malignos.

ATIVIDADE

Reserve um tempo para relaxar e desfrutar de um pouco de "tempo para mim". Recomendo trabalhar com velas, acendendo-as para dar as boas-vindas ao Sol.

---

129. Mrs. Rudd, "20 December."

130. "Tradition of St. Thomas Day in England."

131. History.com Editors, "Saturnalia."

Véspera de Natal

No dia 24 de dezembro, a maioria de nós vai para a cama mais cedo do que o normal, talvez deixando de fora tortas de carne moída e cerveja para o Papai Noel. O bom e velho Papai Noel começou como São Nicolau, transformando-se com o tempo na figura que conhecemos hoje. O terno vermelho do Papai Noel é uma adição muito moderna, que ficou famosa na década de 1930, por uma famosa empresa americana de refrigerantes.[132] Ele pode até ter sido baseado no Deus nórdico Odin.[133]

Tradicionalmente, as decorações não eram colocadas até a Véspera de Natal, embora agora seja comum colocá-las várias semanas antes. Nós nos beijamos sob o visco, porque ele é um símbolo de amor – o homem pode exigir um beijo para cada baga.[134] Algumas das decorações e tradições natalinas com as quais estamos familiarizados têm origens Pagãs. A popularidade da Árvore de Natal no Reino Unido, entretanto, é vitoriana, embora trazer vegetação para dentro de casa seja muito Pagão.[135]

Atividade

Crie suas próprias tradições de véspera de Natal com sua família. Você pode comemorar na véspera de Natal ou na véspera do Solstício de Inverno. Meus filhos já são adultos, mas ainda deixam algo para o Papai Noel; você pode fazer o mesmo. Ou, em vez disso, deixe uma oferenda para Odin.

Dia de Natal

O dia 25 de dezembro é a celebração cristã do nascimento de Jesus Cristo, embora talvez tenha perdido seu significado religioso com o passar do tempo, e parece que essa nem mesmo é a data em que Jesus nasceu.[136] Independentemente disso, o dia de Natal é um momento para comemorar com sua família e amigos. Embora as comemorações de Natal que conhecemos hoje tenham suas raízes nas tradições Pagãs, elas se inspiram principalmente nas tendências vitorianas.

---

132. Coca-Cola History, *Five Things You Never Knew about Santa Claus and Coca-Cola.*
133. Bradley, *Santa Is Odin.*
134. Moon, *Here's Why People Kiss Under the Mistletoe at Christmastime.*
135. Tikkanen, *How Did the Tradition of Christmas Trees Start?*
136. Castro and Leggett, *When Was Jesus Born?*

Atividade

Se, como eu, você é o único Pagão em sua família, então trate esse dia como um momento de comemoração com seus entes queridos. Participe da alegria e da folia. Divirta-se!

Boxing Day

No Reino Unido, temos o *Boxing Day*, que ocorre em 26 de dezembro. O primeiro registro deste dia foi em 1833; no entanto, a origem é um pouco imprecisa. O termo *boxing*, neste caso, pode estar relacionado aos funcionários e empregados que recebiam pequenas caixas com presentes em dinheiro nesse dia. Também pode ser derivado de caixas de coleta, que eram colocadas nas igrejas no dia de Natal com a finalidade de arrecadar dinheiro para caridade. As caixas eram então abertas no dia seguinte, ou seja, no *Boxing Day*.

Atividade

Doe uma pequena quantia em dinheiro para uma instituição de caridade ou entregue uma caixa de alimentos a alguém necessitado.

Véspera de Ano Novo

O mês de dezembro nos leva à véspera de Ano Novo, o último dia de dezembro e do ano civil. Essa é geralmente uma noite de comemoração: um momento para dizer adeus ao ano anterior e dar as boas-vindas ao novo. Muitas pessoas ficam acordadas até o toque do sino da meia-noite. Fogueiras são acesas nesta noite para oferecer proteção contra o mal e para queimar o ano velho e saudar o novo.

Atividade

Na véspera do Ano Novo, dê uma olhada no que não lhe serve mais. Escreva algumas palavras-chave em um pedaço de papel e queime-o na chama de uma vela. À meia-noite, olhe para a Lua e envie a ela seus desejos.

Tradições

Dezembro é um mês mágico, repleto da energia positiva e festiva que a preparação para o Yule traz. Aqui estão algumas tradições que talvez queira conhecer. Seja o que for que você faça neste mês, não deixe de aproveitar as festividades!

Wassailing

Os anglo-saxões brindavam à sua saúde com o grito *Waes hael*, que significa literalmente "tenha boa saúde". Uma tigela de madeira, cerâmica ou, às vezes, de estanho era preenchida com cerveja e decorada com folhagens e fitas. A tigela era passada de mão em mão e levada de porta em porta para que cada morador pudesse tomar um gole.[137] Muitas vezes, as pessoas mais pobres do vilarejo levavam uma tigela de *wassail* para os ricos na esperança de receber presentes ou dinheiro em troca. O *Wassailing* ainda acontece em alguns lugares, mas agora está ligado às macieiras.

A macieira é sagrada no mundo Pagão, particularmente ligada à Ilha de Avalon e ao Outromundo. A prática moderna de *Wassailing* começa ao anoitecer, quando armas, fatias de torrada e sidra são levadas para os pomares. (Sei que parece uma variedade estranha de itens, mas me entenda.) As armas são disparadas contra os galhos, e muito barulho e gritos são feitos para afugentar qualquer mal. O pão é embebido em sidra e o pão é colocado em um pouco de água. O pão é embebido em sidra e colocado nos galhos das árvores e libações de sidra são derramadas nas raízes, tudo com a intenção de trazer uma colheita abundante para o ano seguinte.[138]

Atividade

Se você tiver uma macieira em seu jardim ou na área local, talvez queira realizar sua própria bênção de *Wassailing*. Se não tiver, pode simplesmente fazer uma pequena bênção de abundância para o próximo ano usando uma maçã e/ou um pouco de sidra.

Mari Lwyd

Tradição galesa realizada em dezembro, às vezes no Natal ou na décima segunda noite de janeiro. Os aldeões percorrem a área local com a *grey mary/mare* na forma de *Mari Lwyd*, uma cabeça de cavalo, geralmente um crânio de verdade, mas às vezes feita de madeira ou papel machê, com olhos de vidro e coberta por fitas coloridas. A caveira fica em cima de uma vara longa com um pano enrolado nela. A égua é levada de casa em casa, onde os moradores são desafiados a recitar poesia e terminar uma rima. Se a resposta for satisfatória,

---

137. "Wassailing."

138. Ewbank, "Holiday That Celebrates Apples with Rifles and Cider."

a égua deve ficar do lado de fora. Se o dono da casa ficar perplexo, ele deve deixar a *Mari Lwyd* entrar e oferecer-lhe comida e bebida.[139]

Atividade

Se você for particularmente habilidoso, poderá fazer sua própria cabeça de cavalo em papel machê para homenagear a época do ano. Ou pode trabalhar com a energia do cavalo em uma meditação.

Tora de Yule

Originalmente uma tradição nórdica. A Tora de Yule não é encontrada apenas em forma de chocolate, ela é, de fato, um tronco de verdade. No dia do Solstício de Inverno, a Tora de Yule era levada para dentro de casa e colocada no fogo para comemorar o retorno do sol. A tradição tomou a Europa. À medida que se espalhou, a tradição mudou; as pessoas começaram a usar as cinzas da Tora de Yule como um meio de proteção, aspergindo as cinzas ao redor dos limites da casa. Muitas vezes, os restos da tora são guardados para reacender a nova tora no ano seguinte. Diferentes tipos de árvores são usados para a Tora de Yule, dependendo de onde você mora.[140]

Nos tempos modernos, o tronco usado no Yule é frequentemente decorado com fitas e ervas antes de ser queimado. Às vezes, ele é usado apenas como decoração e colocado com velas em vez de ser jogado no fogo. Se optar por queimá-lo, você pode escrever pedidos em pedaços de papel e amarrá-los ao tronco com uma fita antes de jogá-lo na fogueira.

Atividade

Inicie uma tradição de Tora de Yule em sua própria família. A tora pode ser feita com um pedaço de madeira cortado de qualquer tamanho; até mesmo algo pequeno serve. Decore a tora com fitas e folhagens e coloque nela velas de chá ou velas cônicas. As velas podem ser coladas na madeira com uma pistola de cola quente ou, se for habilidoso, pode fazer pequenos furos na madeira para colocá-las. A vegetação pode ser amarrada ao tronco ou colada. Lembre-se de que, se for queimar a tora inteira, é necessário usar materiais seguros, naturais e que possam ser queimados – definitivamente nada de plástico!

---

139. Rogers, "Midwinter Majesty of the Mari Lwyd."

140. Morningbird, *Yule Log.*

Quando a Tora de Yule estiver decorada, escreva petições e amarre-as no tronco. Em seguida, você pode queimar o tronco ou, se quiser reutilizar a mesma Tora de Yule todos os anos, pode queimar apenas as petições. Você também pode guardar a Tora de Yule e usá-la como centro de mesa em sua festa.

Magia e Conhecimento da Lua

A Lua de cada mês tem muitos nomes ao redor do mundo, geralmente relacionados ao clima ou à terra. Aqui estão alguns dos meus nomes favoritos para a Lua deste mês. Um nome para a Lua de dezembro é *Moon of Long Nights* (Lua das longas noites), talvez uma referência ao Solstício de Inverno. Na Inglaterra medieval, a Lua de dezembro era chamada de *Oak Moon* (Lua do Carvalho). Os antigos celtas chamavam a Lua de dezembro de *Cold Moon* (Lua Fria), o que é bastante autoexplicativo, pois geralmente faz frio em dezembro em muitas regiões![141]

Dê um Nome à sua Lua

Que nome você daria à Lua de dezembro? Dê uma olhada na sua paisagem no dia da Lua cheia de dezembro e veja o que a natureza lhe inspira. Como o clima está se comportando? O que está crescendo no seu jardim? O que está crescendo na natureza? Qual é a aparência da paisagem atual?

Magia da Lua

Cada mês tem a sua própria energia mágica especial. Você pode usar essa magia para aumentar o poder de seu feitiço. Embora possa trabalhar com qualquer intenção a qualquer momento, acho que associar a energia de um mês específico à fase da Lua, ajuda a aumentar o seu poder. Aqui estão minhas sugestões de magia para trabalhar neste mês:

- **Lua nova:** amizades, conexões familiares, definição de metas, planejamento, equilíbrio, transição
- **Lua crescente:** amizades, conexões familiares, prosperidade, planejamento, paz, harmonia, equilíbrio, conhecimento, verdade, clareza, transição, projetos de longo prazo, caminhos espirituais, revitalização, renovação pessoal

141. Nugent, *Full Moon Names.*

- **Lua cheia:** amizades, conexões familiares, gratidão, harmonia, felicidade, meditação, trabalho com sonhos, equilíbrio, conhecimento, lealdade, verdade, clareza, projetos de longo prazo
- **Lua minguante:** purificação, relaxamento, meditação, trabalho com sonhos, caminhos espirituais, introspecção, reflexão, renovação pessoal, sentimentos verdadeiros

Atividade

Há muitas opções disponíveis para trabalhar com a magia da Lua! Você pode fazer um feitiço concentrando-se apenas na energia do mês ou reduzi-lo para se concentrar em uma das fases lunares. Pode também fazer um feitiço diferente em cada uma das fases da Lua. Se tiver uma intenção em mente, poderá iniciar o feitiço na Lua nova e aumentar seu poder adicionando-o a cada uma das outras fases da Lua.

Gosto de criar Água de Lua para cada mês. A Água de Lua é simples de fazer; tudo o que precisa é de um frasco limpo com tampa e um pouco de água. Você pode usar água de nascente ou natural; eu uso água da torneira mesmo, mas primeiro eu a fervo para destilá-la. Encha o frasco com água e coloque-o em um local seguro ao ar livre sob a Lua cheia. Outra opção é colocá-lo dentro de casa, no parapeito de uma janela, para que a Lua reflita na superfície da água. Se estiver colocando o frasco do lado de fora, é mais seguro colocar a tampa para que os insetos não pousem nele, mas dentro de casa a tampa pode não ser necessária. Você pode fazer isso para cada uma das fases da Lua, criando um conjunto completo de Água de Lua que pode ser usado para fins mágicos. A Água de Lua é útil para ungir a si mesmo, seu altar, suas ferramentas mágicas, seus cristais e para limpar todos os itens mágicos citados. Pode ser adicionada a Garrafas de Bruxa, borrifada em torno de limites e também para criar um espaço sagrado. Gosto de colocar uma vela de chá em cima do frasco de água e usá-la para fazer feitiços. Não se esqueça de etiquetar o frasco cuidadosamente com a data e a fase da Lua.

Feitiço para Amizade

Este feitiço ajuda você a permanecer conectado com seus amigos ou familiares quando estiverem separados. A conexão é feita através das velas e mantida, já que cada pessoa recebe um cristal para levar consigo.

Você vai precisar de:

- 1 pedra lapidada para cada pessoa (eu uso quartzo-rosa, mas deixe-se guiar por sua intuição)
- 1 vela central em um suporte
- 1 vela para cada pessoa (gosto de usar velas de pilar, mas velas votivas ou luminárias também funcionam)
- Fósforos ou isqueiro
- Hera seca moída, suficiente para polvilhar um pouco em cada vela

Coloque a vela central em um suporte seguro e coloque as outras velas ao lado dela. Posicione os cristais ao redor da base da vela central.

Polvilhe um pouco de hera seca sobre a vela central principal e acenda o pavio. Diga:

O espírito da hera nos une e mantém
nossa amizade feliz e radiante.

Pegando cada uma das velas individuais, acenda-as a partir da chama central principal. Deixe a chama queimar por alguns segundos, dizendo:

Amigos conectados, amigos juntos.

Em seguida, apague a chama. Faça isso com cada uma das velas.

Depois de ter trabalhado com todas as velas, concentre-se por alguns instantes na chama da vela central. Visualize cada um de seus amigos em pé em um Círculo com você.

Quando estiver pronto, apague a chama da vela central. Agora você pode dar as velas individuais e um cristal para cada um de seus amigos, que poderão acender essas velas quando vocês estiverem separados e sentirem que é necessária uma conexão. Os cristais podem ser carregados por cada pessoa para manter o vínculo. Quando as velas se esgotarem, você poderá repetir o processo usando a mesma vela central novamente.

Animais

Certos animais são facilmente associados ao mês de dezembro. Alguns são mais ativos e visíveis neste período. Compartilhei aqui alguns animais que têm uma energia que se alinha à magia de dezembro.

Cabra

Símbolo do Deus com chifres, o bode tem uma energia forte e impetuosa. As cabras representam a independência e a sobrevivência. A cabra pode ajudar a guiá-lo e a orientá-lo em seu caminho. Nesta época do ano, penso nas cabras na forma do bode escandinavo Yule, que traz uma energia muito positiva em dezembro.

Caracol

Talvez essa não seja sua primeira opção de energia animal, mas não despreze o humilde caracol, que traz uma grande quantidade de energia para a festa. Obviamente, parte dessa energia tem a ver com paciência e desaceleração. Os caracóis também podem ajudar no trabalho interior e na espiral geral da vida. Pode parecer um animal estranho para dezembro, mas pense nisso. Passamos muito tempo dentro de casa durante esse mês, e o caracol está bem equipado para ajudá-lo a se interiorizar.

Crocodilo/Jacarés

Tanto os crocodilos quanto os jacarés têm uma força de energia primordial, pois reúnem os elementos Água e Terra. Crocodilos e jacarés trazem clareza e verdade, além da capacidade de se aprofundar nos mistérios e segredos da vida. Eles podem ajudá-lo em qualquer trabalho interior ou jornada de busca da alma, o que é perfeito para esta época mais sombria do ano.

Cristais e Pedras

Cada cristal tem uma energia única e individual. Ao nos conectarmos com eles, podemos descobrir com que tipo de magia podemos trabalhar. Aqui estão algumas sugestões de cristais relacionados a dezembro.

Rubi

O rubi é a pedra de nascimento do mês de dezembro. Pode ajudar a aumentar sua motivação, vitalidade e recursos energéticos em geral. É uma pedra de amor e paixão, não apenas para seus relacionamentos, mas para todas as áreas da sua vida. O rubi é uma pedra do elemento Fogo e traz essa energia com ele.

Pedra do Sol

Nem tudo que reluz é ouro. A Pedra do Sol (*Goldstone*) é um cristal artificial que usa vidro e manchas de cobre, mas é impressionante de se ver e trabalhar com ele. Há uma sensação de alquimia com esse cristal. Ele não só lhe traz uma energia calma e positiva, como também pode aumentar sua produtividade e criatividade. Trabalhe com a Pedra do Sol em todas as questões financeiras e de prosperidade; ela lhe trará sucesso, é edificante e otimista, com uma grande dose de percepção.

Obsidiana-negra

Formada a partir de lava vulcânica, a obsidiana-negra é uma estrela do rock no mundo dos cristais. Essa pedra é perfeita para absorver energia negativa e transformações de todos os tipos. A obsidiana-negra é um cristal protetor que também ajuda a liberar, deixar ir e quebrar ciclos ruins. É uma pedra de aterramento, que traz a energia da força, da coragem e da determinação.

Magia das Plantas

Dezembro pode ser um mês tranquilo para jardinagem, mas é a época do ano em que trazemos as sempre-vivas para dentro de casa para celebrar a estação. Mantenha um registro de todas as plantas que encontrar enquanto estiver fora de casa. Tire fotos ou faça esboços de cada uma delas. Faça um álbum de recortes ou um caderno de referência.

Como Trabalhar com Plantas para Uso Mágico

Quando estiver na natureza ou em seu jardim, sente-se com uma planta ou com uma árvore enquanto ela cresce. Estabeleça uma conexão com o espírito da planta e pergunte que orientação ela tem para você. Colete folhas, flores e sementes caídas e seque-as. Utilize as sementes secas em trabalhos mágicos, como bolsas de feitiços, velas, Garrafas de Bruxa e feitiços de todos os tipos.

Observe seu jardim e sua área local. O que você vê florescendo agora? Fique de olho também nas vagens, folhas e bagas decorativas. Depois de identificá-las, descubra quais propriedades mágicas elas têm.

Ciclame (Cyclamen spp.)

Os *Cyclamen* têm folhas pequenas e bonitas, com veias verdes, que circundam flores rosas, vermelhas ou brancas brilhantes. Há duas variedades, uma das quais cresce durante o inverno. Use as flores e folhas frescas ou secas para fins mágicos. Observação: os tubérculos são tóxicos para animais de estimação.

Atividade

Mantenha um ciclame em um vaso dentro de casa para trazer amor e proteção. O ciclame pode ser trabalhado para aumentar sua autoestima.

Azevinho (Ilex aquifolium, Ilex opaca)

O azevinho é um arbusto grande que pode se transformar em uma pequena árvore se for deixado à própria sorte. Ele tem folhas verde-escuras brilhantes e bagas vermelhas que aparecem durante o inverno. Use as folhas frescas ou secas para fazer magia. Observação: as bagas de azevinho são venenosas para humanos, gatos e cachorros, portanto, coloque-as fora do alcance de animais de estimação e crianças.

Atividade

O azevinho plantado em sua propriedade traz proteção. Traga o azevinho para dentro de casa para obter sucesso, sorte e equilíbrio durante o próximo ano. A baga do azevinho é um símbolo da Deusa e traz uma grande dose de fertilidade. Se usar as bagas na magia, tenha cuidado com o contato com a pele.

Hera (Hedera helix)

Não se pode ter azevinho sem a hera! A hera é uma planta trepadeira perene, mas você também pode encontrá-la rastejando pelo chão. Ela tem folhas verdes distintas. Use as folhas e as bagas frescas ou secas para trabalhos mágicos. Observação: as bagas da hera são levemente tóxicas se ingeridas. A hera é venenosa para animais de estimação.

Atividade

Faça uma coroa de hera para dissipar a energia negativa e trazer amor e abundância. Trabalhe com a hera para fazer feitiços de amarração. A hera é um símbolo da Deusa e da energia feminina.

Incensos e Óleos

Traga a energia mágica das plantas do mês criando seu próprio incenso ou mistura de óleos para usar em trabalhos mágicos, banhos rituais ou unções. Aqui estão os meus favoritos para este mês, mas experimente criar o seu próprio.

Mistura de Incenso para Amizade

Partes iguais de folhas de hera secas, flores de urze secas e resina de copal.

Mistura de Óleos para Meditação

- 8 gotas de óleo essencial de lilás
- 10 ml de óleo de amêndoas
- 12 gotas de óleo essencial de jasmim

Alimentos Mágicos

Ainda vemos muitos vegetais em dezembro, mas as frutas estão diminuindo. Dezembro é uma época de festa e comemoração. Quer você os coma, quer os use em magia, todos os ingredientes têm propriedades mágicas.

Como Trabalhar com Alimentos para Uso Mágico

Você pode adicionar os ingredientes às suas receitas ou comer os alimentos para absorver suas propriedades mágicas. Alguns ingredientes podem ser usados nos trabalhos com feitiços. Coloque o alimento em seu altar ou use folhas secas, flores ou sementes em seus trabalhos mágicos. O suco pode ser usado para beber ou para ungir, ou pode ser adicionado a Garrafas de Bruxa. Alguns produtos podem ser fatiados e secos; essas são excelentes opções para uso em trabalhos mágicos.

Couve-de-bruxelas

Ame-as ou odeie-as, a couve-de-bruxelas tem uma boa quantidade de magia a oferecer. Se não conseguir comê-las, você pode usar a magia delas em feitiços de estabilidade, resistência e proteção.

Castanhas

Castanhas assando em uma fogueira... Que delícia! Em geral, todas as castanhas são boas para a fertilidade, a prosperidade e a abundância, mas a castanha também traz a magia da força e do sucesso. Você pode comer a deliciosa polpa assada da castanha ou usar as cascas em trabalhos mágicos.

Cogumelos

Estou falando da variedade de fungos comestíveis, ao contrário dos cogumelos que o levam a outros tipos de viagens. Se estiver procurando seus próprios cogumelos na natureza, certifique-se de identificá-los corretamente – alguns são tóxicos e outros são mortais. O cogumelo tem a magia da força e da coragem, além do equilíbrio. Geralmente eles aparecem da noite para o dia, de forma mística e mágica, por isso são um bom ingrediente para a maioria dos tipos de magia.

Cravo-da-índia

O cravo-da-índia é o melhor ingrediente a ser usado caso precisar se proteger contra fofocas. Ele funciona bem em todos os tipos de trabalhos de energia repelente. Trabalhe com cravo-da-índia para obter dinheiro e abundância. O cravo-da-índia pode ajudar a trazer clareza e a verdade a qualquer situação. Use o cravo-da-índia para aliviar o estresse.

Receita de Bolo de Laranja e Gengibre

O pão de gengibre é uma grande parte das comemorações do Natal. Pães e biscoitos de gengibre foram vendidos em feiras e feitos em formatos específicos ao longo da história da Grã-Bretanha. Biscoitos de gengibre em forma de marido eram vendidos em Hampshire, e namorados de pão de gengibre em forma de coração eram populares em Bath, Somerset.[142] Também temos o bolo de pão de gengibre, bem como os biscoitos crocantes mais conhecidos. Esta versão em forma de bolo é baseada no bolo de gengibre de East Sussex, na Inglaterra.

- 1 colher de chá cheia de especiarias mistas
- 1 colher de chá de bicarbonato de sódio
- 2 colheres de chá cheias de gengibre moído
- 2 ovos
- 50 g de açúcar mascavo escuro e macio
- 100 g de manteiga

142. AnnaW, *Cornish Fairing Biscuits.*

- 100 g de melaço preto ou melaço de cana preta
- 100 g de xarope dourado *(ver receita na nota de rodapé da pág. 130)*, mel ou xarope de milho
- 150 ml de suco de laranja
- 225 g de farinha integral simples

Preaqueça o forno a 150°C. Unte e forre uma forma de pão suíço de 17,5 cm x 27,5 cm.

Pegue uma panela média e derreta nela a manteiga, o melaço, o xarope e o açúcar em fogo baixo. Em uma tigela separada, dissolva o bicarbonato de sódio no suco de laranja. Em seguida, adicione à mistura de manteiga. Mexa para incorporar.

Acrescente a farinha, as especiarias, o gengibre e os ovos. Misture bem para incorporar.

Despeje a massa na forma preparada. Asse por uma hora e deixe esfriar antes de servir.

A Magia do Chá

Criar sua própria mistura de chá de ervas é uma maneira divertida de reunir a energia do mundo vegetal para corresponder ao mês. Apresento aqui a minha receita favorita, mas incentivo você a fazer experiências com os ingredientes de seu próprio armário de ervas e especiarias. Se você gosta de uma bebida mais doce, pode adicionar uma colher de chá de mel ou xarope de bordo.

Mistura Mágica para a Felicidade

Sei que não é um chá, mas o que poderia deixá-lo mais feliz do que uma caneca fumegante de chocolate quente? Pegue dois quadrados de chocolate amargo ou ao leite e uma colher de chá de raspas de laranja. Adicione ao leite quente.

Preparando um Altar

Gosto de decorar meu altar de acordo com as estações do ano. Com frequência, adiciono itens que representam cada mês. Se você já tem um altar ou gostaria de montar um, aqui estão algumas ideias para começar. Comece limpando o espaço; talvez você queira limpá-lo primeiro com fumaça de incenso ou Água de Lua. Colocar uma toalha de altar significa que você pode adicionar um pouco de magia colorida e uma sensação das energias da estação. O resto é inteiramente com você; confie na sua intuição e deixe-se guiar pelo que sente que precisa estar no altar. Talvez você acabe adicionando mais coisas ao seu altar nos próximos dias ou semanas. Fique atento a folhas caídas, galhos, flores e seixos que possam querer entrar em seu altar. Adoro ter um pequeno vaso no meu altar e trago flores frescas, folhagens do jardim ou flores silvestres encontradas em minhas caminhadas. Você também pode acrescentar alguns dos itens a seguir:

- **Brilhos:** fique completamente alucinado com luzes de fada, glitter e tudo o que brilha.
- **Vegetação:** inclua muita vegetação neste mês, principalmente pinheiro, azevinho e hera. Se você puder obter visco de forma ética, ele adiciona uma certa magia ao seu altar.
- **Itens tradicionais:** tenho uma representação do Papai Noel no meu altar como uma homenagem a Odin e a todos aqueles que se uniram para criar essa figura icônica. Você também pode incluir uma mini Tora de Yule.
- **Alimentos:** coloque nozes, laranjas e limas com cravos-da-índia em seu altar. Os paus de canela podem ser amarrados com fitas e as noz-moscada inteiras trazem sorte e sucesso.
- **Cabras, caracóis e crocodilos/jacarés:** encontre uma maneira de incluir representações dos animais deste mês.

Meditação

Leia o roteiro de meditação a seguir e familiarize-se com o conteúdo antes de começar. Como alternativa, pode gravar a leitura da meditação em seu telefone ou laptop e reproduzi-la, ou pode pedir a alguém que a leia para você.

Fique à vontade em um local silencioso onde não será incomodado. Feche os olhos e foque em sua respiração, inspirando e expirando profundamente.

À medida que o mundo ao seu redor se dissipa, você se vê do lado de fora de um grande portão de madeira, inserido em um antigo muro de pedra. O céu acima de você está cinza, com apenas algumas nuvens esparsas. O Sol está brilhando, mas o ar está frio e sua respiração sai em nuvens de névoa. No entanto, você se sente confortável, pois está agasalhado e aquecido.

Você estende a mão para tocar o portão de madeira, ele se abre lentamente. Ao atravessá-lo, você é recebido por uma vasta horta que se estende à sua frente.

Os canteiros cheios de terra são entrecortados por antigos caminhos de tijolos. Alguns dos canteiros são cobertos com lascas de casca de árvore. Outros têm pequenas flores em tons de vermelho, rosa e branco; elas estão rentes ao chão e parecem ser ciclames. Ao longo da borda do jardim há enormes faixas de vegetação, heras em tons de verde, claro e escuro. Em frente a elas, erguendo-se bem alto, há grandes árvores de azevinho com folhas verdes-escuras e bagas vermelhas brilhantes.

Você começa a seguir o caminho à sua frente, que o leva ao redor do jardim. Ao percorrer o caminho, observe cada planta. Se você se sentir atraído por alguma em particular, pare e faça uma conexão. O espírito da planta pode ter uma mensagem para você.

No outro lado do jardim há um banco de madeira, vá até lá e sente-se, sinta-se confortável.

Observe e ouça. Você pode ser saudado por um espírito, uma Divindade ou um guia espiritual animal. Esteja aberto a quem ou ao que quer que seja que encontre o caminho até você. Cumprimente-os e faça perguntas. Ouça suas respostas e fique atento a possíveis mensagens. Eles podem até deixar um presente que tenha significado para você.

Não tenha pressa...

Quando estiver pronto, agradeça por todas as visitas ou mensagens.

Levante-se e retorne ao jardim, ainda observando e ouvindo enquanto caminha. Ao sair, começa a cair uma suave nevasca. No início, é leve, com pequenos flocos de neve que descem do céu; cada um deles desaparece ao se conectar com a terra. Mas à medida que você caminha, a neve começa a grudar, formando um leve cobertor branco sobre o jardim.

Quando chegar ao portão de madeira na parede, vire-se e dê uma última olhada no jardim. Em seguida, passe por ele.

Abra os olhos lenta e gentilmente e volte para esta realidade. Anote todas as mensagens ou detalhes em seu diário.

Divindades

Vou apresentar aqui duas Divindades com as quais trabalho no mês de dezembro, época de interiorização, escolha perfeita para a Divindade Nemetona, que traz a energia de seu próprio espaço sagrado. Acrescente a energia de transformação de Rosmerta, que pode ajudá-lo nessas jornadas interiores. Essas são apenas minhas sugestões; faça suas escolhas em seu próprio caminho. Confie em sua intuição sobre qual Divindade o atrai.

Nemetona

Uma Deusa celta. Seu nome é traduzido como "espaço sagrado" ou "santuário". *Nemeton* significa "bosque sagrado". Seu nome foi encontrado inscrito na França, Inglaterra e Alemanha.[143] Ela protege todos os espaços e árvores selvagens. Ela também é útil para trabalhar em seus próprios espaços sagrados internos.

Rosmerta

Deusa celta e romana da abundância, transformação e riqueza. Rosmerta pode ajudar na cura de todos os tipos: emocional, física e espiritual. Chame-a para viajar com você enquanto faz o trabalho interno para ajudar a curar, descobrir e transformar a si mesmo. Ela era adorada na Grã-Bretanha, na Gália e em toda a região do Ródano.

Ritual para a Felicidade

A felicidade pode ser encontrada nas menores ou mais simples coisas, mas às vezes não conseguimos vê-la, porque estamos procurando demais. Trabalhe com a energia festiva, agitada e movimentada de dezembro para trazer uma vibração feliz para sua vida, família e para o seu lar.

Invoquei a energia de Nemetona para este ritual, embora você possa deixar de lado a parte da Divindade ou invocar um Deus ou Deusa diferente, se preferir.

Você vai precisar de:

- Fósforos ou isqueiro
- Várias velas de pilar ou de jantar
- Verdura, arame e fita para fazer uma coroa de flores ou um centro de mesa (como alternativa, você pode comprar um já pronto)

---

143. van der Hoeven, *Pagan Portals*.

Comece lançando o Círculo, criando um limite para conter a energia da magia e mantendo-o protegido de influências externas. Você pode percorrer o círculo no sentido horário, se tiver espaço, ou simplesmente dar a volta no local. Se puder, é uma boa ideia espalhar pétalas de flores ou ervas secas para formar um Círculo Sagrado físico. Caso contrário, basta visualizar uma luz branca brilhante formando um círculo de proteção. Depois de percorrer o círculo, lembre-se de visualizá-lo tornando-se uma esfera, estendendo-se abaixo de seus pés e acima de sua cabeça.

Ao lançar o Círculo, diga:

Eu lanço este círculo ao redor para manter a energia indesejada fora. Vou girando e girando o círculo, formando uma esfera de proteção acima e abaixo.

Invoque os elementos, voltando-se para cada direção. Ao invocá-los, visualize a força física que cada um traz. Sinta uma brisa em sua pele para o Ar, o calor da chama para o Fogo, a chuva fria para a Água e o solo sob seus pés para a Terra. Comece no Leste e siga seu caminho no sentido horário. Diga:

Convoco o Elemento Ar para emprestar sua energia de intelecto e percepção ao ritual de hoje. Eu lhe dou as boas-vindas.

Convoco o Elemento Fogo para emprestar sua energia de paixão e criatividade ao ritual de hoje. Eu lhe dou as boas-vindas.

Convoco o Elemento Água para emprestar sua energia de intuição e emoção ao rito de hoje. Eu lhe dou as boas-vindas.

Convoco o Elemento Terra para emprestar sua energia de aterramento e estabilidade ao rito de hoje. Eu lhe dou as boas-vindas.

Volte-se para o centro ou para o altar e abra bem os braços para receber a Deusa. Diga:

Invoco a Deusa Nemetona e peço que traga a sua energia positiva do espaço sagrado para este ritual. Eu lhe dou as boas-vindas.

Se estiver criando seu próprio arranjo ou centro de mesa, pegue a folhagem e as fitas. Forme um círculo com elas enquanto visualiza a energia feliz e positiva enchendo a sua casa.

Caso tenha comprado uma coroa de flores ou um arranjo pronto, carregue-o com energia positiva. Extraia energia positiva da terra e canalize-a por seu corpo, pelas mãos e para o arranjo. Você pode acrescentar suas próprias fitas ou decorações extras.

Agora pegue cada vela e abençoe-a. Para fazer isso, segure a vela em suas mãos e diga:

Bênçãos do sol que retorna
Encha esta casa e este lar de diversão
A energia negativa deve ir embora agora
Felicidade e fluxo de energia positiva
Podem vir sem demora

Faça isso para cada uma de suas velas e, em seguida, coloque-as no arranjo. Agradeça à Deusa e diga:

Com meus agradecimentos à Deusa Nemetona. Expresso gratidão por sua energia positiva hoje. Bênçãos e adeus.

Agradeça aos elementos na ordem inversa.
Vire-se para o Norte e diga:

Agradeço ao Elemento Terra por sua presença aqui hoje. Adeus.

Vire-se para o Oeste e diga:

Agradeço ao Elemento Água por sua presença aqui hoje. Adeus.

Vire-se para o Sul e diga:

Agradeço ao Elemento Fogo por sua presença aqui hoje. Adeus.

Vire-se para o Leste e diga:

Agradeço ao Elemento Ar por sua presença aqui hoje. Adeus.

Feche o Círculo caminhando ou girando no local no sentido anti-horário. Visualize o Círculo se dissipando ao seu redor, acima e abaixo de você. Diga:

Ao fechar este Círculo, que a energia da felicidade permaneça.
O Círculo se fecha novamente por mais um dia.

Coma e beba algo que ajude a estabilizar sua energia.

Coloque o centro de mesa em sua lareira, mesa de jantar ou mesa do corredor. Cada vez que acender as velas, diga uma pequena bênção de gratidão pela felicidade que preenche sua casa.

Outras Formas de Comemorar o Mês

- Vá a áreas comerciais movimentadas apenas para absorver a atmosfera. Encontre uma cafeteria com uma vaga na janela, compre um chocolate quente e observe todos os compradores. Aproveite a energia positiva, movimentada e feliz.
- Acenda velas para dar as boas-vindas ao retorno do sol.
- Faça uma coroa de flores para pendurar na porta da frente usando hera, azevinho e fitas coloridas.
- Trabalhe com a meditação para encontrar os espíritos das plantas de vegetação sazonal, azevinho, hera ou visco.
- Procure em sua área local por cultos de canções de Natal para assistir. Muitas canções de Natal fazem referência às tradições Pagãs.

CAPÍTULO TREZE

Janeiro

Geralmente, janeiro é um mês de frio e desconforto no Reino Unido. As festividades de dezembro já se foram, as decorações foram retiradas e a casa parece vazia de alguma forma. Eu costumava ter muita dificuldade com essa energia. Mas agora tento trabalhar com ela.

Não sigo a estratégia "ano novo, nova resolução". Acredito que janeiro é um mês de recuperação. Momento para se recuperar e trabalhar bastante o autocuidado. Deixo toda a magia do novo e do recomeço para fevereiro, pois parece ser um mês muito mais sensato para quebrar hábitos ruins e iniciar novos ciclos. Janeiro significa tirar um tempo para se reagrupar. Dê a si mesmo uma pausa após um dezembro agitado e permita-se um tempo para cuidar de si mesmo. É claro que você pode passar o mês de janeiro pensando no que gostaria de colocar em prática em fevereiro, mas não se preocupe em fazer isso ainda.

Janeiro tem o nome do Deus romano Jano; a palavra é latina e significa "arco".[144] Jano tem duas faces: uma delas olha para trás e a outra para frente. Os anglo-saxões chamavam janeiro de *Æftera Geól/Geola*, que significa "depois da Lua de Yule", ou seja, literalmente depois de Yule.[145]

144. *Collins Dictionary*, "Janus," acesso em 21 de março de 2021, https://www.collinsdictionary.com/dictionary/english/janus.

145. WalkingtheWyrd, "The Anglo Saxon Calendar."

O Que Há na Natureza e Onde Procurar

Janeiro traz todos os tipos de clima rigoroso, mas isso não impede as gotas de neve ou os amentilhos da aveleira. As raposas estão se reproduzindo agora, e é bem possível que você ouça seus gritos horríveis à noite; esse barulho é o das raposas chamando um companheiro. Os bosques estão cheios de galhos nus, que proporcionam uma linha de visão fácil para avistar os veados. A maioria dos insetos ainda está escondida; eles podem ser encontrados sob pedras ou troncos velhos, mas não perturbe o sono deles. Talvez você possa ir até o oceano, pois as algas marinhas crescem o ano todo e as piscinas de pedra podem ter alguns achados interessantes.

Saia de casa e vivencie a natureza, seja no seu quintal, seja em um parque local, seja no campo. Pode até mesmo olhar pela janela. Se tiver uma noite clara, saia e contemple as estrelas. Quais formações você consegue ver? Se não estiver familiarizado com as constelações, há alguns aplicativos de telefone muito bons que podem ajudá-lo.

Feriados e Comemorações

Aqui estão algumas celebrações que acontecem durante o mês de janeiro no Reino Unido, principalmente na Inglaterra, onde moro. Algumas dessas celebrações têm raízes Pagãs, outras são cristãs e algumas têm apenas significado local. Cada celebração desempenha um papel na energia do mês para mim e pode ser adaptada à minha própria prática para fins mágicos. Faça uma pesquisa em sua área local, condado, estado, país. Quais tradições deste mês ressoam melhor para você? Como adaptá-las ao seu próprio caminho?

Décima Segunda Noite

Tradicionalmente, essa é a data em que todas as decorações de Yule são retiradas. Isso remonta a uma antiga tradição Pagã, quando a folhagem era queimada, pois acreditava-se que manter o azevinho em casa por mais de doze noites dava azar; o azevinho se transformaria em um espírito maligno.[146]

Durante a época medieval, a Décima Segunda Noite era um dia de diversão e jogos envolvendo o *Lord of Misrule* (o Senhor da Desordem). Seu

---

146. *Merriam-Webster Dictionary*, s.v. "epiphany (*n*.)," acesso em 23 de fevereiro de 2022, https://www.merriam-webster.com/dictionary/epiphany.

reinado começava no início de Yule, mas a Décima Segunda Noite era seu último dia, tendo organizado todas as festividades nos últimos doze dias.[147]

Na época dos Tudor, era apresentada uma peça de teatro. Um bolo da Décima Segunda Noite também era apresentado. Dentro dele havia um feijão. Quem encontrasse o feijão em sua fatia de bolo se tornava o rei ou a rainha do dia.[148]

Para os Pagãos, os doze dias de Yule começam na véspera, em 20 de dezembro, o que faz da Décima Segunda Noite o dia 31 de dezembro. No calendário cristão, a Décima Segunda Noite é calculada a partir de 25 de dezembro, ou seja, 6 de janeiro.

Atividade

Parece-me uma boa desculpa para fazer uma reunião! Convide sua família e amigos e tenha um dia de diversão e jogos. Você pode até fazer um bolo para a Noite de Reis.

Epifania

Embora essa seja uma celebração cristã, a palavra "epifania" significa "uma aparição ou manifestação".[149] Esse dia celebra as manifestações de Cristo. No entanto, a celebração da Epifania parece ter uma história mais complicada, com raízes em muitas culturas, incluindo a Grécia e o Egito antigos. A Epifania é comemorada em 6 de janeiro.

Atividade

Como Pagãos, podemos nos agarrar à ideia de manifestação e fazer magia para manifestar nossos desejos.

Segunda-feira do Arado

Na primeira segunda-feira após a Décima Segunda Noite, encontramos a *Plough Monday* (Segunda-feira do Arado). Dia que anunciava o fim das férias de Natal. Como o nome sugere, era também o primeiro dia de lavoura do ano. Geralmente envolvia uma comemoração da qual toda a aldeia participava. Os trabalhadores rurais colocavam fuligem em seus rostos para disfarçar

---

147. Sedgwick, "Boost Your New Year with Twelfth Night Folklore!"

148. Buttery, "Twelfth Night Cake."

149. *Merriam-Webster Dictionary*, s.v. "epiphany (*n.*)," acesso em 23 de fevereiro de 2022, https://www.merriam-webster.com/dictionary/epiphany.

quem eram e puxavam um "arado de tolo" pelo vilarejo, que era decorado com cores. Eles pediam doações, aqueles que não doassem livremente teriam seus jardins arados! As comemorações às vezes envolviam um "bobo", que dançava atrás do arado.[150]

Atividade

O solo geralmente é duro e inflexível nessa época do ano, mas coloque seus pés e mãos na terra. Essa é a desculpa perfeita para passar algum tempo se conectando com o elemento Terra. Faça um esforço para sair de casa e ficar com os pés descalços na terra fria (não por muito tempo, obviamente) ou coloque as palmas das mãos no solo. Sinta a energia sob a superfície.

Véspera de Santa Inês

O dia 20 de janeiro é conhecido como a "Véspera de Santa Inês". No final do século 3, quando tinha apenas doze anos de idade, Inês (Agnes) se recusou a se casar com o filho do governador romano. O casamento ia contra suas crenças; ela havia se dedicado à pureza religiosa. O imperador da época decretou que ela deveria ser despida e enviada a um bordel. Sua modéstia foi salva, no entanto, quando seus cabelos cresceram misteriosamente de forma instantânea e cobriram seu corpo, um anjo apareceu e a protegeu no bordel. Inês foi condenada como Bruxa e ordenada a ser queimada na fogueira, mas a lenda diz que o fogo não a queimou. Ela acabou sendo decapitada e, mais tarde, foi reconhecida como santa. A véspera de Santa Inês era uma noite em que as moças sonhavam com seus futuros noivos.[151]

Atividade

Esta é uma boa noite para a magia dos sonhos. Antes de dormir, estabeleça a intenção de ter sonhos proféticos. Mantenha um caderno ao lado da cama para que possa anotar seus sonhos assim que acordar.

Noite de Burns

Todos os anos, no dia 25 de janeiro, a Escócia relembra seu próprio poeta, Robert Burns. A noite envolve um grande banquete, brindes de bebidas e o consumo de *haggis*. As festividades também incluem recitações de seus

150. Barrow, *Plough Monday Traditions and Customs*.

151. *New World Encyclopedia*, s.v."Agnes of Rome," modificado em 30 de abril de 2021, https://www.newworldencyclopedia.org/entry/Agnes_of_Rome.

poemas.[152] O *haggis* é um alimento estranho, não importa o que você pense sobre ele. É o revestimento do estômago de uma ovelha recheado com vísceras e farinha de aveia. Eu já comi e não é nada ruim; algo como uma almôndega firme.

Atividade

Parece ser uma noite perfeita para poesia. Passe algum tempo lendo seus poemas favoritos. Comer *haggis* é opcional.

Tradições

Janeiro traz a energia de um novo começo, mas um começo tranquilo. É quase como se este mês não soubesse se está cansado das festividades anteriores ou se está pronto para uma energia nova e fresca. Seja qual for o caminho que você escolher, aqui estão algumas tradições que podem ser úteis.

Presentear com maçãs

A doação de maçãs é uma tradição antiga em que as crianças saíam às ruas no dia 1º de janeiro com maçãs que haviam sido espetadas com três galhos verdes, como o alecrim. Elas eram dadas aos vizinhos em troca de pequenos presentes, como dinheiro ou comida.[153]

Atividade

Faça a magia da maçã! As maçãs e o alecrim trazem a energia mágica do amor. Você poderia encantar uma maçã com a intenção do amor, depois colocar ramos de alecrim nela e presenteá-la a uma pessoa querida.

Hogmanay e Guising

Guising é uma tradição escocesa. As crianças cantavam rimas em troca de pequenos presentes de comida e bolo, como o *black bun* (um bolo de frutas pesado). Os presentes eram chamados de *hogmanays*. Os *guiseis* geralmente deixavam para trás um pedaço de carvão, pois é considerado má sorte visitar uma casa sem um presente no dia de Ano Novo. O *Hogmanay* ainda é comemorado na Escócia; é a festa de Ano Novo do país.

---

152. "Ultimate Guide to Burns Night."

153. Moore, *Calennig: Wales' New Year Traditions and Celebrations.*

Atividade

Se você visitar alguém no dia de Ano Novo, não se esqueça de levar um presente – você não quer trazer má sorte para essa pessoa! Ou talvez você queira?

First Footer

Na Escócia e no Norte da Inglaterra, é preciso ter cuidado com quem você permite que entre em sua casa no início do ano novo. A partir da meia-noite de 1º de janeiro, a primeira pessoa a entrar em sua casa no ano novo é chamada de *first footer*, "o primeiro a entrar" para dentro do seu lar. Se ela estiver trazendo presentes, isso trará boa sorte para o ano seguinte. Se chegar de mãos vazias, você terá um ano ruim. O presente tradicional do *first footer* era carvão, pão, sal, uísque ou uma moeda; todos eram símbolos de abundância e riqueza. O primeiro a entrar deve vir pela porta da frente e sair pela porta dos fundos.[154]

Atividade

No primeiro dia de janeiro, abro minha porta dos fundos e libero qualquer energia negativa. Em seguida, fecho-a e abro a porta da frente para dar as boas-vindas à energia positiva do próximo ano.

Magia e Conhecimento da Lua

A Lua de cada mês tem muitos nomes ao redor do mundo, geralmente relacionados ao clima ou à terra. Aqui estão alguns dos meus nomes favoritos para a Lua deste mês. *Disting Moon* é um nome da Idade Média, referindo-se a um festival realizado em janeiro que preparava a primavera (embora a data pareça variar).[155] Na Inglaterra medieval, eles usavam o nome *Wolf Moon* para janeiro, um dado adquirido, pois os lobos parecem uivar com mais frequência neste mês, talvez por falta de comida. Os lobos sempre parecem uivar mais em uma Lua cheia. Os antigos celtas chamavam a Lua de janeiro de *Quiet Moon* (Lua Silenciosa), talvez fazendo referência à quietude quando a neve cai ou ao fato de esse mês ser silencioso na natureza no Hemisfério Norte.[156]

---

154. Sedgwick, *What Is First-Footing and Can It Improve Your Year?*

155. "Holy Days."

156. Nugent, *Full Moon Names.*

Dê um Nome à sua Lua

Que nome você daria à Lua de janeiro? Dê uma olhada na sua paisagem no dia da Lua cheia de janeiro e veja o que a natureza lhe inspira. Como o clima está se comportando? O que está crescendo no seu jardim? O que está crescendo na natureza? Qual é a aparência da paisagem atual?

Magia da Lua

Cada mês tem a sua própria energia mágica especial. Você pode usar essa magia para aumentar o poder de seu feitiço. Embora possa trabalhar com qualquer intenção a qualquer momento, acho que associar a energia de um mês específico à fase da Lua, ajuda a aumentar o seu poder. Aqui estão minhas sugestões de magia para trabalhar neste mês:

- **Lua nova:** aspirações, conexões espirituais, pensar em metas
- **Lua crescente:** clareza, verdade, conexões espirituais, iluminação, autocuidado, equilíbrio de suas emoções, criatividade
- **Lua cheia:** clareza, verdade, conexões espirituais, proteção, adivinhação, iluminação, autocuidado, equilíbrio das emoções, criatividade
- **Lua minguante:** relaxamento, autocuidado, equilíbrio de suas emoções, tempo livre, trabalho interno

Atividade

Há muitas opções disponíveis para trabalhar com a magia da Lua! Você pode fazer um feitiço concentrando-se apenas na energia do mês ou reduzi-lo para se concentrar em uma das fases da Lua. Pode também fazer um feitiço diferente em cada uma das fases lunares. Se tiver uma intenção em mente, poderá iniciar o feitiço na Lua nova e aumentar seu poder adicionando-o a cada uma das outras fases da Lua.

Gosto de criar Água de Lua para cada mês. A Água de Lua é simples de fazer; tudo o que precisa é de um frasco limpo com tampa e um pouco de água. Você pode usar água de nascente ou natural; eu uso água da torneira mesmo, mas primeiro eu a fervo para destilá-la. Encha o frasco com água e coloque-o em um local seguro ao ar livre sob a Lua cheia. Outra opção é colocá-lo dentro de casa, no parapeito de uma janela, para que a Lua reflita na superfície da água. Se estiver colocando o frasco do lado de fora, é mais seguro colocar a tampa para que os insetos não pousem nele, mas dentro de casa a tampa pode não ser necessária. Você pode fazer isso para cada uma das fases da Lua, criando um conjunto completo de Água de Lua que pode ser usado para fins mágicos. A Água de Lua é útil para ungir a si mesmo, seu altar, suas ferramentas mágicas, seus cristais e para limpar todos os itens mágicos citados. Pode ser adicionada a Garrafas de Bruxa, borrifada em torno de limites e também para criar um espaço sagrado. Gosto de colocar uma vela de chá em cima do frasco de água e usá-la para fazer feitiços. Não se esqueça de etiquetar o frasco cuidadosamente com a data e a fase da Lua.

Feitiço para Encontrar a Verdade

Use esse feitiço para encontrar a verdade em qualquer situação, para resolver um problema ou para obter alguma percepção e clareza. Este feitiço funciona com a energia do cravo-da-índia e das agulhas de pinheiro para encontrar a verdade e trazer clareza, e o javali proporciona visão para que você veja claramente o caminho a seguir.

Você vai precisar de:

- 1 colher de sopa de óleo de girassol
- 1 pitada de agulhas de pinheiro
- 3 cravos-da-índia
- Água em uma jarra pequena
- Foto ou imagem de um javali (opcional, você pode usar sua imaginação)
- Tigela de vidência ou prato raso

Coloque a foto do javali em um local onde você possa vê-la. Junte todos os ingredientes em um local de fácil acesso, com a tigela de vidência centralizada à sua frente. Pegue os cravos-da-índia e coloque-os na tigela de vidência, dizendo:

Energia mágica dos cravos-da-índia, ajude-me a buscar a verdade.

Em seguida, jogue as agulhas de pinheiro na tigela, dizendo:

Energia mágica do pinheiro, ajude-me a encontrar a verdade.

Despeje água na tigela até que ela esteja cheia até a metade e diga:

Água, traga-me a clareza da visão clara.

Pegue o óleo de girassol e pingue-o na superfície da água, dizendo:

Magia do girassol que busca a verdade, ajude-me a ver com clareza.

Concentre-se na imagem do javali. Aproveite a força que ele proporciona e peça sua ajuda para encontrar a verdade.

Agora, deixe seu olhar cair para a superfície da água. Sente-se em silêncio e visualize a situação ou questão sobre a qual você precisa de clareza. Observe todas as imagens ou símbolos que você vê na superfície da água. Não tenha pressa.

Quando estiver pronto, agradeça ao espírito do javali.

Despeje a mistura de água sobre o solo.

Pense em todas as mensagens que você recebeu enquanto fazia o feitiço, que já pode ter lhe dado alguma clareza, mas as informações também podem levar alguns dias para serem processadas.

Animais

Certos animais são facilmente associados ao mês de janeiro. Alguns são mais ativos e visíveis neste período. Compartilhei aqui alguns animais que têm uma energia que se alinha à magia de janeiro.

Javali

O javali é uma criatura nobre e maravilhosa, que tem sido um símbolo dos guerreiros há séculos. Os javalis trarão transformação e o ajudarão a ver seu caminho com clareza. Trabalhe com o javali para obter proteção, força de guerreiro, espiritualidade, verdade e confiança. Eles podem ajudá-lo a se preparar para o próximo ano e ficarão ao seu lado em todos os desafios da vida.

Fênix

Ao trabalhar com guias espirituais animais, não despreze as criaturas míticas; elas podem ser extremamente poderosas e úteis. A fênix é a minha primeira escolha quando preciso de alguma energia de transformação. A poderosa fênix se sacrifica explodindo em chamas, transformando-se em cinzas e depois renascendo. Ela tem tudo a ver com morte e renascimento. Obviamente, é um animal do elemento Fogo, portanto, carrega consigo toda a energia do fogo. Trabalhe com a fênix para obter transformação, renovação, cura, força e crescimento.

Abutre

O abutre é uma grande parte do ciclo da vida; ele nos mostra como a natureza lida com a morte. Uma ave de ação, em vez de procrastinação, ele não acredita em perder tempo com palavras. Trabalhe com abutres para entender os ciclos de sua própria vida e colocar suas metas em ação. Os abutres também são ótimos para trabalhar com a destruição e o renascimento.

Cristais e Pedras

Cada cristal tem uma energia única e individual. Ao nos conectarmos com eles, podemos descobrir com que tipo de magia podemos trabalhar. Aqui estão algumas sugestões de cristais relacionados a janeiro.

Quartzo-transparente

Um cristal muito versátil e útil. O quartzo-transparente é um bom cristal polivalente. Pode ser usado para limpar e purificar outras pedras. Uma pedra dos elementos Fogo e Água, que traz purificação, limpeza, calma, força, energia, equilíbrio, concentração – bem, praticamente tudo o que você precisar! Para direcionar a energia em qualquer tipo de feitiço, tente usar pontas de quartzo.

Granada

A tradicional pedra de nascimento de janeiro, a granada, é uma pedra da vitória. Ela era carregada por guerreiros para trazer força e proteção. Uma pedra do elemento Fogo, que traz sucesso, paixão, atração, motivação, equilíbrio, força interior, criatividade e abundância. Um bom material.

Olho de tigre

O olho de tigre é uma pedra dos elementos Fogo e Terra, conhecida como "pedra que tudo vê e tudo sabe". É melhor tomar cuidado! O olho de tigre traz inspiração, força, oportunidade, abundância e todo tipo de prosperidade. Ele também pode ajudá-lo com clareza e motivação e, quando necessário, com paciência.

Magia das Plantas

Janeiro é um mês bastante tranquilo no jardim. O solo está congelado e, muitas vezes, coberto de neve no Hemisfério Norte. Mas você poderá ver alguns sinais de vida na forma de açafrões precoces, flores de hamamélis e tojo, se for cedo. Fique atento a qualquer sinal de broto ou de novas folhas surgindo. Mantenha um registro de todas as plantas que encontrar enquanto estiver fora de casa. Tire fotos ou faça esboços de cada uma delas. Faça um álbum de recortes ou um caderno de referência.

Como Trabalhar com Plantas para Uso Mágico

Quando estiver na natureza ou em seu jardim, sente-se com uma planta ou com uma árvore enquanto ela cresce. Estabeleça uma conexão com o espírito da planta e pergunte que orientação ela tem para você. Colete folhas, flores e sementes caídas e seque-as. Utilize as sementes secas em trabalhos mágicos, como bolsas de feitiços, velas, Garrafas de Bruxa e feitiços de todos os tipos.

Observe seu jardim e sua área local. O que você vê florescendo agora? Fique de olho também nas vagens, folhas e bagas decorativas. Depois de identificá-las, descubra quais propriedades mágicas elas têm.

Açafrão (Crocus vernus)

Lindas flores que podem ser encontradas em bosques e prados. Algumas variedades podem ser cultivadas em seu jardim. É uma flor mágica de novos começos e empreendimentos, trazendo a promessa do que ainda está por vir. É também uma flor que anuncia um novo amor e pode trazer afeto para sua vida. Use pétalas de açafrão frescas ou secas para fazer magia.

Atividade

Trabalhe com o açafrão se conectando ao espírito da planta; isso pode ajudar em viagens de visão. Leve um vaso de açafrão para sua casa e compartilhe as vibrações positivas e felizes que essa planta traz.

Tojo (Ulex europæus)

O tojo é um arbusto perene que costuma ser encontrado em charnecas e margens de estradas. As folhas novas são verde-claras e macias, as mais velhas tornam-se espinhosas. Na primavera, ele nos presenteia com flores amarelas brilhantes e depois com vagens de sementes. Use as flores, folhas e sementes frescas ou secas para fazer magia.

Atividade

Faça uma bolsa de feitiço de proteção e inclua folhas de tojo. Adicione flores de tojo a qualquer trabalho de prosperidade, pois se diz que o amarelo atrai ouro.

Hamamélis (Hamamelis virginiana)

Essa pequena árvore tem os mais incríveis galhos retorcidos e tortos. Use as flores, as folhas e os galhos frescos ou secos para fazer magia.

Atividade

Use os galhos de hamamélis para fazer varas de adivinhação. Trabalhe com folhas de hamamélis para proteção e para ajudá-lo a encontrar o equilíbrio interior.

Incensos e Óleos

Traga a energia mágica das plantas do mês criando seu próprio incenso ou mistura de óleos para usar em trabalhos mágicos, banhos rituais ou unções. Aqui estão os meus favoritos para este mês, mas experimente criar o seu próprio.

Mistura de Incenso para Clareza

Partes iguais de casca de hamamélis seca, bagas de zimbro secas e resina de incenso.

Mistura de Óleos para a Verdade

- 8 gotas de óleo essencial de cravo
- 10 ml de óleo de girassol
- 12 gotas de óleo essencial de pinho

Alimentos Mágicos

Embora janeiro possa não parecer um mês propício para produtos frescos, há muitos vegetais para escolher e até mesmo algumas frutas. Mantenha-se aquecido e bem alimentado para combater a tristeza do inverno. Quer você os coma, quer os use em magia, todos os ingredientes têm propriedades mágicas.

Como Trabalhar com Alimentos para Uso Mágico

Você pode adicionar os ingredientes às suas receitas ou comer os alimentos para absorver suas propriedades mágicas. Alguns ingredientes podem ser usados nos trabalhos com feitiços. Coloque o alimento em seu altar ou use folhas secas, flores ou sementes em seus trabalhos mágicos. O suco pode ser usado para beber ou para ungir, ou pode ser adicionado a Garrafas de Bruxa. Alguns produtos podem ser fatiados e secos; essas são excelentes opções para uso em trabalhos mágicos.

Beterraba

A beterraba não é apenas um alimento delicioso, você também pode usar o suco para fazer feitiços. Use o suco de beterraba para escrever petições ou desenhar sigilos, um ótimo substituto para feitiços que exijam sangue. Por ser um vegetal terroso, a beterraba traz uma forte energia de aterramento, além de paixão e amor.

Cenoura

Originalmente, as cenouras não tinham a cor laranja. As cenouras cultivadas eram de cor roxa ou amarela e não tinham um sabor particularmente agradável. As cenouras alaranjadas, a versão mais doce com a qual estamos familiarizados, tornaram-se populares no século 16.[157] Com muita energia masculina, a cenoura traz a energia da fertilidade junto a um grande impulso de paixão. As cenouras podem ser trabalhadas para trazer clareza a uma situação.

Cebola

A cebola talvez seja o vegetal mais usado, pois forma a base de muitos pratos salgados. Ela traz a magia da paixão e da fertilidade, portanto, cuidado! A cebola tem uma energia boa e sólida para ser usada em trabalhos de proteção e saúde espiritual.

Sal

O sal é um dos ingredientes culinários mais comuns. Quase todo mundo tem sal em sua cozinha. O sal traz purificação e limpeza, e finaliza com a magia da proteção. Use-o sozinho ou como base para adicionar outras ervas para fazer magia. O sal pode ser adicionado a todos os tipos de feitiços, e você também pode usá-lo para desenhar círculos e sigilos.

---

157. "History of Carrots."

Receita de Shortbread

O *shortbread* é uma delícia tradicional que vem sendo consumida há séculos. É uma ótima receita para o mês de janeiro, especialmente se você a servir para os primeiros que entrarem pela porta no 1º de janeiro, mas é deliciosa em qualquer época do ano. Nesta receita, acrescentei gotas de chocolate, porque, bem, por que não? Use uma boa manteiga para essa receita – a manteiga é fundamental. Quanto melhor for a manteiga, mais amanteigado será o sabor do *shortbread*.

Você vai precisar de:

- ½ colher de chá de sal
- 100 g de chocolate ao leite ou chocolate comum
- 120 g de açúcar refinado
- 230 g de manteiga amolecida
- 240 g de farinha de trigo comum

Preaqueça o forno a 180°C (350°F). Unte com manteiga uma forma quadrada de 20 cm x 20 cm. Você também pode usar uma forma de bolo redonda, se preferir.

Coloque o açúcar, a farinha, o sal e a manteiga em um mixer de alimentos com uma pá ou em um processador de alimentos. Pulse até que tudo esteja combinado e pareça uma farinha de rosca grossa. Você pode fazer isso à mão, esfregando a manteiga.

Acrescente as gotas de chocolate.

Coloque a mistura na forma preparada e pressione-a para baixo para que ela se misture e preencha a forma.

Asse por 30 a 35 minutos até dourar levemente. Deixe esfriar.

A Magia do Chá

Criar sua própria mistura de chá de ervas é uma maneira divertida de reunir a energia do mundo vegetal para corresponder ao mês. Apresento aqui a minha receita favorita, mas incentivo você a fazer experiências com os ingredientes de seu próprio armário de ervas e especiarias. Se você gosta de uma bebida mais doce, pode adicionar uma colher de chá de mel ou xarope de bordo.

Mistura de Chá de Ervas para Sonhos

Essa é simples! Basta usar o chá de jasmim, que está disponível em forma solta ou em saquinhos de chá. Deixe em infusão em água quente.

Preparando um Altar

Gosto de decorar meu altar de acordo com as estações do ano. Com frequência, adiciono itens que representam cada mês. Se você já tem um altar ou gostaria de montar um, aqui estão algumas ideias para começar. Comece limpando o espaço; talvez você queira limpá-lo primeiro com fumaça de incenso ou Água de Lua. Colocar uma toalha de altar significa que você pode adicionar um pouco de magia colorida e uma sensação das energias da estação. O resto é inteiramente com você; confie na sua intuição e deixe-se guiar pelo que sente que precisa estar no altar. Talvez você acabe adicionando mais coisas ao seu altar nos próximos dias ou semanas. Fique atento a folhas caídas, galhos, flores e seixos que possam querer entrar em seu altar. Adoro ter um pequeno vaso no meu altar e trago flores frescas, folhagens do jardim ou flores silvestres encontradas em minhas caminhadas. Você também pode acrescentar alguns dos itens a seguir:

Por que não fazer uma limpeza em seu altar? Limpe-o completamente e, em seguida, coloque uma toalha de altar branca e fresca. Não coloque nada de volta nele ainda – apenas deixe-o vazio por um tempo e veja como você se sente.

Meditação

Leia o roteiro de meditação a seguir e familiarize-se com o conteúdo antes de começar. Como alternativa, pode gravar a leitura da meditação em seu telefone ou laptop e reproduzi-la, ou pode pedir a alguém que a leia para você.

Fique à vontade em um local silencioso onde não será incomodado. Feche os olhos e concentre-se em sua respiração, inspirando e expirando profundamente.

À medida que o mundo ao seu redor se dissipa, você se vê do lado de fora de um grande portão de madeira, inserido em um antigo muro de pedra. O céu acima de você é cinza claro e uma leve neve está caindo, com flocos suaves dançando no céu. Sob seus pés, o chão tem uma leve cobertura de neve. Quando você se move, a neve faz um barulho de esmagamento. Ao expirar, sua respiração fica enevoada no ar, mas você está vestido para o clima e não sente frio.

Você empurra o portão de madeira, ele luta para abrir, fazendo uma chuva de neve cair do quadro acima. Você passa por ele.

Dentro, há uma grande horta murada repleta de canteiros elevados e vasos de plantas. Um caminho estreito se estende entre eles. A maioria dos canteiros está vazia, com o solo coberto por um manto de neve branca. Árvores altas e finas, com galhos nus, erguem-se por todo o jardim. As paredes exibem contornos que se assemelham a teias de aranha, criadas pelas sombras dos arbustos nus das árvores.

A neve cobriu todo o jardim, mas você ainda pode ver o caminho como um guia através de tudo isso. Você caminha pela trilha, olhando em cada direção, admirando a neve, as árvores nuas e os canteiros cobertos de terra. Respire a quietude fria que uma nova camada de neve traz.

No outro lado do jardim há um banco de madeira, vá até lá e sente-se, sinta-se confortável.

Observe e ouça. Você pode ser saudado por um espírito, uma Divindade ou um guia espiritual animal. Esteja aberto a quem ou ao que quer que seja que encontre o caminho até você. Cumprimente-os e faça perguntas. Ouça suas respostas e fique atento a possíveis mensagens. Eles podem até deixar um presente que tenha significado para você.

Não tenha pressa...

Quando estiver pronto, agradeça por todas as visitas ou mensagens.

Levante-se e retorne ao jardim, ainda observando e ouvindo enquanto caminha. Siga suas pegadas na neve de volta ao ponto de partida.

Quando chegar ao portão de madeira na parede, vire-se e dê uma última olhada no jardim. Em seguida, passe por ele.

Abra os olhos lenta e gentilmente e volte para esta realidade. Anote todas as mensagens ou detalhes em seu diário.

Divindades

Vou apresentar aqui duas Divindades com as quais trabalho no mês de janeiro. Cailleach, uma Deusa sábia que pode oferecer apoio e discernimento durante momentos de silêncio e autocuidado. E Matronae, você não poderia receber mais apoio em seu caminho. Essas são apenas minhas sugestões; faça suas escolhas em seu próprio caminho. Confie em sua intuição sobre qual Divindade o atrai.

Cailleach

Cheia de sabedoria ancestral, Cailleach é tão antiga quanto as colinas. Uma Deusa solitária, criadora das paisagens. Cailleach pode ser encontrada na Escócia, na Irlanda e em partes da Europa. Ela é a personificação do nascimento, da vida, da morte e da renovação.

Matronæ

As Matronae são três mães que trazem abundância e uma forte conexão com a natureza. Essas senhoras foram descobertas pela primeira vez em Cirencester, Gloucestershire, na Inglaterra, mas o culto geral às Matronae pode ser encontrado em toda a Europa.[158] Elas são Deusas do lar e da lareira, da abundância e da boa sorte.

Ritual para Sonhos

A vida moderna é acelerada e agitada. Se não formos cuidadosos, podemos esgotar nossos recursos e descobrir que estamos ficando sem nada. Janeiro é o meu mês de recarga. Faça uma pausa após os últimos meses e priorize o autocuidado antes que a energia empolgante da primavera comece. Acalme-se, coloque os pés para cima, relaxe.

Invoquei a energia de Cailleach para este ritual, embora você possa deixar de lado a parte da Divindade ou invocar um Deus ou Deusa diferente, se preferir.

Você vai precisar de:

- Agulha e linha
- Alfinetes, suficientes para fazer um desenho no travesseiro

---

158. Clifford, *Mother Goddesses.*

- Caneta
- Dois pedaços, do mesmo tamanho, de tecido preto ou azul-escuro (feltro funciona bem); não precisa ser grande, alguns centímetros quadrados são suficientes
- Folha de papel
- Material para encher o travesseiro de tecido
- Pitadas de ervas que ajudam a dormir e a sonhar, como lavanda, camomila, papoula, tomilho, rosa e anis-estrelado

Comece lançando o Círculo, criando um limite para conter a energia da magia e mantendo-o protegido de influências externas. Você pode percorrer o círculo no sentido horário, se tiver espaço, ou simplesmente dar a volta no local. Se puder, é uma boa ideia espalhar pétalas de flores ou ervas secas para formar um Círculo Sagrado físico. Caso contrário, basta visualizar uma luz branca brilhante formando um círculo de proteção. Depois de percorrer o círculo, lembre-se de visualizá-lo tornando-se uma esfera, estendendo-se abaixo de seus pés e acima de sua cabeça.

Ao lançar o Círculo, diga:

Eu lanço este círculo ao redor para manter a energia indesejada fora. Vou girando e girando o círculo, formando uma esfera de proteção acima e abaixo.

Invoque os elementos, voltando-se para cada direção. Ao invocá-los, visualize a força física que cada um traz. Sinta uma brisa em sua pele para o Ar, o calor da chama para o Fogo, a chuva fria para a Água e o solo sob seus pés para a Terra. Comece no Leste e siga seu caminho no sentido horário. Diga:

Convoco o Elemento Ar para emprestar sua energia de intelecto e percepção ao ritual de hoje. Eu lhe dou as boas-vindas.

Convoco o Elemento Fogo para emprestar sua energia de paixão e criatividade ao ritual de hoje. Eu lhe dou as boas-vindas.

Convoco o Elemento Água para emprestar sua energia de intuição e emoção ao rito de hoje. Eu lhe dou as boas-vindas.

Convoco o Elemento Terra para emprestar sua energia de aterramento e estabilidade ao rito de hoje. Eu lhe dou as boas-vindas.

Volte-se para o centro ou para o altar e abra bem os braços para receber a Deusa. Diga:

Invoco a Deusa Cailleach e peço que traga suas habilidades de vidente e sua energia de autocuidado para este ritual. Eu lhe dou as boas-vindas.

Corte dois círculos ou quadrados de seu tecido que sejam mais ou menos do mesmo tamanho. Essas peças serão costuradas para formar um travesseiro dos sonhos, mas ele não precisa ser grande; um bom tamanho seria mais ou menos a palma da sua mão.

Costure três lados do tecido juntos. Coloque o enchimento em seu interior.

Pegue as ervas mágicas em suas mãos e carregue-as com a intenção de ter um sono tranquilo e sonhos proféticos. Em seguida, coloque as ervas dentro do travesseiro.

Costure o restante do travesseiro.

Segure o item finalizado em suas mãos e carregue-o novamente com sua intenção.

Escreva seu nome no pedaço de papel. Prenda o papel com alfinetes em um lado da almofada. Em seguida, vire a almofada e faça um padrão usando alfinetes e criando uma espiral no centro.

Agradeça à Deusa e diga:

Com meus agradecimentos à Deusa Cailleach. Expresso gratidão por sua sabedoria e energia perspicaz hoje. Bênçãos e adeus.

Agradeça aos elementos na ordem inversa.

Vire-se para o Norte e diga:

Agradeço ao Elemento Terra por sua presença aqui hoje. Adeus.

Vire-se para o Oeste e diga:

Agradeço ao Elemento Água por sua presença aqui hoje. Adeus.

Vire-se para o Sul e diga:

Agradeço ao Elemento Fogo por sua presença aqui hoje. Adeus.

Vire-se para o Leste e diga:

Agradeço ao Elemento Ar por sua presença aqui hoje. Adeus.

Feche o Círculo caminhando ou girando no local no sentido anti-horário. Visualize o Círculo se dissipando ao seu redor, acima e abaixo de você. Diga:

Ao fechar este Círculo, que a energia do relaxamento permaneça.
O Círculo se fecha novamente por mais um dia.

Coma e beba algo que ajude a estabilizar sua energia.

Antes de ir dormir, coloque o travesseiro dos sonhos no final da cama. Isso deve ajudá-lo a ter um sono tranquilo e também pode ajudar no trabalho com sonhos. A almofada deve durar um bom tempo. Se achar que ela precisa de um pouco mais de energia, adicione algumas gotas de óleo essencial ao tecido.

Quando perceber que o travesseiro dos sonhos não está mais servindo ao seu propósito, abra-o e jogue as ervas na pilha de compostagem ou enterre-as no solo. O tecido e o enchimento podem ser descartados no lixo.

Outras Formas de Comemorar o Mês

- Limpe sua casa de cima a baixo para trazer um novo começo de energia positiva para o ano civil.
- Durante os meses de inverno, passamos mais tempo dentro de casa, então que tal conhecer o espírito de sua casa? Passe algum tempo fazendo uma conexão com a energia do seu lar. Faça uma oferenda, talvez na lareira, se você tiver uma.
- Pratique o autocuidado. Faça o que você gosta de fazer, ler, desenhar, cozinhar ou qualquer outra coisa que o deixe feliz.
- Descanse, relaxe e se recupere.
- Não gosto da tradição de estabelecer resoluções em janeiro; acho que é muita pressão. Em vez disso, prefiro pensar e começar a planejar pequenas metas, coisas que eu gostaria de alcançar em algum momento no futuro – sem prazos ou regras rígidas e rápidas. Reserve algum tempo para pensar em seus sonhos, desejos e vontades. O que você pode colocar em ação e transformar em realidade?

CAPÍTULO QUATORZE

Fevereiro

O mês de fevereiro inclui o festival Pagão de Imbolc, que é frequentemente mencionado como a primeira indicação da primavera, mas acho que é muito cedo para pensar na primavera. Às vezes, o chão ainda está coberto de neve por aqui. Durante fevereiro, ainda estou saindo do mês de autocuidado/hibernação de janeiro.

Fevereiro tem a ver com crescimento, mas apenas com os estágios iniciais de planejamento e estratégia. Reserve um tempo para sentar e analisar áreas da sua vida. Veja as coisas de uma perspectiva diferente e decida o que você quer fazer e para que lugar quer ir. Passe algum tempo pesquisando e realmente pense nas coisas antes de colocar os planos em ação.

Solmonath era um nome anglo-saxão para fevereiro. *Sol* pode ser traduzido como "lama" ou "areia úmida", referindo-se ao estado do solo, ou talvez "mês do arado". Bede (um monge e historiador inglês) sugeriu que *Sol* fosse traduzido como "o mês dos bolos", que é a referência de que mais gosto.[159] Em fevereiro, bolos salgados e pães eram assados e oferecidos como oferendas para garantir que a colheita fosse boa. Fevereiro vem da palavra latina *Februa*, que era o nome de um festival romano de purificação.[160]

O Que Há na Natureza e Onde Procurar

Os primeiros abelhões explorarão em dias mais quentes. Isso inclui as abelhas-rainhas, que estão procurando novos lugares para viver. As joaninhas/insetos também começarão a aparecer. A natureza começará a mostrar sinais

159. Jones, "A Month by Month Guide to the Anglo-Saxon Calendar."

160. *Merriam-Webster Dictionary*, s.v. "February (*n.*)," acesso em 24 de fevereiro de 2022, https://www.merriam-webster.com/dictionary/February.

de verde, à medida que as folhas se espalham pelo chão da floresta. O lugar para estar neste mês é em seu próprio jardim ou em um parque local. Os animais se aproximarão dos habitats humanos nessa época do ano, em busca de alimento após o longo inverno.

Saia de casa e vivencie a natureza, seja no seu quintal, seja em um parque local, seja no campo. Pode até mesmo olhar pela janela. Se tiver uma noite clara, saia e contemple as estrelas. Quais formações você consegue ver? Se não estiver familiarizado com as constelações, há alguns aplicativos de telefone muito bons que podem ajudá-lo.

Feriados e Comemorações

Aqui estão algumas celebrações que acontecem durante o mês de fevereiro no Reino Unido, principalmente na Inglaterra, onde moro. Algumas dessas celebrações têm raízes Pagãs, outras são cristãs e algumas têm apenas significado local. Cada celebração desempenha um papel na energia do mês para mim e pode ser adaptada à minha própria prática para fins mágicos. Faça uma pesquisa em sua área local, condado, estado, país. Quais tradições deste mês ressoam melhor para você? Como adaptá-las ao seu próprio caminho?

Imbolc

O Imbolc é realizado no primeiro ou segundo dia de fevereiro. Um festival de fertilidade, que celebra o início da vida sob a terra e sobre ela, na forma de uma nova vida animal. Aqueles que seguem um caminho celta geralmente associam esse festival à Deusa Brigid.

Esta é a época de novos começos, os primeiros sinais da primavera. O clima provavelmente ainda será rigoroso, mas se você olhar com atenção, poderá ver algumas pontas de verde, às vezes até mesmo saindo da neve. Os brotos e botões verdes são os primeiros vislumbres de que a natureza está abrindo caminho. Nas fazendas, você também encontrará o início de uma nova vida, com ovelhas dando à luz cordeiros nessa época do ano.

A palavra Imbolc é traduzida como "na barriga", o que pode muito bem refletir a época do nascimento dos cordeiros.[161] Outra variação da palavra é *Oimelc*, que é frequentemente traduzida como "leite de ovelha"; isso também reflete o nascimento dos cordeiros.

161. Scott, *Imbolc Marks the Irish Pagan Start of Spring.*

Atividade

Comemore a nova vida e o crescimento ao seu redor. Faça uma caminhada em sua área local e veja que você pode encontrar novos brotos e flores. Se tiver terras agrícolas ou campos locais, faça uma excursão para ver os cordeiros recém-nascidos. Se quiser comemorar dentro de casa, tente fazer uma receita que inclua leite de alguma forma. Não precisa ser leite de ovelha ou de vaca; você pode usar leite vegetal. O leite serve como uma representação da fertilidade dessa época do ano.

Candelária

Em 2 de fevereiro, ocorre o festival da Candelária. Esse nome às vezes é usado em conjunto com o Pagão Imbolc, mas é uma celebração cristã. A Candelária é um festival que celebra a purificação da Virgem Maria e a apresentação de Cristo no Templo. As velas eram abençoadas pelo clero e entregues aos habitantes do vilarejo para que as carregassem em uma procissão até a igreja. As velas representavam "a luz do mundo", ou seja, Jesus Cristo.[162] Em homenagem à Candelária, as casas do vilarejo colocavam velas acesas nas janelas. Será que o dia 2 de fevereiro foi escolhido pela igreja católica por coincidir com o Imbolc? Talvez.

Atividade

Acenda velas para dar as boas-vindas à primavera que se aproxima, assim como você faria nas comemorações do Imbolc.

Véspera de Santa Brígida

Na véspera de 1º de fevereiro, uma tradição na Irlanda era fazer uma refeição com chá e *boxty* (um pão de batata) depois de passar o dia limpando e organizando a casa. A mesa de chá era posta com todas as melhores louças e artigos de decoração. Um feixe de palha embrulhado em tecido era levado para dentro de casa e recebido como uma representação de Santa Brígida.[163]

Atividade

Eu nunca recuso uma festa de chá chique e essa é uma boa desculpa para realizá-la. Você pode até criar uma representação de Santa Brígida e homenagear sua forma Pagã original, Brigid.

---

162. Holweck, *Tradition of Candlemas.*

163. Healy, *St. Brigid's Day.*

Dia das Noivas / Dia de Santa Brígida / Festa de Brigid

Brigid é uma Deusa antiga que mais tarde foi convertida em santa. Uma Deusa da cura, das fontes de água doce, da criatividade e do parto. Sua festa ocorre na mesma data que Imbolc. Nesse dia, era tradicional criar a cama de uma noiva.

A "noiva", que é outro nome para Brigid, era criada a partir de um feixe de milho vestido com tecido e fitas, conhecida como "Cama de Brigid". A boneca era colocada em uma pequena "cama" perto da lareira da casa. Os desejos eram então feitos à Deusa.[164]

Brigid também era celebrada de outras formas. Flores frescas e precoces eram usadas para decorar a casa. As mulheres distribuíam leite e mel e faziam pedidos. Os homens usavam enfeites de folhagens e fitas na cabeça. Eles eram obrigados a dar um pequeno presente em dinheiro ou flores para a dona da casa. Em seguida, eles tinham acesso à noiva em sua cama e também podiam homenagear Brigid e fazer seus próprios pedidos. As velas para a casa também eram abençoadas nesse dia. As velas eram acesas por um curto período, depois apagadas e usadas durante todo o ano.[165]

Atividade

Abençoe seu próprio estoque de velas para uso futuro. Crie uma noiva e sua cama. Use uma boneca pequena ou faça uma com pés de milho. Vista a boneca com tecido e decore-a com fitas. Em seguida, faça uma cama para ela; eu gosto de usar uma caixa de sapatos velha forrada com tecido. Deixe-a em sua lareira junto a uma oferta de leite e mel e faça seu pedido.

Dia de São Brás

Comemorado em 3 de fevereiro. Em algumas histórias, diz-se que Brás foi o mentor de Merlin, o famoso mágico.[166] São Brás ficou famoso por salvar um menino que estava engasgado com uma espinha de peixe. Depois de ser martirizado, ele se tornou o patrono das gargantas por causa de seu ato heroico.[167]

---

164. Healy, *St. Brigid's Day.*
165. Dendtler, *The Magic of Candlemas.*
166. Fanthorpe and Fanthorpe, *The World's Most Mysterious People.*
167. Rivera, *To Avoid Colds, Catholics Call on St. Blaise.*

Atividade

Use a conexão desse dia com a garganta para fazer magia e melhorar as linhas de comunicação.

Dia dos Namorados

Não temos a certeza de quem foi exatamente São Valentim; há pelo menos dois candidatos. É possível que tenha havido várias pessoas chamadas Valentim que foram confundidas com uma única pessoa. Um dos candidatos era o São Valentim, da Igreja Católica Romana, embora no final da década de 1960, ele tenha perdido seu título de santo, porque não tinham a certeza de que sua história era exata. Valentim era visto como o santo padroeiro dos amantes, apicultores e pessoas com epilepsia. Alguns dizem que Valentim era um padre e médico romano; outros dizem que ele era um bispo italiano.[168]

Independentemente de sua carreira, a história diz que Valentim casava casais secretamente para dispensar os maridos da guerra, o que contrariava as ordens do imperador. Por causa disso, ele foi condenado à morte. Enquanto estava na prisão, ele escreveu para a filha do carcereiro, com quem havia feito amizade (ou talvez se apaixonado). A carta estava assinada "Seu namorado".[169] Esse foi o início das "Mensagens de Valentim"! [170]

Por que o dia 14 de fevereiro foi escolhido como a data do Dia de São Valentim? Alguns dizem que foi a data em que Valentim foi executado.[171] Eu acho que é porque a maioria dos pássaros escolhe seus parceiros nessa época. Esse dia tem tudo a ver com amor: tradicionalmente, mensagens são enviadas para alguém que você ama sem que essa pessoa saiba quem você é. Para ser sincero, isso me parece um pouco sem sentido, mas é assim mesmo. Quem sou eu para julgar um costume antigo?

Atividade

Use a energia de hoje para fazer magia para o amor-próprio, para trazer amor para você ou para sua casa. Não aconselho fazer magia de amor para atrair uma pessoa específica ou para prender alguém a você – isso sempre acaba em mágoa.

---

168. *Encyclopaedia Britannica*, "St. Valentine," modificado em 5 de janeiro de 2021, https://www.britannica.com/biography/Saint-Valentine.

169. Zelazko, *Why Do We Give Valentine Cards?*

170. As *Mensagens de Valentim* e o *Correio Elegante* são basicamente a mesma coisa. Ambos são uma forma de enviar mensagens românticas ou de amor anônimas para alguém. (N. E.)

171. Zelazko, *Why Do We Give Valentine Cards?*

Lupercália

Festival realizado na Roma antiga em 15 de fevereiro. Embora a história desse festival seja desconhecida, ele era celebrado desde o século 6 EC. As comemorações originais começavam com um sacrifício de cabras e, muitas vezes, de um cachorro, que se pensava representar a sexualidade. Os sacrifícios eram realizados pelos Luperci, que eram Sacerdotes romanos. Após o ritual, começava o banquete. Quando a comida e a bebida terminavam, os Luperci corriam nus pela cidade e chicoteavam as mulheres com tiras de couro de cabra.[172]

Os homens selecionavam nomes de mulheres em um jarro com a intenção de se unir a elas durante o festival. Às vezes, eles ficavam juntos por um ano até o festival seguinte, ou até mais.[173]

Com o passar dos anos, as comemorações se tornaram mais calmas, mas a Lupercália ainda era uma época de comportamento violento.

Atividade

Devo admitir que não tenho ideia de como comemorar este festival, pelo menos não sem ignorar sua moral ou ser preso! Talvez devesse sair apenas para uma boa refeição em um restaurante? Encare isso como uma oportunidade de se dedicar novamente ao seu relacionamento ou de dedicar algum tempo ao autocuidado.

Terça-feira de Carnaval

O dia anterior à Quarta-Feira de Cinzas é chamado de *Shrove Tuesday* (Terça-feira Gorda). *Shrove* vem da palavra em inglês antigo *scrīfan*, que se traduz como "prescrever ou impor". A igreja usava essa palavra para atribuir penitência aos pecadores e, com o tempo, também se referia à confissão e à administração da absolvição.[174] Nesse dia, tudo girava em torno de fazer suas confissões ao padre e ser absolvido. Se ao menos fosse assim tão fácil!

A Terça-feira Gorda também é chamada de "Terça-feira da Panqueca". Isso se deve ao fato de que todos os ovos e a manteiga da casa precisavam ser consumidos antes do início do jejum da Quaresma. Para usar os ovos e a manteiga, muitas famílias comiam panquecas na Terça-feira Gorda.[175]

---

172. *Encyclopaedia Britannica*, "Lupercalia," modificado em 12 de fevereiro de 2021, https://www.britannica.com/topic/Lupercalia.

173. History.com Editors, "Lupercalia."

174. *Merriam-Webster Dictionary*, s.v. "shrive (*v.*)," acesso em 22 de março, 2022, https://www.merriam-webster.com/dictionary/shrove.

175. *Encyclopaedia Britannica*, "Shrove Tuesday," modificado em 9 de fevereiro de 2018, https://www.britannica.com/topic/Shrove-Tuesday.

As panquecas eram consumidas muito antes da Terça-feira Gorda; elas existem desde pelo menos 3330 EC. Descobriu-se que um homem do Neolítico comeu panquecas de trigo antes de morrer, e os gregos antigos cozinhavam panquecas e as adoçavam com mel.[176] As panquecas são populares em muitas culturas; em alguns lugares, elas são finas e rendadas, e em outras grossas e fofas. As panquecas podem ser feitas com todos os tipos de farinha, banana-da-terra ou até mesmo com arroz fermentado.

Nos Estados Unidos, a Terça-feira Gorda é chamada de *Mardi Gras* ou *Fat Tuesday*, porque todas as gorduras da casa precisavam ser usadas antes da Quaresma. [177]

Atividade

Quem sou eu para ignorar uma tradição que envolve comer panquecas deliciosas e doces? Faça algumas panquecas. Você pode adicionar um pouco de magia carregando-as com sua intenção. Use as propriedades mágicas dos ovos para fertilidade e novos começos.

Quarta-Feira de Cinzas

Como já falamos sobre a Terça-feira Gorda, faz sentido incluir a Quarta-feira de Cinzas. Esse é o primeiro dia dos Quarenta dias da Quaresma. O jejum durante a Quaresma representa os quarenta dias que Jesus passou no deserto, embora não seja necessário jejuar aos domingos.[178] A ideia por trás da Quaresma é fazer apenas uma refeição por dia, e nada que inclua ovos, laticínios ou carne. É interessante notar que a palavra quaresma deriva da palavra *lengentide*, que se traduz como "prolongamento dos dias" – basicamente, primavera.[179]

Na Quarta-Feira de Cinzas, aqueles que buscavam penitência cobriam a cabeça com um pano de saco e se ajoelhavam diante do bispo, que aspergia cinzas sobre eles.[180] Além de jejuar durante a Quaresma, também não se devia fazer sexo. Tudo isso parece um pouco entediante, na verdade.

---

176. Rupp, *Hot off the Griddle, Here's the History of Pancakes*.
177. *Encyclopaedia Britannica*, "Mardi Gras," modificado em 10 de fevereiro de 2022, https://www.britannica.com/topic/Mardi-Gras-carnival.
178. *Encyclopaedia Britannica*, "Lent," modificado em 28 de maio de 2020, https://www.britannica.com/topic/Lent.
179. "The Liturgical Season of Lent."
180. *Encyclopaedia Britannica*, "Ash Wednesday," modificado em 23 de fevereiro de 2020, https://www.britannica.com/topic/Ash-Wednesday-Christian-holy-day.

Atividade

Este feriado me faz lembrar que sou grata por não seguir mais a fé cristã; não vou abrir mão de coisas divertidas e deliciosas! No entanto, este é um bom momento para fazer um balanço de seu estilo de vida e ver se há algo de que precise abrir mão. Pode ser abrir mão de algo prejudicial à sua saúde, como o fumo, ou pode ter mais a ver com trabalho interno, como quebrar um ciclo de autocrítica ou abandonar um relacionamento tóxico. Tente pensar além do armário de alimentos para este caso.

Ano Bissexto

Fevereiro é o único mês com vinte e oito dias, e há um dia extra a cada quatro anos. (Expliquei o motivo no capítulo 2 deste livro.) Por causa disso, o Ano Bissexto tem uma energia incomum com a qual trabalhar quando chega o dia 29 de fevereiro. Diz-se que é azarado nascer em 29 de fevereiro, mas presumo que isso tenha a ver com o fato de só poder comemorar seu aniversário a cada quatro anos. Este era um dia tradicional para as mulheres pedirem seus homens em casamento, o que é uma ideia um pouco ultrapassada.[181]

Atividade

Costumo usar o Ano Bissexto para fazer algumas magias que exijam sorte extra. Eu o trato como trataria uma Lua azul: uma ocorrência rara. Portanto, faça mágica para algo que você normalmente não pediria, algo que talvez acredite estar fora de alcance.

Tradições

Fevereiro traz uma energia nova, brilhante e fresca e a promessa da primavera. A Deusa Brigid deixa sua marca com estas tradições que você talvez queira experimentar.

Manto de Brigid

O Manto de Brigid representa as terras verdes da Irlanda. Seu manto está repleto do poder da cura e das bênçãos.

Atividade

Crie seu próprio Manto de Brigid usando um pedaço de tecido verde (não precisa ser tão grande quanto um manto). Deixe o tecido do lado de fora ou na lareira no dia 31 de janeiro e Brigid o abençoará. Se você usar o mesmo

181. "Leap Day 2020."

pano todos os anos, a energia se acumulará. Use o pano para magia de cura ou proteção.

Cruz de Brigid

Embora seja usada como símbolo cristão, ela pode muito bem ter origens Pagãs, pois se assemelha à Roda do Sol. A Cruz de Brigid traz fertilidade e vida e pode ser pendurada em casa para oferecer proteção e afastar a fome.

Atividade

Faça uma Cruz de Brigid. Elas podem ser feitas de palha, junco, cana ou capim seco. Você vai precisar de nove pedaços de grama ou palha, além de quatro fitas para amarrar as pontas.

Pegue o primeiro canudo e segure-o na posição vertical. Pegue um segundo canudo e dobre-o ao meio. Coloque o canudo vertical no meio do canudo dobrado. Segure a sobreposição do meio entre seus dedos. Gire os dois canudos um quarto de volta. Pegue um terceiro canudo e dobre-o ao meio, colocando-o sobre as duas partes do segundo canudo e coloque-o da esquerda para a direita em cima do primeiro canudo. Dê mais um quarto de volta no conjunto. Dobre um quarto canudo ao meio sobre todos os outros, com a ponta para cima. Repita esse processo, girando um quarto de volta e adicionando um novo canudo dobrado a cada vez, até que tenha usado todos os nove canudos.

Prenda os braços da cruz com as faixas. O centro forma uma espiral em um formato quadrado com quatro "braços" saindo em ângulos iguais. Para obter instruções mais detalhadas, procure na Internet. Há muitos tutoriais que podem ser seguidos.

Magia e Conhecimento da Lua

A Lua de cada mês tem muitos nomes ao redor do mundo, geralmente relacionados ao clima ou à terra. Aqui estão alguns dos meus nomes favoritos para a Lua deste mês. *Bone Moon* é um nome dado a fevereiro, que pode se referir à falta de alimentos e à necessidade de roer os ossos para aproveitá-los ao máximo. *Snow Moon* (Lua de Neve) também é usado por causa da forte queda de neve. Na Inglaterra medieval, o nome da Lua de fevereiro era *Storm Moon*. Os antigos celtas se referiam à Lua de fevereiro como a Lua de Gelo.[182]

182. Nugent, *Full Moon Names*.

Dê um Nome à sua Lua

Que nome você daria à Lua de fevereiro? Dê uma olhada na sua paisagem no dia da Lua cheia de fevereiro e veja o que a natureza lhe inspira. Como o clima está se comportando? O que está crescendo no seu jardim? O que está crescendo na natureza? Qual é a aparência da paisagem atual?

Magia da Lua

Cada mês tem a sua própria energia mágica especial. Você pode usar essa magia para aumentar o poder de seu feitiço. Embora possa trabalhar com qualquer intenção a qualquer momento, acho que associar a energia de um mês específico à fase da Lua, ajuda a aumentar o seu poder. Aqui estão minhas sugestões de magia para trabalhar neste mês:

- **Lua nova:** amor, fertilidade, cura, amizades, novos projetos, aspirações, conexões espirituais
- **Lua crescente:** amor, fertilidade, crescimento, cura, amizades, clareza, verdade, autocuidado, poder pessoal, equilíbrio de emoções, conexões espirituais, dedicações, iniciações
- **Lua cheia:** amor, paixão, cura, dedicações, iniciações, viagens astrais, amizades, clareza, verdade, solução de problemas, sucesso, adivinhação, autocuidado, poder pessoal, equilíbrio das emoções, proteção pessoal, conexões espirituais
- **Lua minguante:** purificação, cura, solução de problemas, autocuidado, perdão a si mesmo

Atividade

Há muitas opções disponíveis para trabalhar com a magia da Lua! Você pode fazer um feitiço concentrando-se apenas na energia do mês ou reduzi-lo para se concentrar em uma das fases lunares. Pode também fazer um feitiço diferente em cada uma das fases da Lua. Se tiver uma intenção em mente, poderá iniciar o feitiço na Lua nova e aumentar seu poder adicionando-o a cada uma das outras fases da Lua.

Gosto de criar Água de Lua para cada mês. A Água de Lua é simples de fazer; tudo o que precisa é de um frasco limpo com tampa e um pouco de água. Você pode usar água de nascente ou natural; eu uso água da torneira mesmo, mas primeiro eu a fervo para destilá-la. Encha o frasco com água e coloque-o em um local seguro ao ar livre sob a Lua cheia. Outra opção é colocá-lo dentro de casa, no parapeito de uma janela, para que a Lua reflita na superfície da água. Se estiver colocando o frasco do lado de fora, é mais seguro colocar a tampa para que os insetos não pousem nele, mas dentro de casa a tampa pode não ser necessária. Você pode fazer isso para cada uma das fases da Lua, criando um conjunto completo de Água de Lua que pode ser usado para fins mágicos. A Água de Lua é útil para ungir a si mesmo, seu altar, suas ferramentas mágicas, seus cristais e para limpar todos os itens mágicos citados. Pode ser adicionada a Garrafas de Bruxa, borrifada em torno de limites e também para criar um espaço sagrado. Gosto de colocar uma vela de chá em cima do frasco de água e usá-la para fazer feitiços. Não se esqueça de etiquetar o frasco cuidadosamente com a data e a fase da Lua.

Feitiço para Amor-Próprio e Perdão

Provavelmente todos nós somos culpados de não nos perdoarmos ou de não cuidarmos de nós mesmos de vez em quando. Este feitiço – que, na verdade, é mais um ritual de banho – vai nos ajudar a fazer exatamente isso. Certifique-se de dar a si mesmo tempo e espaço suficientes para trabalhar com este ritual. O autocuidado é extremamente importante.

Você vai precisar de:

- 1 colher de chá de pétalas de rosa secas
- 15 gotas de óleo essencial de violeta
- 57 g de sal marinho
- 113 g de sais de Epsom
- Tigela ou pote para misturar os sais

Os sais de Epsom são muito usados em produtos para banho. Embora não sejam de fato um sal, eles são muito usados, porque ajudam a relaxar os músculos. O sal marinho proporciona relaxamento, ajuda a suavizar a pele e ajuda o corpo a se desintoxicar. Eu gosto de usar uma combinação dos dois, mas você pode usar apenas um ou outro.

Para tornar os sais de banho mágicos, gosto de carregar cada item à medida que o coloco na tigela ou no pote. Assente os sais na tigela e coloque sua mão sobre a parte superior. Visualize a liberação e o desprendimento de qualquer energia negativa que possa estar guardando. Diga:

Sal mágico, traga purificação para mim
Libere a energia negativa, por favor.

Em seguida, adicione as gotas de óleo essencial de violeta e visualize-se sendo cuidado e amado. Diga:

Magia violeta, traga-me amor-próprio e dignidade.

Por fim, adicione as pétalas de rosa secas, visualizando você feliz e contente. Diga:

As rosas são vermelhas, as violetas são azuis.
Traga para mim essa magia, a verdade me seduz.

Misture os ingredientes.

Prepare um banho quente e agradável para você. Se for seguro, coloque algumas velas acesas no banheiro. Também pode ser bom colocar uma música relaxante de sua preferência. Quando a banheira estiver cheia, adicione os sais de banho à água e entre nela.

Não tenha pressa agora. Relaxe e aproveite a água morna. Visualize as águas liberando as energias negativas e estagnadas. Sinta a energia mágica das flores preenchendo seu corpo com amor-próprio e cuidados positivos. Fique na banheira o tempo que desejar.

Antes de esvaziar a banheira, você vai precisar retirar as pétalas de rosa da água. Elas podem ser adicionadas à compostagem ou ao lixo.

Animais

Certos animais são facilmente associados ao mês de fevereiro. Alguns são mais ativos e visíveis neste período. Compartilhei aqui alguns animais que têm uma energia que se alinha à magia de fevereiro.

Peixes

Peixes de qualquer tipo podem ajudá-lo com decisões e orientações, além de fornecerem apoio para que você faça as mudanças necessárias para que sua vida possa fluir na direção certa. Obviamente associado ao elemento Água, o peixe pode ajudá-lo a trazer equilíbrio às suas emoções e à sua vida em geral. Peixes é uma boa escolha para fevereiro, quando a vida em geral está começando a fluir.

Cisne

O cisne é uma criatura de beleza e graça, deslizando majestosamente pela água. Mas, por trás disso, há uma potência de força, compromisso e respeito.

Trabalhe com o cisne para ajudar a abrir sua intuição e habilidades psíquicas e para aprender a seguir o fluxo em vez de lutar contra ele. Os cisnes também trazem o poder da autoestima, da aceitação e do autocuidado.

Formiga

Minúsculas, mas muito poderosas, as formigas trabalham juntas, como uma comunidade. Esse trabalho em equipe gera resultados enormes. A formiga traz paciência e uma enorme determinação. Trabalhe com as formigas para criar seus sonhos e atingir suas metas. Elas podem ajudá-lo a planejar e a se preparar para a jornada que tem pela frente.

Cristais e Pedras

Cada cristal tem uma energia única e individual. Ao nos conectarmos com eles, podemos descobrir com que tipo de magia podemos trabalhar. Aqui estão algumas sugestões de cristais relacionados a fevereiro.

Ametista

A ametista é a pedra de nascimento do mês de fevereiro e provavelmente um dos cristais mais conhecidos. Os gregos antigos acreditavam que beber em um copo de ametista evitaria que você ficasse bêbado; suspeito que essa crença esteja equivocada![183] A ametista é uma pedra espiritual que pode ajudar nas mudanças e transições. Ela traz consigo uma energia calmante e tranquilizadora. É uma pedra útil para muitos propósitos, especialmente para espiritualidade, relaxamento, calma, mudança, quebra de padrões, clareza, ansiedade, foco e inspiração.

Madeira petrificada

A madeira petrificada é ou não é uma pedra? Originalmente, era madeira, mas se transformou em pedra com o passar do tempo, portanto, acho que abrange ambos. Basicamente, é um pedaço de vegetação fossilizada. Um tipo de pedra que serve de base e estabiliza. Trabalhe com a madeira petrificada para obter insight, orientação e tomada de decisões. Ela traz força, coragem, transformação e sucesso.

---

183. Brooks, *The Sobering Power of Amethyst*.

Ágata de renda azul

Esta é uma pedra de comunicação, mas também pode ajudar no aprofundamento da espiritualidade. A ágata de renda azul é um cristal do elemento Água que ajuda no equilíbrio emocional e traz felicidade e paz. Trabalhe com esse cristal para obter clareza, renovação, compreensão e confiança.

Magia das Plantas

Embora a natureza ainda esteja tranquila em fevereiro, você pode começar a notar os primeiros sinais da primavera. Podem ser sinais muito pequenos, como alguns brotos em uma árvore, mas eles estão lá. A terra está começando a despertar, retornando lenta e suavemente de seu sono de inverno. Mantenha um registro de todas as plantas que encontrar enquanto estiver fora de casa. Tire fotos ou faça esboços de cada uma delas. Faça um álbum de recortes ou um caderno de referência.

Como Trabalhar com Plantas para Uso Mágico

Quando estiver na natureza ou em seu jardim, sente-se com uma planta ou com uma árvore enquanto ela cresce. Estabeleça uma conexão com o espírito da planta e pergunte que orientação ela tem para você. Colete folhas, flores e sementes caídas e seque-as. Utilize as sementes secas em trabalhos mágicos, como bolsas de feitiços, velas, Garrafas de Bruxa e feitiços de todos os tipos.

Observe seu jardim e sua área local. O que você vê florescendo agora? Fique de olho também nas vagens, folhas e bagas decorativas. Depois de identificá-las, descubra quais propriedades mágicas elas têm.

Narcisos (Narcissus spp.)

Uma das primeiras flores da primavera, os narcisos trazem um toque brilhante de felicidade. Eles vêm em vários tons de branco e amarelo e são uma visão muito bem-vinda após a longa escuridão dos meses de inverno. Você pode usar as flores frescas, mas eu prefiro deixá-las florescer e depois "passar" pela planta antes de arrancá-las e armazená-las para uso posterior. Os narcisos trazem fertilidade de todos os tipos, além de energia de renascimento. Observação: os narcisos são venenosos, portanto, nunca os coma.

Atividade

Cultive narcisos em seu jardim ou leve-os para dentro de casa para proteção; eles também ajudam a limpar a energia negativa.

Snowdrops (Galanthus nivalis)

As *Snowdrops* têm belas flores brancas pequenas em caules verdes. Elas costumam ser o primeiro sinal da primavera. Os vitorianos plantavam *snowdrops* nos túmulos de seus entes queridos; essa pode muito bem ter sido a origem do folclore de que trazer *snowdrops* para dentro de casa também traz má sorte.[184] Use as flores frescas ou secas em trabalhos mágicos.

Atividade

Com sua cor branca, a flor passou a ser associada à pureza. Trabalhe com a flor para homenagear a Deusa Donzela. As *Snowdrops* oferecem esperança e consolo, portanto, use-as em magias com esses objetivos. Como uma das primeiras flores da primavera, ela também traz a magia da morte, da vida e do renascimento.

Violeta (Viola odorata)

As violetas são lindas plantas de primavera com flores roxas ou brancas. Elas são fáceis de cultivar e não se importam muito com o frio. Use as flores frescas ou secas em trabalhos mágicos.

Atividade

Plante violetas no jardim ou leve um vaso para dentro de casa para trazer paz, cura e proteção. Trabalhe com violetas para obter energias de morte e renascimento. Essas flores minúsculas também têm um grande poder de magia amorosa.

Incensos e Óleos

Traga a energia mágica das plantas do mês criando seu próprio incenso ou mistura de óleos para usar em trabalhos mágicos, banhos rituais ou unções. Aqui estão os meus favoritos para este mês, mas experimente criar o seu próprio.

Mistura de Incenso para o Amor

Partes iguais de sândalo vermelho, flores de violeta secas e resina de benjoim.

---

184. Tyrrell, *Wildlife in Cemeteries*.

Mistura de Óleos para o Perdão

- 10 gotas de óleo essencial de rosa
- 10 ml de azeite de oliva
- 12 gotas de óleo essencial de heliotrópio

Alimentos Mágicos

Há muitos vegetais de raiz disponíveis em fevereiro e alguns comestíveis na natureza também. Quer você os coma, quer os use em magia, todos os ingredientes têm propriedades mágicas.

Como Trabalhar com Alimentos para Uso Mágico

Você pode adicionar os ingredientes às suas receitas ou comer os alimentos para absorver suas propriedades mágicas. Alguns ingredientes podem ser usados nos trabalhos com feitiços. Coloque o alimento em seu altar ou use folhas secas, flores ou sementes em seus trabalhos mágicos. O suco pode ser usado para beber ou para ungir, ou pode ser adicionado a Garrafas de Bruxa. Alguns produtos podem ser fatiados e secos; essas são excelentes opções para uso em trabalhos mágicos.

Canela

Na minha opinião, a canela é o melhor ingrediente para a magia de sucesso. É também a especiaria mais usada e versátil em meu kit de ferramentas. A canela cura e ajuda você a lidar com as mudanças. Ela traz foco e aumenta suas habilidades psíquicas. Use a canela para amor e luxúria. Trabalhe com a canela para proteção e para ajudar sua espiritualidade. Uma pitada de canela dá um impulso a qualquer trabalho mágico.

Alho-poró

O alho-poró faz parte da família da cebola e do alho e traz uma energia mágica semelhante. Trabalhe com alho-poró para purificação e para dissipar energia negativa. Pode ser usado em trabalhos mágicos para o amor ou para trazer proteção.

Pastinaca

Talvez o vegetal mais masculino e terroso que existe, a pastinaca traz uma grande dose de energia "masculina". Elas funcionam bem em magias sexuais que exigem essa vibração masculina.

Batata

Amassada, assada, cozida, frita ou de qualquer outra forma que você goste – a batata é um legume muito versátil. Eu já fiz até um bolo com batatas! Use a batata em sua magia para obter aterramento, aumento de energia, cura e prosperidade. A batata é uma boa base para um boneco.

Receita de Boxty

O Boxty é um pão tradicional de festivais irlandeses, achatado e redondo e dividido em quatro porções antes de ser assado. Frequentemente consumido na Terça-feira Gorda, no Dia de Todos os Santos e no Halloween.
Esta receita rende dois pães de boxty.

Você vai precisar de:

- 50 g de manteiga derretida
- 225 g de batatas cruas
- 225 g de farinha de trigo comum
- 225 g de purê de batatas
- Sal e pimenta

Preaqueça o forno a 190°C. Unte uma assadeira grande.

Lave e descasque as batatas cruas e, em seguida, rale-as em um pano limpo (pano de prato). Depois de ralar todas as batatas, segure o pano sobre uma tigela e torça-o bem para espremer o líquido.

Coloque as batatas raladas em uma tigela com o purê de batatas e misture.

Adicione a farinha, a manteiga derretida e os temperos e misture até obter uma massa macia. Se a massa estiver um pouco seca, adicione um pouco do líquido do amido. Amasse bem.

Divida em duas porções e enrole em rodelas planas. (Talvez você precise enfarinhar a tábua primeiro). Coloque as rodelas na assadeira e divida a parte superior de cada pão em quatro com uma faca afiada.

Asse por 40 minutos até ficar firme e dourado. Retire do forno e sirva quente com manteiga.

Variações

- Adicione algumas cebolinhas/cebolões picados.
- Adicione um pouco de bacon cozido picado.
- Adicione uma colher de chá de ervas secas misturadas.
- Adicione um punhado de queijo cheddar ralado.

A Magia do Chá

Criar sua própria mistura de chá de ervas é uma maneira divertida de reunir a energia do mundo vegetal para corresponder ao mês. Apresento aqui a minha receita favorita, mas incentivo você a fazer experiências com os ingredientes de seu próprio armário de ervas e especiarias. Se você gosta de uma bebida mais doce, pode adicionar uma colher de chá de mel ou xarope de bordo.

Mistura de Chá de Ervas para Cura

Uma colher de chá de tomilho seco, ½ colher de chá de sementes de erva-doce e uma pitada de suco de limão. Deixe em infusão em água quente.

Preparando um Altar

Gosto de decorar meu altar de acordo com as estações do ano. Com frequência, adiciono itens que representam cada mês. Se você já tem um altar ou gostaria de montar um, aqui estão algumas ideias para começar. Comece limpando o espaço; talvez você queira limpá-lo primeiro com fumaça de incenso ou Água de Lua. Colocar uma toalha de altar significa que você pode adicionar um pouco de magia colorida e uma sensação das energias da estação. O resto é inteiramente com você; confie na sua intuição e deixe-se guiar pelo que sente que precisa estar no altar. Talvez você acabe adicionando mais coisas ao seu altar nos próximos dias ou semanas. Fique atento a folhas caídas, galhos, flores e seixos que possam querer entrar em seu altar. Adoro ter um pequeno vaso no meu altar e trago flores frescas, folhagens do jardim ou flores silvestres encontradas em minhas caminhadas. Você também pode acrescentar alguns dos itens a seguir:

- **Muitas velas:** em fevereiro, meu altar afunda com o peso de todas as velas. Acrescente velas de todos os tamanhos, formas e cores.
- **Honrar Brigid:** coloque uma Boneca de Brigid em sua cama em seu altar ou decore-o com uma Cruz de Brigid.
- **Uma oferenda:** deixe um prato com leite ou creme.
- **Magia das cores:** use uma toalha de altar branca ou verde.
- **Peixes, cisnes e formigas:** encontre maneiras de incluir representações dos animais deste mês.

Meditação

Leia o roteiro de meditação a seguir e familiarize-se com o conteúdo antes de começar. Como alternativa, pode gravar a leitura da meditação em seu telefone ou laptop e reproduzi-la, ou pode pedir a alguém que a leia para você.

Fique à vontade em um local silencioso onde não será incomodado. Feche os olhos e concentre-se em sua respiração, inspirando e expirando profundamente.

À medida que o mundo ao seu redor se dissipa, você se vê do lado de fora de um grande portão de madeira, inserido em um antigo muro de pedra. O céu acima de você é de um azul límpido, mas o ar é frio e fresco. O chão é duro e está coberto por uma leve camada de neve que está começando a derreter e a desaparecer. Sua respiração sai em uma névoa visível, mas você está bem agasalhado e confortável.

Você empurra o portão, ele se abre lentamente para revelar uma horta murada. Nevou recentemente, mas a neve está começando a derreter, misturando-se com o solo por baixo, formando uma lama marrom e branca. Um caminho estreito entra e sai de canteiros de plantas elevados; o caminho não tem neve, mas está úmido e lamacento.

As árvores ao redor do jardim estão nuas, mas quando você olha de perto, percebe que algumas delas estão cobertas de brotos minúsculos, com pequenas folhas verdes bem fechadas. Você segue o caminho ao redor, olhando para os canteiros elevados e notando alguns brotos verdes muito pequenos começando a se destacar no solo. Um dos canteiros tem uma série de pequenas flores brancas com folhas verdes que você acredita serem snowdrops. Você se detém para dar uma olhada mais de perto. Sinta a energia delas; faça uma conexão, se desejar.

No outro lado do jardim há um banco de madeira, vá até lá e sente-se, sinta-se confortável.

Observe e ouça. Você pode ser saudado por um espírito, uma Divindade ou um guia espiritual animal. Esteja aberto a quem ou ao que quer que seja que encontre o caminho até você. Cumprimente-os e faça perguntas. Ouça suas respostas e fique atento a possíveis mensagens. Eles podem até deixar um presente que tenha significado para você.

Não tenha pressa...

Quando estiver pronto, agradeça por todas as visitas ou mensagens.

Levante-se e retorne ao jardim, ainda observando e ouvindo enquanto caminha. Siga o caminho que o leva de volta ao ponto de partida.

Quando chegar ao portão de madeira na parede, vire-se e dê uma última olhada no jardim. Em seguida, passe por ele.

Abra os olhos lenta e gentilmente e volte para esta realidade. Anote todas as mensagens ou detalhes em seu diário.

Divindades

Vou apresentar aqui duas Divindades com as quais trabalho no mês de fevereiro. A energia da Água é trazida a você neste mês pelas Deusas Arnemetia e Nealênia, cheias de renovação e cura. Essas são apenas minhas sugestões; faça suas escolhas em seu próprio caminho. Confie em sua intuição sobre qual Divindade o atrai.

Arnemetia

Arnemetia é uma Deusa das águas curativas das nascentes em Buxton, Derbyshire, na Inglaterra. Seu nome significa "aquela que mora em frente ao bosque sagrado".[185] Ela tem a conexão com a água, mas também uma forte afinidade com a natureza e as árvores.

Nealênia

Deusa germânica/celta do mar, Nealênia é geralmente associada ao Mar do Norte. Ela tem um lobo como guia e é frequentemente vista com uma cesta de frutas e pães.

Ritual de Cura

O mês de fevereiro é frequentemente associado ao amor devido ao Dia dos Namorados, mas eu gosto de trabalhar com a energia deste mês para a cura. Não podemos amar os outros adequadamente se não amarmos a nós mesmos e, muitas vezes, precisamos curar nosso espírito e alma interiores. Acho que a energia fértil e nova de fevereiro se presta à cura de todos os tipos e nos incentiva a dar uma olhada em nossa saúde e na saúde daqueles que amamos.

---

185. *Oxford Reference*, "Arnemetia," acesso em 22 de março de 2022, https://www.oxfordreference.com/view/10.1093/oi/authority.20110803095425226.

Invoquei a energia de Arnemetia para este ritual, embora você possa deixar de lado a parte da Divindade ou invocar um Deus ou Deusa diferente, se preferir.

Você vai precisar de:

- 1 pedaço de fita ou cordão
- 1 pequena quantidade de óleo de base, como o de amêndoas
- 1 prato pequeno
- 1 pedaço de tecido ou feltro azul com cerca de 15 cm de lado
- Fósforos ou isqueiro
- Óleo essencial de violeta (ou um óleo que você associe à cura)
- Pitadas de quatro ervas/especiarias secas diferentes (gosto de trabalhar com louro, eucalipto, erva-doce e tomilho)
- Vela azul de feitiço em um suporte seguro

Comece lançando o Círculo, criando um limite para conter a energia da magia e mantendo-o protegido de influências externas. Você pode percorrer o círculo no sentido horário, se tiver espaço, ou simplesmente dar a volta no local. Se puder, é uma boa ideia espalhar pétalas de flores ou ervas secas para formar um Círculo Sagrado físico. Caso contrário, basta visualizar uma luz branca brilhante formando um círculo de proteção. Depois de percorrer o círculo, lembre-se de visualizá-lo tornando-se uma esfera, estendendo-se abaixo de seus pés e acima de sua cabeça.

Ao lançar o Círculo, diga:

Eu lanço este círculo ao redor para manter a energia indesejada fora. Vou girando e girando o círculo, formando uma esfera de proteção acima e abaixo.

Invoque os elementos, voltando-se para cada direção. Ao invocá-los, visualize a força física que cada um traz. Sinta uma brisa em sua pele para o Ar, o calor da chama para o Fogo, a chuva fria para a Água e o solo sob seus pés para a Terra. Comece no Leste e siga seu caminho no sentido horário. Diga:

Convoco o Elemento Ar para emprestar sua energia de intelecto e percepção ao ritual de hoje. Eu lhe dou as boas-vindas.

Convoco o Elemento Fogo para emprestar sua energia de paixão e criatividade ao ritual de hoje. Eu lhe dou as boas-vindas.

Convoco o Elemento Água para emprestar sua energia de intuição e emoção ao rito de hoje. Eu lhe dou as boas-vindas.

Convoco o Elemento Terra para emprestar sua energia de aterramento e estabilidade ao rito de hoje. Eu lhe dou as boas-vindas.

Volte-se para o centro ou para o altar e abra bem os braços para receber a Deusa. Diga:

Invoco a Deusa Arnemetia e peço que traga a sua forte energia de cura para este ritual. Eu lhe dou as boas-vindas.

Despeje uma pequena quantidade do óleo de base no prato e adicione algumas gotas do óleo essencial de violeta. Segure o prato em suas mãos e carregue-o com energia de cura. Extraia a energia da terra e canalize-a por seu corpo, pelas mãos e para o óleo.

Agora, cubra a vela com o óleo. Mergulhe o dedo no prato (ou use um pincel pequeno) e unte a vela. Esfregue o óleo da parte superior da vela até o centro e da parte inferior da vela até o centro. Em seguida, coloque a vela no suporte e a acenda.

Visualize a energia de cura ao seu redor. Fale seu nome em voz alta e depois diga:

A energia do óleo e da vela flui
Os problemas de saúde e as doenças agora se vão
A energia de cura e a boa saúde estão chegando
A magia desse feitiço de cura está concluída

Coloque o tecido à sua frente. Adicione quatro ervas, uma pitada de cada vez. Ao adicionar cada uma delas, diga:

A energia dessas ervas agora flui
A má saúde e a doença devem ir embora
A energia de cura e a boa saúde vêm
A magia desse feitiço de cura está concluída

Sente-se em silêncio com a vela acesa e o tecido estendido. Visualize a energia de cura fluindo enquanto a vela queima.

Pegue os cantos do tecido e junte-os. Amarre a fita ao redor para que as ervas fiquem seguras em seu interior.

Agradeça à Deusa e diga:

Com meus agradecimentos à Deusa Arnemetia. Expresso gratidão por sua energia de cura hoje. Bênçãos e adeus.

Agradeça aos elementos na ordem inversa.
Vire-se para o Norte e diga:

Agradeço ao Elemento Terra por sua presença aqui hoje. Adeus.

Vire-se para o Oeste e diga:

Agradeço ao Elemento Água por sua presença aqui hoje. Adeus.

Vire-se para o Sul e diga:

Agradeço ao Elemento Fogo por sua presença aqui hoje. Adeus.

Vire-se para o Leste e diga:

Agradeço ao Elemento Ar por sua presença aqui hoje. Adeus.

Feche o Círculo caminhando ou girando no local no sentido anti-horário. Visualize o Círculo se dissipando ao seu redor, acima e abaixo de você. Diga:

Ao fechar este Círculo, que a energia da cura permaneça.
O Círculo se fecha novamente por mais um dia.

Coma e beba algo que ajude a estabilizar sua energia.

Permita que a vela se apague com segurança. Qualquer resíduo pode ser descartado no lixo.

O feixe de ervas pode ser carregado com você ou colocado em seu altar. Se achar que precisa de um impulso mais tarde, você pode acrescentar algumas gotas de óleo essencial ou abri-lo e acrescentar mais ervas. Quando perceber que o feixe cumpriu sua tarefa, você pode despejar as ervas na pilha de compostagem ou enterrá-las no solo. O tecido pode ser colocado no lixo.

Você também pode usar esse ritual para atrair energia de cura para outra pessoa, dizendo o nome dela em vez do seu próprio. Se estiver trabalhando a cura para outra pessoa, certifique-se de que ela tenha concordado em receber a energia de cura.

Outras Formas de Comemorar o Mês

- Acenda uma fogueira e/ou velas para saudar o retorno do sol.
- Crie pratos na cozinha que usem leite (ou um substituto vegetal) como ingrediente principal.
- Faça uma pesquisa em sua área local para encontrar fontes ou poços naturais e, em seguida, visite um deles.
- Alimente os pássaros. Faça bolas de gordura com sementes ou encha cascas de coco cortadas ao meio com banha de porco ou sebo.
- Faça uma boa limpeza e afie suas ferramentas de jardinagem. Talvez você também queira fazer uma pequena bênção para que elas estejam prontas para a nova estação.

CAPÍTULO QUINZE

Trabalhando com as Estações

Se preferir, você pode trabalhar com as estações do ano em vez dos meses. Isso divide o ano em quatro seções em vez de doze meses, tornando as coisas mais simples. Obviamente, as estações do ano variam dependendo de onde você mora no mundo. Apresentei aqui as datas que são relevantes para o Reino Unido, porque é onde moro, mas siga sua própria área local e padrões climáticos.

Estações Meteorológicas

- **Primavera:** março, abril, maio
- **Verão:** junho, julho, agosto
- **Outono:** setembro, outubro, novembro
- **Inverno:** dezembro, janeiro, fevereiro

Estações Celtas

- **Primavera:** fevereiro, março, abril
- **Verão:** maio, junho, julho
- **Outono:** agosto, setembro, outubro
- **Inverno:** novembro, dezembro, janeiro

Primavera

Para mim, a primavera é o verdadeiro início do ano civil. A Mãe Terra começa a se agitar e, no final da primavera, ela está a todo vapor. Vida nova, energia nova, renovação e recomeços são as principais características dessa estação. A primavera engloba o Equinócio de Primavera e o Festival Pagão de Beltane, ambos com uma forte energia de crescimento, renascimento e vitalidade.

Esta estação se relaciona muito bem com o elemento Ar, que traz a energia do intelecto, do movimento, da fertilidade e da visualização. O Ar traz também liberdade, conhecimento, sonhos, metas e invenções. É o elemento do planejamento, da trama e da esquematização para colocar seus desejos e vontades em ação, o que funciona perfeitamente com a primavera.

A estação da primavera tem tudo a ver com o aspecto de donzela da Deusa, que é geralmente vista como uma virgem, embora o significado original da palavra seja "alguém livre e solto". A Donzela tem a inocência da juventude, mas também o entusiasmo e a admiração que surgem quando se está pronto para explorar o mundo e todas as suas possibilidades. Ela traz antecipação, criatividade, curiosidade, entusiasmo, inspiração e a emoção da exploração.

Faça seu Trabalho de Magia para:

Novos projetos, planejamento, definição de metas, novos começos, renovação, plantio de sementes, criatividade, independência, inspiração, potencial, espiritualidade, confiança.

Ferramenta Mágica: Varinha

A primavera é a estação perfeita para criar sua própria varinha, a ferramenta mágica que corresponde ao elemento Ar. A varinha pode ser usada para direcionar a energia no trabalho com feitiços e lançar círculos em rituais. Varinhas têm possibilidades ilimitadas, pois cada árvore tem sua própria energia e propriedades mágicas exclusivas.

Esta é uma das ferramentas mais simples de criar. Dê uma volta no bosque ou no parque local e peça à Mãe Natureza que lhe dê um pedaço de madeira para fazer uma varinha. Dê uma olhada embaixo das árvores; com sorte, o clima terá derrubado um pedaço de galho adequado para você usar. Caso contrário, peça permissão à árvore e corte um pedaço de galho grande o suficiente para uma varinha – certifique-se de usar tesouras de poda limpas e afiadas. Não se esqueça de deixar um presente de agradecimento para a árvore, seja na forma de alimento vegetal, flores frescas, um cântico ou um poema. Certifique-se de que o presente que você deixar seja biodegradável.

Agora cabe a você criar a varinha. Você pode mantê-la natural, com a casca deixada como está, ou a casca pode ser removida e a madeira lixada; em seguida, pode ser pintada ou envernizada. Símbolos e sigilos podem ser esculpidos na madeira. Os cristais podem ser colados na ponta e as fitas podem ser amarradas ao redor do cabo. Minha sugestão é sentar-se com o galho por alguns dias antes de começar a criar sua varinha; faça uma conexão com a energia do galho e descubra o que ele precisa/quer em termos de decoração ou tratamento.

Verão

Verão significa sol, clima quente e muita atividade no jardim. A Mãe Natureza está em seu elemento absoluto aqui. Crescimento e felicidade são as duas principais características do verão.

Esta estação, relacionada ao elemento Fogo, anda de mãos dadas com a energia solar – afinal, o Sol é uma enorme bola de fogo! O fogo traz paixão, transformação e mudança. É um elemento de ação, do tipo que faz você agir. O fogo pode ser destrutivo, mas com ele vem o poder da transformação: o ciclo de morte e renascimento. É poder, purificação, força, vida e avanço. O Solstício de Verão e o festival Pagão de Lughnasadh ocorrem na estação do verão. São celebrações da vida, da energia solar e da abundância.

O verão nos proporciona um bom vínculo com o aspecto maternal da Deusa. Você pode se conectar a essa fase independentemente de ter dado à luz ou não. A Deusa Mãe tem experiência. Ela é provedora, nutridora, professora e criadora. A Mãe traz abundância, confiança, disciplina, crescimento, orientação, cura e paciência.

Faça seu Trabalho de Magia para:

Crescimento, prosperidade, abundância, felicidade, relaxamento, família, amigos, equilíbrio, realização, harmonia, cura, paciência, poder, proteção, autocuidado, espiritualidade.

Ferramenta mágica: Athame

O elemento Fogo se alinha com o athame ou punhal. Usado em rituais para lançar um círculo, o athame também pode ser usado para direcionar energia. É um símbolo da energia masculina.

Há várias maneiras de criar um athame. Uma das maneiras mais fáceis é comprar um punhal simples e decorá-lo para torná-lo seu. Tenho um com cabo de madeira no qual esculpi símbolos e sigilos. Você pode usar uma faca doméstica e fazer o mesmo, mas lembre-se de que os athames tradicionais têm lâminas sem corte para evitar acidentes! Até mesmo um descascador de legumes ou uma faca de manteiga podem funcionar como um athame. Se você gosta de trabalhar um pouco com a madeira, um athame pode ser feito completamente de um pedaço dela. Também já vi athames feitos de pedra ou de chifre. Criar essa ferramenta mágica pode exigir um pouco de pensamento criativo.

Outono

Época de mudança e transição, que traz um friozinho no ar e faz com que as coisas comecem a se acalmar. É tempo de colheita, de colher o que foi semeado e de abundância de todos os tipos.

O outono está relacionado ao elemento Água, com o qual temos uma forte conexão. A vida veio da Água, nossos corpos são feitos de uma grande porcentagem de água e vivemos em um planeta coberto por este elemento! A Água toca nossas almas; ela tem tudo a ver com emoções e com nosso subconsciente. É liberadora, limpa, purificadora. Abrange a cura, o amor e o trabalho psíquico. O outono nos traz o Equinócio de Outono e o Festival Pagão de Samhain. Esses dois eventos celebram a colheita, o que foi semeado e a abundância que a Mãe Natureza proporciona. O Samhain também homenageia os espíritos daqueles que se foram antes de nós.

A estação do outono corresponde perfeitamente à fase matriarca da Deusa. A Matriarca traz independência, dignidade, autoridade, confiança, controle e experiência. Ela tem o conhecimento, as habilidades organizacionais, o poder e a sabedoria para trazer sucesso a todas as coisas. A Matriarca se sente confortável fazendo o que faz e não se importa com o que os outros pensam sobre isso!

Faça seu Trabalho de Magia para:

Mudança, transição, colheita, abundância, prosperidade, confiança, conhecimento, organização, poder, realização pessoal, espiritualidade, viagens, sucesso.

Ferramenta mágica: Cálice

A ferramenta mágica perfeita para os meses de outono – e que se relaciona muito bem com o elemento Água – é o cálice. Esta ferramente pode ser usada para conter sua bebida ritual ou para conter água como uma representação do elemento em seu altar. Simboliza o útero, a energia feminina e a Deusa.

Fazer um cálice do zero pode ser complicado, a menos que você seja muito habilidoso com argila. No entanto, se procurar em lojas de artigos de segunda mão ou de caridade, poderá encontrar lindos cálices de vidro, cerâmica ou metal. Elas podem ser pintadas com símbolos ou sigilos para deixar o cálice com a sua cara. Você pode adquirir canetas especiais que desenham lindamente no vidro, ou cristais e pedras preciosas podem ser colados na parte externa com cola.

Inverno

O inverno nos dá a oportunidade de nos recolhermos, hibernarmos e dedicarmos tempo ao trabalho interno. Estamos sendo solicitados a recarregar e a reabastecer nossa energia para estarmos prontos quando a primavera chegar novamente.

Estação relacionada ao elemento Terra, que é o elemento que nos conecta à natureza e à própria Mãe Terra. É o solo sobre o qual caminhamos, as árvores e plantas ao nosso redor e as pedras, cristais e gemas com os quais trabalhamos. A Terra é aterrada e receptiva, absorvendo a energia negativa e nos proporcionando estabilidade. O Solstício de Inverno cai nessa estação e é um momento de celebração: comemoramos a família, os amigos e o retorno do sol. O Imbolc também cai na estação do inverno; é um lembrete de que a vida está sempre lá, sob a terra, esperando para renascer.

É a estação da Bruxa, que traz sabedoria, conhecimento, orientação, experiência e a jornada de transformação. O aspecto da Deusa da Anciã já viu de tudo, fez de tudo e tem muita bagagem. Ela está velha e cansada demais para tolerar qualquer bobagem, mas não se deixe enganar – ainda há vida na anciã!

Faça seu Trabalho de Magia para:

Liberação, trabalho interno, trabalho com as sombras, deixar ir, proteção, transformação, sabedoria, conhecimento, ciclos da vida, destruição, adivinhação, orientação, justiça, retribuição, verdade.

Ferramenta mágica: Pentáculo

Para um projeto de inverno, criar seu próprio pentáculo para colocar em seu altar é uma ideia perfeita, pois se relaciona muito bem com o elemento Terra.

As opções para criar um pentáculo são ilimitadas. Eu gosto de usar azulejos de cerâmica e pintar um pentagrama com tinta acrílica ou canetas. Você pode criar um com massa de modelar ou colar um fio de couro ou barbante em um azulejo ou tábua plana e criar a forma. Se você gosta de pirografia, pode queimar o símbolo do pentagrama em um pedaço plano de madeira. Um pentáculo também pode ser criado com arame e miçangas, o que pode ser muito bonito, ou com galhos de madeira, que podem ser amarrados com barbante ou fita. Como você pode ver, há várias maneiras de moldar um pentáculo com todos os tipos de materiais. O item acabado pode ser colocado em seu altar como um ponto focal central ou para representar a direção do Norte e o elemento Terra.

CONCLUSÃO

E assim, até o Final das Estações

Seja qual for a maneira que você escolher para trabalhar com a energia do ano, acredito que é importante torná-la sua. Quer você se concentre nos meses, nos Sabbats ou nas estações, faça com que isso funcione para você. Traga a energia de sua própria localização e das celebrações populares de sua região. Isso torna o ano uma jornada pessoal e ajuda a aprofundar a conexão com a Mãe Terra. Não há caminho certo ou errado – apenas seu próprio caminho. Aproveite a jornada.

Bibliografia

"9 Things You Didn't Know about St. George." English Heritage. Accessed February 7, 2022. https://www.english-heritage.org.uk/visit/whats-on/st-georges-day/9-things-you-didnt-know-about-st-george/.

"Abbots Bromley Horn Dance 2021, UK." Travel Begins at 40, September 6, 2021. https://www.travelbeginsat40.com/event/abbots-bromley-horn-dance/.

"About Us." EARTHDAY.ORG. Accessed February 7, 2022. https://www.earthday.org/about-us/.

Alexander, Martha. "Visit Whitstable Oyster Festival." *Britain Magazine*. Accessed February 18, 2022. https://www.britain-magazine.com/features/region/england/east-anglia/suffolk/whitstable-oyster-festival/.

Allen, Louise. "Ophelia's Maiden Strewments in an English Church." Jane Austen's London, May 25, 2017. https://janeaustenslondon.com/tag/maidens-garlands/.

"Andraste–The Warrior Goddess." The White Goddess (blog). Accessed February 19, 2022. http://www.thewhitegoddess.co.uk/the_goddess/andraste_-_the_warrior_goddess.asp.

AnnaW. "Cornish Fairing Biscuits." *Baking for Britain* (blog), February 10, 2006. http://bakingforbritain.blogspot.com/2006/02/cornish-fairing-biscuits.html.

"Autumn Equinox–Alban Elfed." Druidry. Accessed March 21, 2022. https://druidry.org/druid-way/teaching-and-practice/druid-festivals/autumn-equinox-alban-elfed.

Barrow, Mandy. "Facts about July Customs and Traditions." Project Britain. Accessed March 18, 2022. http://projectbritain.com/year/july.htm.

_____. "Facts about the Month of April." Project Britain. Accessed March 18, 2022. http://projectbritain.com/year/april.htm.

_____. "Facts about Twelfth Night–Decorations." Project Britain. Accessed February 23, 2022. http://projectbritain.com/Xmas/twelfth.htm.

_____. "Plough Monday Traditions and Customs." Project Britain. Accessed March 21, 2022. http://projectbritain.com/ploughMonday.htm.

"Bawming Day." Appleton Thorn. Accessed February 15, 2022. https://appleton-thorn.org.uk/bawming-day/.

"Beltane." The Goddess & The Green Man. Accessed March 18, 2022. https://www.goddessandgreenman.co.uk/Beltane.

Bikos, Konstantin, and Aparna Kher. "Gregorian Calendar Reform: Why Are Some Dates Missing?" Time and Date. Accessed February 3, 2022. https://www.timeanddate.com/calendar/julian-gregorian-switch.html.

Black, Maggie. "Saints and Soul-Caking." *History Today* 31, no 11 (Nov. 1981). https://www.historytoday.com/archive/saints-and-soul-caking.

Bradley. "Santa Is Odin." L. E. Phillips Memorial Public Library, December 20, 2021. https://www.ecpubliclibrary.info/santa-is-odin/.

Brooks, Jay. "The Sobering Power of Amethyst." *Brookston Beer Bulletin* (blog), December 26, 2013. https://brookstonbeerbulletin.com/the-sobering-power-of-amethyst/.

Buckle, Anne, and Vigdis Hocken. "March: Worm Moon." Time and Date. Accessed March 18, 2022. https://www.timeanddate.com/astronomy/moon/worm.html.

"The Burning of Old Bartle." The Yorkshire Dales. Accessed February 18, 2022. https://www.yorkshire-dales.com/burning-of-old-bartle.html.

"Burning Rolling Wheel." *Old European Culture* (blog), October 12, 2017. https://oldeuropeanculture.blogspot.com/2017/10/burning-rolling-wheel.html.

Buttery, Neil. "Twelfth Night Cake." *British Food: A History* (blog), January 5, 2019. https://britishfoodhistory.com/2019/01/05/twelfth-night-cake/.

Castelow, Ellen. "Martinmas." Historic UK. Accessed March 21, 2022. https://www.historic-uk.com/CultureUK/Martinmas/.

Castro, Joseph, and Jessica Leggett. "When Was Jesus Born?" *Life's Little Mysteries* (blog). Live Science. November 19, 2021. https://www.livescience.com/42976-when-was-jesus-born.html.

Cavendish, Richard. "London's Last Bartholomew Fair." *History Today* 55, no. 9 (Sept. 2005). https://www.historytoday.com/archive/london's-last-bartholomew-fair.

Chandler, Victoria. "The Ultimate Guide to Stir-Up Sunday 2021." *Good Housekeeping*, October 5, 2021. https://www.goodhousekeeping.com/uk/christmas/christmas-countdown/a550045/ultimate-stir-up-sunday-when/.

Clarkson, Janet. "St. Bartholomew's Day." *The Old Foodie* (blog), August 24, 2006. http://www.theoldfoodie.com/2006/08/st-bartholomews-day.html.

"Clement of Rome (Died 110 A.D.)." Catholic Faith and Reason. Accessed February 21, 2022. https://www.catholicfaithandreason.org/st-clement-of-rome-died-110-ad.html.

Clifford, Miles. "Mother Goddesses." *Corinium Museum* (blog), August 30, 2019. https://coriniummuseum.org/2019/08/mother-goddesses/.

Coca-Cola History. "Five Things You Never Knew about Santa Claus and Coca-Cola." The Coca-Cola Company. Accessed February 22, 2022. https://www.coca-colacompany.com/company/history/five-things-you-never-knew-about-santa-claus-and-coca-cola.

Couchman, Vanessa. "Saint Catherine's Day Customs." *Life on La Lune* (blog), November 25, 2013. https://vanessafrance.wordpress.com/2013/11/25/saint-catherines-day-customs/.

Damh the Bard. "The Wheel of the Year–Valid or Not?" *Pagan Music*, April 3, 2013. https://www.paganmusic.co.uk/the-wheel-of-the-year-valid-or-not/.

Dendtler, Carrie. "The Magic of Candlemas." The Parenting Passageway, January 29, 2010. https://theparentingpassageway.com/2010/01/29/the-magic-of-candlemas/.

"Does the Month of March Have Anything to Do with 'Marching?'" Dictionary.com, February 28, 2022. https://www.dictionary.com/e/march/.

Ewbank, Anne. "The Holiday that Celebrates Apples with Rifles and Cider." *Atlas Obscura*, January 5, 2018. https://www.atlasobscura.com/articles/apple-wassail-orchards-cider-january-tradition.

Fanthorpe, Lionel, and Patricia Fanthorpe. *The World's Most Mysterious People*. Toronto: Hounslow Press, 1998.

"The Fifth of November." All Nursery Rhymes. Accessed February 21, 2022. https://allnurseryrhymes.com/the-fifth-of-november/.

Filippone, Peggy Trowbridge. "The History of Broccoli." The Spruce Eats. Updated July 22, 2021. https://www.thespruceeats.com/broccoli-history-1807573.

Freeman, Mara. *Kindling the Celtic Spirit: Ancient Traditions to Illumine Your Life through the Seasons*. San Francisco: HarperSanFrancisco, 2000.

George, Arthur. "The Mythology of May Day III: Maypoles and Their Rituals." *Mythology Matters* (blog), May 1, 2015. https://mythologymatters.wordpress.com/2015/05/01/the-mythology-of-may-day-iii-maypoles-and-their-rituals/.

Gordon, Kevin. "How to Celebrate St. Clement's Day." Quirky Sussex History, November 20, 2016. https://sussexhistory.net/2016/11/20/how-to-celebrate-st-clements-day/.

Grasmere Gingerbread. "*Grasmere*, Cumbria." Sarah Nelson's Grasmere Gingerbread. Accessed March 21, 2022. https://www.grasmeregingerbread.co.uk/page/grasmere/.

Greenspan, Jesse. "Guy Fawkes Day: A Brief History." *HISTORY*. Updated November 4, 2021. https://www.history.com/news/guy-fawkes-day-a-brief-history.

Healy, Sile. "St. Brigid's Day–Beliefs and Customs." Claregalway, February 2, 2017. https://claregalway.info/nuacht/news/2017/02/st-brigids-day-beliefs-customs/.

History.com Editors. "Halloween 2021." *HISTORY*. Updated October 25, 2021. https://www.history.com/topics/halloween/history-of-halloween.

_____. "Lupercalia." *HISTORY*. Updated February 11, 2022. https://www.history.com/topics/ancient-rome/Lupercalia.

_____. "Saturnalia." *HISTORY*. Updated December 18, 2020. https://www.history.com/topics/ancient-rome/saturnalia.

"History of Carrots–A Brief Summary & Timeline." World Carrot Museum. Accessed February 23, 2022. http://www.carrotmuseum.co.uk/history.html.

"The History of the Dunmow Flitch Trials." Dunmow Flitch Trials. Accessed February 18, 2022. https://www.dunmowflitchtrials.co.uk/history/.

Hocken, Vigdis. "How Long Is a Tropical Year / Solar Year?" Time and Date. Accessed February 3, 2022. https://www.timeanddate.com/astronomy/tropical-year.html.

Holweck, Frederick George. "The Tradition of Candlemas." *Catholic Answers*, February 2, 2017. https://www.catholic.com/magazine/online-edition/the-tradition-of-candlemas.

"Holy Days." The Asatru Community. Accessed March 22, 2022. https://www.theasatrucommunity.org/holidays.

"How Did the Month of June Get Its Name?" Dictionary.com, June 1, 2021. https://www.dictionary.com/e/june/.

"How the Picnic Came to British Blankets." BBC. Accessed March 18, 2022. https://www.bbc.co.uk/bitesize/articles/zkhq47h.

Hughes, Kris. "That Mabon Thing Again!" *Go Deeper* (blog), September 18, 2013. http://www.godeeper.info/blog/that-mabon-thing-again.

Jansen, Sharon L. "Saint Walpurga, Writer and Missionary." *The Monstrous Regiment of Women* (blog), February 25, 2020. https://www.monstrousregimentofwomen.com/2020/02/saint-walpurga-writer-and-missionary.html.

Johnson, Ben. "St David–Patron Saint of Wales." *Historic UK*. Accessed March 18, 2022. https://www.historic-uk.com/HistoryUK/HistoryofWales/St-David-Patron-Saint-of-Wales/.

Jones, Julia, and Barbara Deer. *Cattern Cakes and Lace: A Calendar of Feasts*. London: Guild Publishing, 1900.

Jones, Paul Anthony. "A Month by Month Guide to the Anglo-Saxon Calendar." *Mental Floss*, January 16, 2015. https://www.mentalfloss.com/article/61127/month-month-guide-anglo-saxon-calendar.

Jones, Pollyanna. "Michaelmas and Mop Fairs–Lore and Traditions of an English Festival." HubPages, June 27, 2017. https://discover.hubpages.com/education/Michaelmas-and-Mop-Fairs-Lore-and-Traditions-of-an-English-Festival.

_____. "Sabrina: Fair Goddess of the Severn." Exemplore, June 26, 2020. https://exemplore.com/legends/Sabrina-Fair-Goddess-of-the-Severn.

Jones-Bley, Karlene. "An Archaeological Reconsideration of Solar Mythology." *Word* 44, no 3 (1993): 431–43. https://doi.org/10.1080/00437956.1993.11435911.

Kelly, Aidan. "About Naming Ostara, Litha, and Mabon." *Including Paganism with Aidan Kelly*, May 2, 2017. https://www.patheos.com/blogs/aidankelly/2017/05/naming-ostara-litha-mabon/.

Klimczak, Natalia. "Belisama: Who Was This Beautiful, Powerful, and Popular Gaulish Goddess?" *Ancient Origins*. Updated April 1, 2017. https://www.ancient-origins.net/myths-legends/belisama-who-was-beautiful-powerful-and-popular-gaulish-goddess-007826.

LancashireFolk. "Bawming the Thorn in Appleton, Chesire." Lancashire Folk, May 15, 2020. https://lancashirefolk.com/2020/05/15/bawming-the-thorn-in-appleton-cheshire/.

Lang, Cady. "What Is Samhain? What to Know about the Ancient Pagan Festival That Came Before Halloween." *Time*, October 30, 2018. https://time.com/5434659/halloween-pagan-origins-in-samhain/.

"Leap Day 2020: Here Are Some Myths Associated with February 29." *Free Press Journal*. Updated February 29, 2020. https://www.freepressjournal.in/viral/leap-day-here-are-some-myths-associated-with-february-29.

Lifestyle Desk. "From Vat Purnima to Strawberry Moon: Here's What the June Full Moon Is Called Across the World." News 18. Updated June 23, 2021. https://www.news18.com/news/lifestyle/from-vat-purnima-to-strawberry-moon-heres--what-the-june-full-moon-is-called-across-the-world-3883055.html.

"The Liturgical Season of Lent." Wycliffe Presbyterian. Accessed March 22, 2022. https://www.wycliffepresbyterian.org/join-us.

Lovegrove, Chris. "Wishing Wells & Votive Offerings." Holy and Healing Wells, 1988. https://insearchofholywellsandhealingsprings.com/source-first-series-contents/wishing-wells-votive-offerings/.

Mark, Joshua J. "Wheel of the Year." *World History Encyclopedia*, January 28, 2019. https://www.worldhistory.org/Wheel_of_the_Year/.

"Maypole." *Path to the Maypole of Wisdom* (blog). Accessed March 18, 2022. https://maypoleofwisdom.com/blog/.

McCoy, Daniel. "The Wild Hunt." Norse Mythology for Smart People. Accessed March 21, 2022. https://norse-mythology.org/the-wild-hunt/.

Moon, Kat. "Here's Why People Kiss Under the Mistletoe at Christmastime." *TIME*, December 13, 2018. https://time.com/5471873/mistletoe-kiss-christmas/.

Moore, Dylan. "Calennig: Wales' New Year Traditions and Celebrations." *The National*, December 31, 2021. https://www.thenational.wales/news/19818055.calennig-wales-new-year-traditions-celebrations/.

Morningbird. "Yule Log." *The Witchipedia*, November 13, 2019. https://witchipedia.com/glossary/yule-log/.

Mrs. Rudd. "20 December–St. Thomas Eve." *Widow's Weeds* (blog), December 20, 2011. http://thewidowsweeds.blogspot.com/2011/12/20-december-st-thomas-eve.html.

"The Mysterious Origins of 'April.'" Dictionary.com, April 1, 2021. https://www.dictionary.com/e/april/.

Noble, Thomas F. X., trans. *Charlemagne and Louis the Pious: Lives by Einhard, Notker, Ermoldus, Thegan, and the Astronomer*. State College: Penn State University Press, 2009. https://doi.org/10.5325/j.ctv14gpdcb.

Nugent, Gary. "Full Moon Names." LunarPhase Pro, October 23, 2016. https://www.lunarphasepro.com/full-moon-names/.

"Old German Calendar Names." European Roots Genealogy. Accessed March 18, 2022. http://european-roots.com/old_german.htm.

"The Origin of July and the Jubilant Holidays It Holds." Dictionary.com, July 1, 2021. https://www.dictionary.com/e/july/.

"Origins and Meanings of the 12 Months." Almanac, November 12, 2021. https://www.almanac.com/content/how-did-months-get-their-names.

Phillips, George L. "May-Day Is Sweeps' Day." Folklore 60, no. 1 (March 1949): 217–27. https://www.jstor.org/stable/1257022.

Pinto, Eliseo Mauas. "Celtic Symbolism: Why Is 'Avalon' known as the 'Island of the Apples'?" *Celticsprite* (blog), August 5, 2011. https://celticsprite.wordpress.com/2011/08/05/celtic-symbolism-why-is-avalon-known-as-the-island-of-the-apples/.

PixyledPublications. "Custom Demised: Avoid Eating Blackberries After Michaelmas Day." Traditional Customs and Ceremonies, September 30, 2017. https://traditionalcustomsandceremonies.com/2017/09/30/custom-demised-avoiding-blackberries-after-michaelmass-day/.

Planet Bee Foundation. "The Sacred Bee: Ancient Greece and Rome." Planet Bee Foundation, May 4, 2018. https://www.planetbee.org/planet-bee-blog//the-sacred-bee-ancient-greece-and-rome.

"Punkie Night." Monstrous. Accessed February 19, 2022. https://web.archive.org/web/20061122224220/http://halloween.monstrous.com/punkie_night.htm.

"The Purpose and Symbolism of the Advent Wreath and Candles." Mercy Home. Accessed February 22, 2022. https://www.mercyhome.org/blog/sunday-mass/advent-wreath/.

Raedisch, Linda. *Night of the Witches: Folklore, Traditions & Recipes for Celebrating Walpurgis Night*. Woodbury, MN: Llewellyn Publications, 2011.

Rankine, David, and Sorita d'Este. *The Isles of the Many Gods: An A–Z of the Pagan Gods & Goddesses of Ancient Britain during the First Millennium CE through to the Middle Ages*. London: Avalonia, 2007.

Richardson-Read, Scott. "The Beltuinn Bannock, Bonnach Bealltainn." Cailleach's Herbarium. Accessed March 18, 2022. https://cailleachs-herbarium.com/2015/04/the-beltuinn-bannock-bonnach-bealltainn/.

"Rigantona." Rigantona. Accessed March 18, 2022. https://rigantona.net/rigantona/.

Rivera, John. "To Avoid Colds, Catholics Call on St. Blaise: Traditional Blessing Has Roots in the Fourth Century." *Baltimore Sun*, February 3, 1998. https://www.baltimoresun.com/news/bs-xpm-1998-02-04-1998035030-story.html.

Rogers, Jude. "The Midwinter Majesty of the Mari Lwyd." Wales.com. Accessed February 22, 2022. https://www.wales.com/about/culture/mari-lwyd.

Rupp, Rebecca. "Hot off the Griddle, Here's the History of Pancakes." *National Geographic*, February 27, 2018. https://www.nationalgeographic.com/culture/article/hot-off-the-griddle-heres-the-history-of-pancakes.

"Saint Patrick–The Life of Saint Patrick." Ireland Information. Accessed March 18, 2022. https://www.ireland-information.com/articles/saintpatrick.htm.

Schousboe, Karen. "Souling." Medieval Histories, October 31, 2013. https://www.medieval.eu/soul-cakes-and-souling/.

Scott, Kathy. "Imbolc Marks the Irish Pagan Start of Spring–Something Is Stirring." IrishCentral, February 1, 2022. https://www.irishcentral.com/roots/history/imbolc-irish-pagan-spring.

Sedgwick, Icy. "Boost Your New Year with Twelfth Night Folklore!" Icy Sedgwick, January 4, 2020. https://www.icysedgwick.com/twelfth-night-folklore/.

_____. "What Is First-Footing and Can It Improve Your Year?" *Folklore Thursday* (blog), December 29, 2016. https://folklorethursday.com/folklife/first-footing-can-improve-year/.

Sentier, Elen. *Shaman Pathways: Elen of the Ways*. Winchester, UK: Moon Books, 2013.

"The Shamrock Plant." Irish Genealogy Toolkit. Accessed March 18, 2022. https://www.irish-genealogy-toolkit.com/shamrock-plant.html.

Slaven, James. "Celtic Lore of the Honey Bee." Owlcation, February 19, 2018. https://owlcation.com/humanities/Celtic-Lore-of-the-Honey-Bee.

Smith, William, ed. *A Dictionary of Greek and Roman Biography and Mythology*. London: John Murray, 1873. http://www.perseus.tufts.edu/hopper/text?doc=Perseus%3Atext%3A1999.04.0104%3Aalphabetic+letter%3DH%3Aentry+group%3D11%3Aentry%3Dhertha-bio-1.

"St. Andrew's Day History: Who Was Saint Andrew?" *Scotland Magazine*. Accessed February 21, 2022. https://www.scotlandmag.com/st-andrews-day-history/.

"St. Catherine's Day." *Oxford Reference*. Accessed February 21, 2022. https://www.oxfordreference.com/view/10.1093/oi/authority.20110803100529850.

"Tissington Well Dressings." Discover Derbyshire and the Peak District. Accessed March 18, 2022. http://www.derbyshire-peakdistrict.co.uk/tissingtonwelldressings.htm.

Tikkanen, Amy. "How Did the Tradition of Christmas Trees Start?" *Encyclopaedia Britannica*. Accessed February 22, 2022. https://www.britannica.com/story/how-did-the-tradition-of-christmas-trees-start.

"Tradition of St. Thomas Day in England." Rampton & Woodbeck Parish Council. Accessed March 21, 2022. https://www.ramptonandwoodbeck-pc.gov.uk/uploads/tradition-of-st-thomas-day.pdf.

"Trial Marriages Are Not Such a Modern Idea." *The Northern Echo*, August 3, 2001. https://www.thenorthernecho.co.uk/news/7102487.trial-marriages-not-modern-idea/.

Trinity Communications. "Catholic Activity: Carling or Passion Sunday." Catholic Culture. Accessed March 18, 2022. https://www.catholicculture.org/culture/liturgicalyear/activities/view.cfm?id=1058.

"Turquoise Facts and Turquoise History." Durango Silver Company. Accessed February 18, 2022. https://www.durangosilver.com/turquoiseinfo.htm.

"Tynwald Hill." Visit Isle of Man. Accessed March 18, 2022. https://www.visitisleofman.com/experience/tynwald-hill-p1294791.

Tyrrell, Carole. "Wildlife in Cemeteries No 8–The Dark Side of the Snowdrop." *Shadows Fly Away* (blog), February 14, 2018. https://shadowsflyaway.wordpress.com/2018/02/14/wildlife-in-cemeteries-no-8-the-dark-side-of-the-snowdrop/.

"Ultimate Guide to Burns Night." Brand Scotland. Accessed February 23, 2022. https://www.scotland.org/events/burns-night/the-ultimate-guide-to-burns-night.

van der Hoeven, Joanna. *Pagan Portals: Dancing with Nemetona*. Winchester, UK: Moon Books, 2014.

"Vervain." Alchemy Works. Accessed March 18, 2022. https://www.alchemy-works.com/herb_vervain.html.

Vickery, Roy. "Bread-and-Cheese." Plant-Lore. Updated March 16, 2022. https://www.plant-lore.com/plantofthemonth/bread-and-cheese/.

WalkingtheWyrd. "The Anglo Saxon Calendar." *Walking the Wyrd* (blog), December 20, 2013. https://walkingthewyrd.wordpress.com/2013/12/20/the-anglo-saxon-calendar/.

"Wassailing." Cotswolds Tourist Information & Travel Guide. Accessed March 21, 2022. https://www.cotswolds.info/strange-things/wassailing.shtml.

"What Does the Name 'November' Mean?" Dictionary.com, October 28, 2021. https://www.dictionary.com/e/november/.

"Which Overachiever Is August Named For?" Dictionary.com, August 1, 2021. https://www.dictionary.com/e/august/.

"Whitsun." The Diary of Samuel Pepys. Updated March 9, 2022. https://www.pepysdiary.com/encyclopedia/2622/.

"Winter Solstice–Alban Arthan." Druidry. Accessed March 21, 2022. https://druidry.org/druid-way/teaching-and-practice/druid-festivals/winter-solstice-alban-arthan.

Zelazko, Alicja. "Why Do We Give Valentine Cards?" *Encyclopaedia Britannica*. Accessed February 24, 2022. https://www.britannica.com/story/why-do-we-give-valentine-cards.

SUGESTÃO DE LEITURA